# 审计人员
# 最新刑事法律实用读本

SHENJIRENYUANZUIXINXINGSHIFALVSHIYONGDUBEN

《审计人员最新刑事法律实用读本》编写组 / 编著

全国百佳图书出版单位

中国时代经济出版社
China Modern Economic Publishing House

**图书在版编目（CIP）数据**

审计人员最新刑事法律实用读本 /《审计人员最新刑事法律实用读本》编写组编著．—北京：中国时代经济出版社，2013.5（2015.6 重印）
ISBN 978－7－5119－1515－3
Ⅰ.①审… Ⅱ.①审… Ⅲ.①刑法－基本知识－中国 ②刑事诉讼法－基本知识－中国 Ⅳ.①D924②D925.2
中国版本图书馆 CIP 数据核字（2013）第 108471 号

书　　名：审计人员最新刑事法律实用读本
编　　著：《审计人员最新刑事法律实用读本》编写组

出版发行：中国时代经济出版社
社　　址：北京市丰台区玉林里 25 号楼
邮政编码：100069
发行热线：（010）63508271　　63508273
传　　真：（010）63508274　　63508284
网　　址：www. cmepub. com. cn
电子邮箱：zgsdjj@hotmail. com
印　　刷：北京市昌平百善印刷厂
开　　本：880×1230　1/32
字　　数：281 千字
印　　张：11.75
版　　次：2013 年 5 月第 1 版
印　　次：2015 年 6 月第 2 次印刷
书　　号：ISBN 978－7－5119－1515－3
定　　价：35.00 元

# 目　　录

# 上 篇

# 第一部分　刑法修正案（八）对刑法分则修改内容导读

刑法是以国家名义颁布的、规定犯罪及其法律后果的法律规范的总和。1979 年 7 月 1 日，第五届全国人民代表大会第二次会议通过了新中国第一部刑法典，该法典自 1980 年 1 月 1 日起施行。1997 年 3 月，第八届全国人民代表大会第五次会议对旧的刑法典进行了修订，形成了新的刑法典。此后，全国人大常委会又根据惩治犯罪的需要，先后通过了一个决定和八个刑法修正案，对刑法作出修改、补充。2011 年 2 月 25 日，第十一届全国人民代表大会常务委员会第十九次会议通过的刑法修正案（八）对刑法分则部分内容作出修改。

为加强对民生的保护，刑法修正案（八）在刑法分则中不仅增加了一些新的犯罪规定，而且对一些严重损害广大人民群众利益的行为加大了惩处力度，表现在四个方面：1. 对一些社会危害严重，人民群众反响强烈，原来由行政管理手段或者民事手段调整的违法行为，建议规定为犯罪。主要是醉酒驾车、飙车等危险驾驶的犯罪，不支付劳动报酬的犯罪，非法买卖人体器官的犯罪等。2. 加大对弱势群体的保护和对某些犯罪的惩处力度。针对当前出现的新情况，并与我国已加入的国际公约的要求相衔接，将刑法第二百四十四条规定的强迫劳动罪的法定最高刑由三年有期徒刑提高到七年，将为强迫劳动的个人或者单位招募、运送人员的行为规定为犯罪；修改刑法第三百五十八条，明确规定为组织卖淫的人招募、运送人员的，按照协助组织卖淫罪追究刑事责任。3. 为加强刑法对广大人民群众生命健康的保护，修改刑法第一百四十一条生产、销售假药罪，第三百三十八条重大环境污染事故罪的法律规定，调整上述犯罪的构成条件，降低入罪门槛，增强可操作性。4. 修正案还对危害国家安全的有关犯罪、盗窃罪的规定等作了修改或者补充。具体修改内容如下。

★刑法修正案（八）第二十条将刑法第一百零七条资助危害国家安全犯罪活动罪修改为："境内外机构、组织或者个人资助实施本章第一百零二条、第一百零三条、第一百零四条、第一百零五条规定之罪的，对直接责任人员，处五年以下有期徒刑、拘役、管制或者剥夺政治权利；情节严重的，处五年以上有期徒刑。"

★刑法修正案（八）第二十一条将刑法第一百零九条叛逃罪修改为："国家机关工作人员在履行公务期间，擅离岗位，叛逃境外或者在境外叛逃的，处五年以下有期徒刑、拘役、管制或者剥夺政治权利；情节严重的，处五年以上十年以下有期徒刑。

"掌握国家秘密的国家工作人员叛逃境外或者在境外叛逃的，依照前款的规定从重处罚。"

★刑法修正案（八）第二十二条在刑法第一百三十三条交通肇事罪后增加一条，作为第一百三十三条之一："在道路上驾驶机动车追逐竞驶，情节恶劣的，或者在道路上醉酒驾驶机动车的，处拘役，并处罚金。

"有前款行为，同时构成其他犯罪的，依照处罚较重的规定定罪处罚。"著名音乐人高晓松曾因醉酒驾驶机动车致4车追尾、3人受伤而触犯本条规定，于2011年5月17日被北京市东城区人民法院判处6个月拘役，罚款4000元。

★刑法修正案（八）第二十三条将刑法第一百四十一条生产、销售假药罪第一款修改为："生产、销售假药的，处三年以下有期徒刑或者拘役，并处罚金；对人体健康造成严重危害或者有其他严重情节的，处三年以上十年以下有期徒刑，并处罚金；致人死亡或者有其他特别严重情节的，处十年以上有期徒刑、无期徒刑或者死刑，并处罚金或者没收财产。”

★刑法修正案（八）第二十四条将刑法第一百四十三条生产、销售不符合卫生标准的食品罪修改为：“生产、销售不符合食品安全标准的食品，足以造成严重食物中毒事故或者其他严重食源性疾病的，处三年以下有期徒刑或者拘役，并处罚金；对人体健康造成严重危害或者有其他严重情节的，处三年以上七年以下有期徒刑，并处罚金；后果特别严重的，处七年以上有期徒刑或者无期徒刑，并处罚金或者没收财产。”

★刑法修正案（八）第二十五条将刑法第一百四十四条生产、销售有毒、有害食品罪修改为：“在生产、销售的食品中掺入有毒、有害的非食品原料的，或者销售明知掺有有毒、有害的非食品原料的食品的，处五年以下有期徒刑，并处罚金；对人体健康造成严重危害或者有其他严重情节的，处五年以上十年以下有期徒刑，并处罚金；致人死亡或者有其他特别严重情节的，依照本法第一百四十一条的规定处罚。”

★刑法修正案（八）第二十六条将刑法第一百五十一条走私武器、弹药罪，走私核材料罪，走私假币罪；走私文物罪、走私贵重金属罪、走私珍贵动物罪、走私珍贵动物制品罪；走私国家禁止进出口的货物、物品罪修改为：“走私武器、弹药、核材料或者伪造的货币的，处七年以上有期徒刑，并处罚金或者没收财产；情节特别严重的，处无期徒刑或者死刑，并处没收财产；情节较轻的，处三年以上七年以下有期徒刑，并处罚金。

“走私国家禁止出口的文物、黄金、白银和其他贵重金属或者国家禁止进出口的珍贵动物及其制品的，处五年以上十年以下有期徒刑，并处罚金；情节特别严重的，处十年以上有期徒刑或者无期徒刑，并处没收财产；情节较轻的，处五年以下有期徒刑，并处罚金。

“走私珍稀植物及其制品等国家禁止进出口的其他货物、物品的，处五年以下有期徒刑或者拘役，并处或者单处罚金；情节严重的，处五年以上有期徒刑，并处罚金。

“单位犯本条规定之罪的，对单位判处罚金，并对其直接负责的主管人员和其他直接责任人员，依照本条各款的规定处罚。”

★刑法修正案（八）第二十七条将刑法第一百五十三条走私普通货物、物品罪第一款修改为：“走私本法第一百五十一条、第一百五十二条、第三百四十七条规定以外的货物、物品的，根据情节轻重，分别依照下列规定处罚：

“（一）走私货物、物品偷逃应缴税额较大或者一年内曾因走私被给予二次行政处罚后又走私的，处三年以下有期徒刑或者拘役，并处偷逃应缴税额一倍以上五倍以下罚金。

“（二）走私货物、物品偷逃应缴税额巨大或者有其他严重情节的，处三年以上十年以下有期徒刑，并处偷逃应缴税额一倍以上五倍以下罚金。

“（三）走私货物、物品偷逃应缴税额特别巨大或者有其他特别严重情节的，处十年以上有期徒刑或者无期徒刑，并处偷逃应缴税额一倍以上五倍以下罚金或者没收财产。”

★刑法修正案（八）第二十八条将刑法第一百五十七条武装掩护走私、抗拒缉私的处罚规定第一款修改为：“武装掩护走私的，依照本法第一百五十一条第一款的规定从重处罚。”

★刑法修正案（八）第二十九条将刑法第一百六十四条对非国家工作人员行贿罪修改为：“为谋取不正当利益，给予公司、企业或者其他单位的工作人员以财物，数额较大的，处三年以下有期徒刑或者拘役；数额巨大的，处三年以上十年以下有期徒刑，并处罚金。

“为谋取不正当商业利益，给予外国公职人员或者国际公共组织官员以财物的，依照前款的规定处罚。

“单位犯前两款罪的，对单位判处罚金，并对其直接负责的主管人员和其他直接责任人员，依照第一款的规定处罚。

“行贿人在被追诉前主动交待行贿行为的，可以减轻处罚或者免除处罚。”

★刑法修正案（八）第三十条将刑法第一百九十九条部分金融诈骗罪的死刑规定修改为：“犯本节第一百九十二条规定之罪，数额特别巨大并且给国家和人民利益造成特别重大损失的，处无期徒刑或者死刑，并处没收财产。”

★刑法修正案（八）第三十一条将刑法第二百条单位犯金融诈骗罪的处罚规定修改为：“单位犯本节第一百九十二条、第一百九十四条、第一百九十五条规定之罪的，对单位判处罚金，并对其直接负责的主管人员和其他直接责任人员，处五年以下有期徒刑或者拘役，可以并处罚金；数额巨大或者有其他严重情节的，处五年以上十年以下有期徒刑，并处罚金；数额特别巨大或者有其他特别严重情节的，处十年以上有期徒刑或者无期徒刑，并处罚金。”

★刑法修正案（八）第三十二条删去刑法第二百零五条虚开增值税专用发票、用于骗取出口退税、抵扣税款发票罪的第二款。同时刑法修正案（八）第三十三条在刑法第二百零五条虚开增值税专用发票、用于骗取出口退税、抵扣税款发票罪之后增加一条，作为第二百零五条之一：“虚开本法第二百零五条规定以外的其他发票，情节严重的，处二年以下有期徒刑、拘役或者管制，并处罚金；情节特别严重的，处二年以上七年以下有期徒刑，并处罚金。

“单位犯前款罪的，对单位判处罚金，并对其直接负责的主管人员和其他直接责任人员，依照前款的规定处罚。”

★刑法修正案（八）第三十五条在刑法第二百一十条盗窃罪、诈骗罪后增加一条，作为第二百一十条之一：“明知是伪造的发票而持有，数量较大的，处二年以下有期徒刑、拘役或者管制，并处罚金；数量巨大的，处二年以上七年以下有期徒刑，并处罚金。

“单位犯前款罪的，对单位判处罚金，并对其直接负责的主管人员和其他直接责任人员，依照前款的规定处罚。”

★刑法修正案（八）第三十六条将刑法第二百二十六条强迫交易罪修改为：“以暴力、威胁手段，实施下列行为之一，情节严重的，处三年以下有期徒刑或者拘役，并处或者单处罚金；情节特别严重的，处三年以上七年以下有期徒刑，并处罚金：

“（一）强买强卖商品的；

“（二）强迫他人提供或者接受服务的；

“（三）强迫他人参与或者退出投标、拍卖的；

“（四）强迫他人转让或者收购公司、企业的股份、债券或者其他资产的；

“（五）强迫他人参与或者退出特定的经营活动的。”

★刑法修正案（八）第三十七条在刑法第二百三十四条故意伤害罪后增加一条，作为第二百三十四条之一：“组织他人出卖人体器官的，处五年以下有期徒刑，并处罚金；情节严重的，处五年以上有期徒刑，并处罚金或者没收财产。

“未经本人同意摘取其器官，或者摘取不满十八周岁的人的器官，或者强迫、欺骗他人捐献器官的，依照本法第二百三十四条、第二百三十二条的规定定罪处罚。

“违背本人生前意愿摘取其尸体器官，或者本人生前未表示同意，违反国家规定，违背其近亲属意愿摘取其尸体器官的，依照本法第三百零二条的规定定罪处罚。”

★刑法修正案（八）第三十八条将刑法第二百四十四条强迫职工劳动罪；雇用童工从事危重劳动罪修改为：“以暴力、威胁或者限制人身自由的方法强迫他人劳动的，处三年以下有期徒刑或者拘役，并处罚金；情节严重的，处三年以上十年以下有期徒刑，并处罚金。

“明知他人实施前款行为，为其招募、运送人员或者有其他协助强迫他人劳动行为的，依照前款的规定处罚。

“单位犯前两款罪的，对单位判处罚金，并对其直接负责的主管人员和其他直接责任人员，依照第一款的规定处罚。”

★刑法修正案（八）第三十九条将刑法第二百六十四条盗窃罪修改为：“盗窃公私财物，数额较大的，或者多次盗窃、入户盗窃、携带凶器盗窃、扒窃的，处三年以下有期徒刑、拘役或者管制，并处或者单处罚金；数额巨大或者有其他严重情节的，处三年以上十年以下有期徒刑，并处罚金；数额特别巨大或者有其他特别严重情节的，处十年以上有期徒刑或者无期徒刑，并处罚金或者没收财产。”

★刑法修正案（八）第四十条将刑法第二百七十四条敲诈勒索罪修改为：“敲诈勒索公私财物，数额较大或者多次敲诈勒索的，处三年以下有期徒刑、拘役或者管制，并处或者单处罚金；数额巨大或者有其他严重情节的，处三年以上十年以下有期徒刑，并处罚金；数额特别巨大或者有其他特别严重情节的，处十年以上有期徒刑，并处罚金。”

★刑法修正案（八）第四十一条在刑法第二百七十六条破坏生产经营罪后增加一条，作为第二百七十六条之一：“以转移财产、逃匿等方法逃避支付劳动者的劳动报酬或者有能力支付而不支付劳动者的劳动报酬，数额较大，经政府有关部门责令支付仍不支付的，处三年以下有期徒刑或者拘役，并处或者单处罚金；造成严重后果的，处三年以上七年以下有期徒刑，并处罚金。

“单位犯前款罪的，对单位判处罚金，并对其直接负责的主管人员和其他直接责任人员，依照前款的规定处罚。

“有前两款行为，尚未造成严重后果，在提起公诉前支付劳动者的劳动报酬，并依法承担相应赔偿责任的，可以减轻或者免除处罚。”

★刑法修正案（八）第四十二条将刑法第二百九十三条寻衅滋事罪修改为：“有下列寻衅滋事行为之一，破坏社会秩序的，处五年以下有期徒刑、拘役或者管制：

“（一）随意殴打他人，情节恶劣的；

“（二）追逐、拦截、辱骂、恐吓他人，情节恶劣的；

“（三）强拿硬要或者任意损毁、占用公私财物，情节严重的；

“（四）在公共场所起哄闹事，造成公共场所秩序严重混乱的。

“纠集他人多次实施前款行为，严重破坏社会秩序的，处五年以上十年以下有期徒刑，可以并处罚金。”

★刑法修正案（八）第四十三条将刑法第二百九十四条组织、领导、参加黑社会性质组织罪修改为：“组织、领导黑社会性质的组织的，处七年以上有期徒刑，并处没收财产；积极参加的，处三年以上七年以下有期徒刑，可以并处罚金或者没收财产；其他参加的，处三年以下有期徒刑、拘役、管制或者剥夺政治权利，可以并处罚金。

“境外的黑社会组织的人员到中华人民共和国境内发展组织

成员的，处三年以上十年以下有期徒刑。

“国家机关工作人员包庇黑社会性质的组织，或者纵容黑社会性质的组织进行违法犯罪活动的，处五年以下有期徒刑；情节严重的，处五年以上有期徒刑。

“犯前三款罪又有其他犯罪行为的，依照数罪并罚的规定处罚。

“黑社会性质的组织应当同时具备以下特征：

“（一）形成较稳定的犯罪组织，人数较多，有明确的组织者、领导者，骨干成员基本固定；

“（二）有组织地通过违法犯罪活动或者其他手段获取经济利益，具有一定的经济实力，以支持该组织的活动；

“（三）以暴力、威胁或者其他手段，有组织地多次进行违法犯罪活动，为非作恶，欺压、残害群众；

“（四）通过实施违法犯罪活动，或者利用国家工作人员的包庇或者纵容，称霸一方，在一定区域或者行业内，形成非法控制或者重大影响，严重破坏经济、社会生活秩序。”

★刑法修正案（八）第四十四条将刑法第二百九十五条传授犯罪方法罪修改为：“传授犯罪方法的，处五年以下有期徒刑、拘役或者管制；情节严重的，处五年以上十年以下有期徒刑；情节特别严重的，处十年以上有期徒刑或者无期徒刑。”

★刑法修正案（八）第四十五条将刑法第三百二十八条盗掘古文化遗址、古墓葬罪；盗掘古人类化石、古脊椎动物化石罪第一款修改为：“盗掘具有历史、艺术、科学价值的古文化遗址、古墓葬的，处三年以上十年以下有期徒刑，并处罚金；情节较轻的，处三年以下有期徒刑、拘役或者管制，并处罚金；有下列情形之一的，处十年以上有期徒刑或者无期徒刑，并处罚金或者没收财产：

“（一）盗掘确定为全国重点文物保护单位和省级文物保护单位的古文化遗址、古墓葬的；

“（二）盗掘古文化遗址、古墓葬集团的首要分子；

“（三）多次盗掘古文化遗址、古墓葬的；

“（四）盗掘古文化遗址、古墓葬，并盗窃珍贵文物或者造成珍贵文物严重破坏的。”

★刑法修正案（八）第四十六条将刑法第三百三十八条重大环境污染事故罪修改为：“违反国家规定，排放、倾倒或者处置有放射性的废物、含传染病病原体的废物、有毒物质或者其他有害物质，严重污染环境的，处三年以下有期徒刑或者拘役，并处或者单处罚金；后果特别严重的，处三年以上七年以下有期徒刑，并处罚金。”

★刑法修正案（八）第四十七条将刑法第三百四十三条非法采矿罪、破坏性采矿罪第一款修改为：“违反矿产资源法的规定，未取得采矿许可证擅自采矿，擅自进入国家规划矿区、对国民经济具有重要价值的矿区和他人矿区范围采矿，或者擅自开采国家规定实行保护性开采的特定矿种，情节严重的，处三年以下有期徒刑、拘役或者管制，并处或者单处罚金；情节特别严重的，处三年以上七年以下有期徒刑，并处罚金。”

★刑法修正案（八）第四十八条将刑法第三百五十八条组织卖淫罪、强迫卖淫罪、协助组织卖淫罪第三款修改为：“为组织卖淫的人招募、运送人员或者有其他协助组织他人卖淫行为的，处五年以下有期徒刑，并处罚金；情节严重的，处五年以上十年以下有期徒刑，并处罚金。”

★刑法修正案（八）第四十九条在刑法第四百零八条环境监管失职罪后增加一条，作为第四百零八条之一：“负有食品安全监督管理职责的国家机关工作人员，滥用职权或者玩忽职守，导致发生重大食品安全事故或者造成其他严重后果的，处五年以下有期徒刑或者拘役；造成特别严重后果的，处五年以上十年以下有期徒刑。

“徇私舞弊犯前款罪的，从重处罚。”

# 第二部分　刑事诉讼法修正案相关内容导读

刑事诉讼法是一部关系人的自由、权利与生命的基本法律。因此，一个国家刑事诉讼法的立法水平直接反映了该国人权保护的力度，也从根本上反映出这个国家法治发展的实质水准。2012年3月14日，第十一届全国人民代表大会第五次会议通过了《全国人民代表大会关于修改〈中华人民共和国刑事诉讼法〉的决定》，该决定自2013年1月1日起施行。这是我国自1979年颁布刑事诉讼法、1996年第八届全国人民代表大会第四次会议对该法进行首次修正之后的再次修正。本次修正共涉及110个条文，涵盖辩护制度、强制措施、证据制度、侦查程序、审判程序、执行程序及特别程序七个方面，使刑事诉讼法从225条增加到290条。

由于本次刑事诉讼法的修正秉持了中国特色社会主义法治理念，坚持实事求是，从当前中国处于社会转型期和矛盾凸显期的国情出发，认真总结了司法实践中杜培武、佘祥林、赵作海等重大冤错案暴露出来的问题和教训，坚持贯彻宽严相济的刑事政策，特别是将惩罚犯罪与尊重和保障人权相提并论，既注意及时、准确地惩罚犯罪，维护公民、社会和国家利益，又注意对刑事诉讼参与人包括犯罪嫌疑人、被告人以及罪犯合法权利的保护，因而使我国的刑事诉讼制度更加科学合理。

我国的国家审计作为国家治理中监督控制系统的重要组成部分，执法的重要内容之一就是揭露和查处重大违法违规、经济犯罪和腐败问题，揭露和查处严重侵害人民群众切身利益的问题，揭露和查处重大铺张浪费、国有资产损失、资源毁损和环境破坏等问题。因此，修改后的刑事诉讼法的相关规定对审计执法具有重要的影响，主要表现在理念和证据两个方面。

## 一、审计执法中树立保障人权的理念

刑事诉讼法是规范刑事诉讼活动的基本法律，但它不仅是保障刑法实现的法律，更是人权保障的法律。修改后的刑事诉讼法第二条规定："中华人民共和国刑事诉讼法的任务，是保证准确、及时地查明犯罪事实，正确应用法律，惩罚犯罪分子，保障无罪的人不受刑事追究，教育公民自觉遵守法律，积极同犯罪行为作斗争，维护社会主义法制，尊重和保障人权，保护公民的人身权利、财产权利、民主权利和其他权利，保障社会主义建设事业的顺利进行。"将尊重和保障人权作为刑事诉讼法的任务之一，是本次修改的一大亮点，其原因在于：

第一，体现宪法精神。宪法是国家根本大法，具有最高法律效力，在社会主义法律体系中处于统帅地位，一切法律法规都应当与宪法保持一致。十届全国人大二次会议通过的《中华人民共和国宪法修正案》，把"国家尊重和保障人权"写入宪法，作为宪法第二章《公民的基本权利和义务》中第三十三条的第三款，使其不仅成为国家的价值观，而且成为一切公权力的基本准则，表明宪法保护所有人作为人的权利。刑事诉讼法作为国家的基本法律，必须服从宪法，一方面在价值理念上要体现宪法的原则与精神，另一方面在制度设计上要遵守和落实宪法的规定。无疑，将"尊重和保障人权"写入刑事诉讼法是对宪法原则的直接体现 。

刑事诉讼法在保障刑法实现之外的另一个重要功能就是从程序上保障特定主体的基本权利。1979 年我国制定刑事诉讼法时，受制于历史的局限性，打击犯罪是立法的主导思想，法律的程序性价值未能真正体现出来。随着依法治国方略的不断深化，我国的法治理念发生了深刻变革，1996 年刑事诉讼法修改时增加了未经法院审判不能确定有罪等内容，可以说人权保障的内容在增加。本次刑事诉讼法修正案将“惩罚犯罪，保护人民”的表述修改为“惩罚犯罪分子，保障无罪的人不受刑事追究，……尊重和保障人权，保护公民的人身权利、财产权利、民主权利和其他权利”之后，就标志着刑事诉讼法不仅要有利于保证准确及时查明犯罪事实，正确应用法律惩罚犯罪分子，还要保障无罪的人不受刑事追究，更要保护犯罪嫌疑人、被告人和罪犯的合法权益，因为被追诉者（特别是犯罪嫌疑人、被告人）明显属于弱者，他们的人权容易被强大的公权力机关所侵犯，理应得到刑事诉讼法更全面的保护，唯有如此，才能体现法律面前人人平等。

第二，体现国际公约精神。尊重和保障人权是当今世界各国所公认的准则。长期以来，我国对联合国制定的国际人权法和有关刑事司法的国际公约始终予以尊重和关注。目前，我国已经加入了联合国《经济、社会和文化权利国际公约》《消除一切形式的种族歧视国际公约》《禁止酷刑和其他残忍、不人道或有辱人格的待遇或处罚公约》《消除对妇女一切形式歧视国际公约》和《儿童权利公约》，并且签署了《公民权利和政治权利国际公约》，现在正在等待全国人民代表大会批准。修改后的刑事诉讼法第二条一方面体现了上述国际公约的精神，另一方面由于减少了批准时可能遇到的法律和技术问题，也有利于全国人民代表大会适时批准《公民权利与政治权利国际公约》。

刑事诉讼法所增加的尊重和保障人权内容对于审计执法具有重要影响，直接表现为国家审计人员中应当在揭露和查处违法案件的执法过程中要牢固树立保障人权的理念，避免冤假错案的发生。

## 二、在审计执法中贯彻落实证据新规

证据是诉讼活动的核心与基础，刑事诉讼法修正案对于证据的种类、证据的收集、证明责任、证明标准、证明程序等均作出了修改和完善，特别是新增加的第五十二条第二款“行政机关在行政执法和查办案件过程中收集的物证、书证、视听资料、电子数据等证据材料，在刑事诉讼中可以作为证据使用”的规定，明确了作为行政机关的审计机关所收集的涉嫌犯罪案件的证据材料在符合法定条件的情况下即可直接作为定罪量刑的证据。因此，笔者认为国家审计人员需要对下列新规加深认识并能够在发现大案要案线索过程中自觉加以运用。

第一，修改后的刑事诉讼法第四十八条规定：“可以用于证明案件事实的材料，都是证据。证据包括：（一）物证；（二）书证；（三）证人证言；（四）被害人陈述；（五）犯罪嫌疑人、被告人供述和辩解；（六）鉴定意见；（七）勘验、检查、辨认、侦查实验等笔录；（八）视听资料、电子数据。证据必须经过查证属实，才能作为定案的根据。”上述规定修改了证据的定义。修改前刑事诉讼法第四十二条规定：“证明案件真实情况的一切事实，都是证据。”这一定义缺少科学性，一方面证据不是事实，而是证明案件事实的材料；另一方面这些材料在未经查证属实之前可能是真实的，也可能是不真实的。因此，对证据定义的修改不仅阐明了证据的载体，而且扩大了证据的范围，使其更加完善。修改后的刑事诉讼法将具有明显区别的物证与书证分列为两种类型的证据。这是因为物证一般是指据以查明案件事实的一切物品和痕迹；而书证是指以文字、符号、图画等记载的内容和表达的思想来证明案件事实的书面材料和其他物品。这一修改彰显了立法技术的精密。修改后的刑事诉讼法根据科技发展和刑事侦查的需要增加了辨认、侦查实验等笔录以及电子数据作为证据的种类，这是刑事诉讼证据制度现代化的一个标志。

第二，修改后的刑事诉讼法第五十三条规定："对一切案件的判处都要重证据，重调查研究，不轻信口供。只有被告人供述，没有其他证据的，不能认定被告人有罪和处以刑罚；没有被告人供述，证据确实、充分的，可以认定被告人有罪和处以刑罚。证据确实、充分，应当符合以下条件：（一）定罪量刑的事实都有证据证明；（二）据以定案的证据均经法定程序查证属实；（三）综合全案证据，对所认定事实已排除合理怀疑。"本条内容是关于证明标准的规定。所谓证明标准通常是指法律规定的运用证据证明待证事实所要达到的程度。长期以来，由于修改前的刑事诉讼法没有对证据确实、充分的的内涵作出明确规定，导致理论和实践中对我国刑事诉讼证明标准争论较大。本次修改吸收了英美法系刑事证明标准的精髓，以列举的方式明确了我国刑事证明标准的三个层面，即证据确实、充分首先要求定罪量刑的事实都有证据证明，其次要求据以定案的证据均经法定程序查证属实，在此基础上首次在法律中明确提出还要综合全案证据对所认定的事实已排除合理怀疑。排除合理怀疑是英美法系的刑事证明标准，最早产生于1824年的英国。按照《布莱克法律词典》的解释，所谓排除合理怀疑"是指全面的证实、完全的确信或者一种道德上的确定性；这一词汇与清楚、准确、无可置疑这些词相当。在刑事案件中，被告人的罪行必须被证明到排除合理怀疑的程度方能成立，意思是，被证明的事实必须通过它们的证明力使罪行成立。排除合理怀疑的证明，并不排除轻微可能的或者想象的怀疑，而是排除每一个合理的假设，除非这种假设已经有了依据；它是达到道德上确信的证明，是符合陪审团的判断和确信的证明，作为理性的人的陪审团成员在根据有关指控犯罪是被告人的证据进行推理时，是如此确信，以至于不可能作出其他合理的推论。”值得肯定的是，我国刑事诉讼法在证明标准问题上实现了与国际接轨。值得国家审计人员在执法中注意的是，虽然在刑事诉讼的各个阶段，由于诉讼行为不同，证明的标准并非都要达到证据确实充分（如立案的标准就不需要达到排除合理怀疑的程度），但由于前述修正案第五十二条第二款关于“行政机关在行政执法和查办案件过程中收集的物证、书证、视听资料、电子数据等证据材料，在刑事诉讼中可以作为证据使用”的规定，使得国家审计人员在行政执法和查办案件过程中收集的证据材料，在刑事诉讼中可以作为证据使用，因此，为防范风险、提高效率和节约司法资源，国家审计人员还是应尽量按照法定证明标准收集证据，努力在重大违法违规、经济犯罪和腐败问题查处方面发挥审计监督的作用。

# 中　篇

# 第一部分　2011 年最新刑法全文

《中华人民共和国刑法》于 1979 年 7 月 1 日第五届全国人民代表大会第二次会议通过，1997 年 3 月 14 日第八届全国人民代表大会第五次会议修订。根据 1999 年 12 月 25 日中华人民共和国刑法修正案，2001 年 8 月 31 日中华人民共和国刑法修正案（二），2001 年 12 月 29 日中华人民共和国刑法修正案（三），2002 年 12 月 28 日中华人民共和国刑法修正案（四），2005 年 2 月 28 日中华人民共和国刑法修正案（五），2006 年 6 月 29 日中华人民共和国刑法修正案（六），2009 年 2 月 28 日中华人民共和国刑法修正案（七），2011 年 2 月 25 日中华人民共和国刑法修正案（八）修正。

## 目　　录

# 第一编　总　则

## 第一章　刑法的任务、基本原则和适用范围

**第一条**　【立法目的】为了惩罚犯罪，保护人民，根据宪法，结合我国同犯罪作斗争的具体经验及实际情况，制定本法。

**第二条**　【任务】中华人民共和国刑法的任务，是用刑罚同一切犯罪行为作斗争，以保卫国家安全，保卫人民民主专政的政权和社会主义制度，保护国有财产和劳动群众集体所有的财产，

保护公民私人所有的财产，保护公民的人身权利、民主权利和其他权利，维护社会秩序、经济秩序，保障社会主义建设事业的顺利进行。

**第三条** 【罪刑法定】法律明文规定为犯罪行为的，依照法律定罪处刑；法律没有明文规定为犯罪行为的，不得定罪处刑。

**第四条** 【法律面前人人平等】对任何人犯罪，在适用法律上一律平等。不允许任何人有超越法律的特权。

**第五条** 【罪责刑相适应】刑罚的轻重，应当与犯罪分子所犯罪行和承担的刑事责任相适应。

**第六条** 【属地管辖权】凡在中华人民共和国领域内犯罪的，除法律有特别规定的以外，都适用本法。

凡在中华人民共和国船舶或者航空器内犯罪的，也适用本法。

犯罪的行为或者结果有一项发生在中华人民共和国领域内的，就认为是在中华人民共和国领域内犯罪。

**第七条** 【属人管辖权】中华人民共和国公民在中华人民共和国领域外犯本法规定之罪的，适用本法，但是按本法规定的最高刑为三年以下有期徒刑的，可以不予追究。

中华人民共和国国家工作人员和军人在中华人民共和国领域外犯本法规定之罪的，适用本法。

**第八条** 【保护管辖权】外国人在中华人民共和国领域外对中华人民共和国国家或者公民犯罪，而按本法规定的最低刑为三年以上有期徒刑的，可以适用本法，但是按照犯罪地的法律不受处罚的除外。

**第九条** 【普遍管辖权】对于中华人民共和国缔结或者参加的国际条约所规定的罪行，中华人民共和国在所承担条约义务的范围内行使刑事管辖权的，适用本法。

**第十条** 【对外国刑事判决的消极承认】凡在中华人民共和国领域外犯罪，依照本法应当负刑事责任的，虽然经过外国审判，仍然可以依照本法追究，但是在外国已经受过刑罚处罚的，可以免除或者减轻处罚。

**第十一条** 【外交代表刑事管辖豁免】享有外交特权和豁免权的外国人的刑事责任，通过外交途径解决。

**第十二条** 【溯及力】中华人民共和国成立以后本法施行以前的行为，如果当时的法律不认为是犯罪的，适用当时的法律；如果当时的法律认为是犯罪的，依照本法总则第四章第八节的规定应当追诉的，按照当时的法律追究刑事责任，但是如果本法不认为是犯罪或者处刑较轻的，适用本法。

本法施行以前，依照当时的法律已经作出的生效判决，继续有效。

## 第二章 犯 罪

### 第一节 犯罪和刑事责任

**第十三条** 【犯罪概念】一切危害国家主权、领土完整和安全，分裂国家、颠覆人民民主专政的政权和推翻社会主义制度，破坏社会秩序和经济秩序，侵犯国有财产或者劳动群众集体所有的财产，侵犯公民私人所有的财产，侵犯公民的人身权利、民主权利和其他权利，以及其他危害社会的行为，依照法律应当受刑罚处罚的，都是犯罪，但是情节显著轻微危害不大的，不认为是犯罪。

**第十四条** 【故意犯罪】明知自己的行为会发生危害社会的结果，并且希望或者放任这种结果发生，因而构成犯罪的，是故意犯罪。

故意犯罪，应当负刑事责任。

**第十五条** 【过失犯罪】应当预见自己的行为可能发生危害社会的结果，因为疏忽大意而没有预见，或者已经预见而轻信能够避免，以致发生这种结果的，是过失犯罪。

过失犯罪，法律有规定的才负刑事责任。

**第十六条** 【不可抗力和意外事件】行为在客观上虽然造成了损害结果，但是不是出于故意或者过失，而是由于不能抗拒或者不能预见的原因所引起的，不是犯罪。

**第十七条** 【刑事责任年龄】已满十六周岁的人犯罪，应当负刑事责任。

已满十四周岁不满十六周岁的人，犯故意杀人、故意伤害致人重伤或者死亡、强奸、抢劫、贩卖毒品、放火、爆炸、投毒罪的，应当负刑事责任。

已满十四周岁不满十八周岁的人犯罪，应当从轻或者减轻处罚。

因不满十六周岁不予刑事处罚的，责令他的家长或者监护人加以管教；在必要的时候，也可以由政府收容教养。

**第十七条之一** 已满七十五周岁的人故意犯罪的，可以从轻或者减轻处罚；过失犯罪的，应当从轻或者减轻处罚。

**第十八条** 【特殊人员的刑事责任能力】精神病人在不能辨认或者不能控制自己行为的时候造成危害结果，经法定程序鉴定确认的，不负刑事责任，但是应当责令他的家属或者监护人严加看管和医疗；在必要的时候，由政府强制医疗。

间歇性的精神病人在精神正常的时候犯罪，应当负刑事责任。

尚未完全丧失辨认或者控制自己行为能力的精神病人犯罪的，应当负刑事责任，但是可以从轻或者减轻处罚。

醉酒的人犯罪，应当负刑事责任。

**第十九条** 【又聋又哑的人或盲人犯罪的刑事责任】又聋又哑的人或者盲人犯罪，可以从轻、减轻或者免除处罚。

**第二十条** 【正当防卫】为了使国家、公共利益、本人或者他人的人身、财产和其他权利免受正在进行的不法侵害，而采取的制止不法侵害的行为，对不法侵害人造成损害的，属于正当防卫，不负刑事责任。

正当防卫明显超过必要限度造成重大损害的，应当负刑事责任，但是应当减轻或者免除处罚。

对正在进行行凶、杀人、抢劫、强奸、绑架以及其他严重危及人身安全的暴力犯罪，采取防卫行为，造成不法侵害人伤亡的，不属于防卫过当，不负刑事责任。

**第二十一条** 【紧急避险】为了使国家、公共利益、本人或者他人的人身、财产和其他权利免受正在发生的危险，不得已采取的紧急避险行为，造成损害的，不负刑事责任。

紧急避险超过必要限度造成不应有的损害的，应当负刑事责任，但是应当减轻或者免除处罚。

第一款中关于避免本人危险的规定，不适用于职务上、业务上负有特定责任的人。

## 第二节 犯罪的预备、未遂和中止

**第二十二条** 【犯罪预备】为了犯罪，准备工具、制造条件的，是犯罪预备。

对于预备犯，可以比照既遂犯从轻、减轻处罚或者免除处罚。

**第二十三条** 【犯罪未遂】已经着手实行犯罪，由于犯罪分子意志以外的原因而未得逞的，是犯罪未遂。

对于未遂犯，可以比照既遂犯从轻或者减轻处罚。

**第二十四条**　【犯罪中止】在犯罪过程中，自动放弃犯罪或者自动有效地防止犯罪结果发生的，是犯罪中止。

对于中止犯，没有造成损害的，应当免除处罚；造成损害的，应当减轻处罚。

## 第三节　共同犯罪

**第二十五条**　【共同犯罪概念】共同犯罪是指二人以上共同故意犯罪。

二人以上共同过失犯罪，不以共同犯罪论处；应当负刑事责任的，按照他们所犯的罪分别处罚。

**第二十六条**　【主犯】组织、领导犯罪集团进行犯罪活动的或者在共同犯罪中起主要作用的，是主犯。

三人以上为共同实施犯罪而组成的较为固定的犯罪组织，是犯罪集团。

对组织、领导犯罪集团的首要分子，按照集团所犯的全部罪行处罚。

对于第三款规定以外的主犯，应当按照其所参与的或者组织、指挥的全部犯罪处罚。

**第二十七条**　【从犯】在共同犯罪中起次要或者辅助作用的，是从犯。

对于从犯，应当从轻、减轻处罚或者免除处罚。

**第二十八条**　【胁从犯】对于被胁迫参加犯罪的，应当按照他的犯罪情节减轻处罚或者免除处罚。

**第二十九条**　【教唆犯】教唆他人犯罪的，应当按照他在共同犯罪中所起的作用处罚。教唆不满十八周岁的人犯罪的，应当从重处罚。

如果被教唆的人没有犯被教唆的罪，对于教唆犯，可以从轻或者减轻处罚。

### 第四节　单位犯罪

**第三十条**　【单位负刑事责任的范围】公司、企业、事业单位、机关、团体实施的危害社会的行为，法律规定为单位犯罪的，应当负刑事责任。

**第三十一条**　【单位犯罪的处罚原则】单位犯罪的，对单位判处罚金，并对其直接负责的主管人员和其他直接责任人员判处刑罚。

本法分则和其他法律另有规定的，依照规定。

## 第三章　刑　罚

### 第一节　刑罚的种类

**第三十二条**　【主刑和附加刑】刑罚分为主刑和附加刑。

**第三十三条**　【主刑种类】主刑的种类如下：

（一）管制；

（二）拘役；

（三）有期徒刑；

（四）无期徒刑；

（五）死刑。

**第三十四条**　【附加刑种类】附加刑的种类如下：

（一）罚金；

（二）剥夺政治权利；

（三）没收财产。

附加刑也可以独立适用。

**第三十五条** 【驱逐出境】对于犯罪的外国人，可以独立适用或者附加适用驱逐出境。

**第三十六条** 【赔偿经济损失与民事优先原则】由于犯罪行为而使被害人遭受经济损失的，对犯罪分子除依法给予刑事处罚外，并应根据情况判处赔偿经济损失。

承担民事赔偿责任的犯罪分子，同时被判处罚金，其财产不足以全部支付的，或者被判处没收财产的，应当先承担对被害人的民事赔偿责任。

**第三十七条** 【非刑罚性处置措施】对于犯罪情节轻微不需要判处刑罚的，可以免予刑事处罚，但是可以根据案件的不同情况，予以训诫或者责令具结悔过、赔礼道歉、赔偿损失，或者由主管部门予以行政处罚或者行政处分。

## 第二节 管 制

**第三十八条** 【管制的期限与执行机关】管制的期限，为三个月以上二年以下。

判处管制，可以根据犯罪情况，同时禁止犯罪分子在执行期间从事特定活动，进入特定区域、场所，接触特定的人。

对判处管制的犯罪分子，依法实行社区矫正。

违反第二款规定的禁止令的，由公安机关依照《中华人民共和国治安管理处罚法》的规定处罚。

**第三十九条** 【被管制犯罪的义务与权利】被判处管制的犯罪分子，在执行期间，应当遵守下列规定：

（一）遵守法律、行政法规，服从监督；

（二）未经执行机关批准，不得行使言论、出版、集会、结社、游行、示威自由的权利；

（三）按照执行机关规定报告自己的活动情况；

（四）遵守执行机关关于会客的规定；

（五）离开所居住的市、县或者迁居，应当报经执行机关批准。

对于被判处管制的犯罪分子，在劳动中应当同工同酬。

**第四十条**　【管制期满解除】被判处管制的犯罪分子，管制期满，执行机关应即向本人和其所在单位或者居住地的群众宣布解除管制。

**第四十一条**　【管制刑期的计算和折抵】管制的刑期，从判决执行之日起计算；判决执行以前先行羁押的，羁押一日折抵刑期二日。

## 第三节　拘　役

**第四十二条**　【拘役的期限】拘役的期限，为一个月以上六个月以下。

**第四十三条**　【拘役的执行】被判处拘役的犯罪分子，由公安机关就近执行。

在执行期间，被判处拘役的犯罪分子每月可以回家一天至两天；参加劳动的，可以酌量发给报酬。

**第四十四条**　【拘役刑期的计算和折抵】拘役的刑期，从判决执行之日起计算；判决执行以前先行羁押的，羁押一日折抵刑期一日。

## 第四节　有期徒刑、无期徒刑

**第四十五条**　【有期徒刑的期限】有期徒刑的期限，除本法第五十条、第六十九条规定外，为六个月以上十五年以下。

**第四十六条**　【有期徒刑与无期徒刑的执行】被判处有期徒刑、无期徒刑的犯罪分子，在监狱或者其他执行场所执行；凡有劳动能力的，都应当参加劳动，接受教育和改造。

**第四十七条**　【有期徒刑刑期的计算与折抵】有期徒刑的刑期，从判决执行之日起计算；判决执行以前先行羁押的，羁押一日折抵刑期一日。

## 第五节　死　刑

**第四十八条**　【死刑、死缓的适用对象及核准程序】死刑只适用于罪行极其严重的犯罪分子。对于应当判处死刑的犯罪分子，如果不是必须立即执行的，可以判处死刑同时宣告缓期二年执行。

死刑除依法由最高人民法院判决的以外，都应当报请最高人民法院核准。死刑缓期执行的，可以由高级人民法院判决或者核准。

**第四十九条**　【死刑适用对象的限制】犯罪的时候不满十八周岁的人和审判的时候怀孕的妇女，不适用死刑。

审判的时候已满七十五周岁的人，不适用死刑，但以特别残忍手段致人死亡的除外。

**第五十条**　【死缓变更】判处死刑缓期执行的，在死刑缓期执行期间，如果没有故意犯罪，二年期满以后，减为无期徒刑；如果确有重大立功表现，二年期满以后，减为二十五年有期徒刑；如果故意犯罪，查证属实的，由最高人民法院核准，执行死刑。

对被判处死刑缓期执行的累犯以及因故意杀人、强奸、抢劫、绑架、放火、爆炸、投放危险物质或者有组织的暴力性犯罪被判处死刑缓期执行的犯罪分子，人民法院根据犯罪情节等情况可以同时决定对其限制减刑。

**第五十一条**　【死缓期间及减为有期徒刑的刑期计算】死刑

缓期执行的期间，从判决确定之日起计算。死刑缓期执行减为有期徒刑的刑期，从死刑缓期执行期满之日起计算。

## 第六节　罚　金

**第五十二条**　【罚金数额的裁量】判处罚金，应当根据犯罪情节决定罚金数额。

**第五十三条**　【罚金的缴纳】罚金在判决指定的期限内一次或者分期缴纳。期满不缴纳的，强制缴纳。对于不能全部缴纳罚金的，人民法院在任何时候发现被执行人有可以执行的财产，应当随时追缴。如果由于遭遇不能抗拒的灾祸缴纳确实有困难的，可以酌情减少或者免除。

## 第七节　剥夺政治权利

**第五十四条**　【剥夺政治权利的含义】剥夺政治权利是剥夺下列权利：

（一）选举权和被选举权；

（二）言论、出版、集会、结社、游行、示威自由的权利；

（三）担任国家机关职务的权利；

（四）担任国有公司、企业、事业单位和人民团体领导职务的权利。

**第五十五条**　【剥夺政治权利的期限】剥夺政治权利的期限，除本法第五十七条规定外，为一年以上五年以下。

判处管制附加剥夺政治权利的，剥夺政治权利的期限与管制的期限相等，同时执行。

**第五十六条**　【剥夺政治权利的附加、独立适用】对于危害国家安全的犯罪分子应当附加剥夺政治权利；对于故意杀人、强奸、放火、爆炸、投毒、抢劫等严重破坏社会秩序的犯罪分子，可以附加剥夺政治权利。

独立适用剥夺政治权利的，依照本法分则的规定。

**第五十七条** 【对死刑、无期徒刑罪犯剥夺政治权利的适应】对于被判处死刑、无期徒刑的犯罪分子，应当剥夺政治权利终身。

在死刑缓期执行减为有期徒刑或者无期徒刑减为有期徒刑的时候，应当把附加剥夺政治权利的期限改为三年以上十年以下。

**第五十八条** 【剥夺政治权利的刑期计算、效力与执行】附加剥夺政治权利的刑期，从徒刑、拘役执行完毕之日或者从假释之日起计算；剥夺政治权利的效力当然施用于主刑执行期间。

被剥夺政治权利的犯罪分子，在执行期间，应当遵守法律、行政法规和国务院公安部门有关监督管理的规定，服从监督；不得行使本法第五十四条规定的各项权利。

## 第八节 没收财产

**第五十九条** 【没收财产的范围】没收财产是没收犯罪分子个人所有财产的一部或者全部。没收全部财产的，应当对犯罪分子个人及其扶养的家属保留必需的生活费用。

在判处没收财产的时候，不得没收属于犯罪分子家属所有或者应有的财产。

**第六十条** 【以没收的财产偿还债务】没收财产以前犯罪分子所负的正当债务，需要以没收的财产偿还的，经债权人请求，应当偿还。

## 第四章　刑罚的具体运用

### 第一节　量　刑

**第六十一条**　【量刑的事实根据与法律依据】对于犯罪分子决定刑罚的时候，应当根据犯罪的事实、犯罪的性质、情节和对于社会的危害程度，依照本法的有关规定判处。

**第六十二条**　【从重处罚与从轻处罚】犯罪分子具有本法规定的从重处罚、从轻处罚情节的，应当在法定刑的限度以内判处刑罚。

**第六十三条**　【减轻处罚】犯罪分子具有本法规定的减轻处罚情节的，应当在法定刑以下判处刑罚；本法规定有数个量刑幅度的，应当在法定量刑幅度的下一个量刑幅度内判处刑罚。

犯罪分子虽然不具有本法规定的减轻处罚情节，但是根据案件的特殊情况，经最高人民法院核准，也可以在法定刑以下判处刑罚。

**第六十四条**　【犯罪物品的处理】犯罪分子违法所得的一切财物，应当予以追缴或者责令退赔；对被害人的合法财产，应当及时返还；违禁品和供犯罪所用的本人财物，应当予以没收。没收的财物和罚金，一律上缴国库，不得挪用和自行处理。

### 第二节　累　犯

**第六十五条**　【一般累犯】被判处有期徒刑以上刑罚的犯罪分子，刑罚执行完毕或者赦免以后，在五年以内再犯应当判处有期徒刑以上刑罚之罪的，是累犯，应当从重处罚，但是过失犯罪和不满十八周岁的人犯罪的除外。

前款规定的期限，对于被假释的犯罪分子，从假释期满之日起计算。

**第六十六条** 【特别累犯】危害国家安全犯罪、恐怖活动犯罪、黑社会性质的组织犯罪的犯罪分子，在刑罚执行完毕或者赦免以后，在任何时候再犯上述任一类罪的，都以累犯论处。

## 第三节 自首和立功

**第六十七条** 【自首】犯罪以后自动投案，如实供述自己的罪行的，是自首。对于自首的犯罪分子，可以从轻或者减轻处罚。其中，犯罪较轻的，可以免除处罚。

被采取强制措施的犯罪嫌疑人、被告人和正在服刑的罪犯，如实供述司法机关还未掌握的本人其他罪行的，以自首论。

犯罪嫌疑人虽不具有前两款规定的自首情节，但是如实供述自己罪行的，可以从轻处罚；因其如实供述自己罪行，避免特别严重后果发生的，可以减轻处罚。

**第六十八条** 【立功】犯罪分子有揭发他人犯罪行为，查证属实的，或者提供重要线索，从而得以侦破其他案件等立功表现的，可以从轻或者减轻处罚；有重大立功表现的，可以减轻或者免除处罚。

## 第四节 数罪并罚

**第六十九条** 【判决宣告前一人犯数罪的并罚】判决宣告以前一人犯数罪的，除判处死刑和无期徒刑的以外，应当在总和刑期以下、数刑中最高刑期以上，酌情决定执行的刑期，但是管制最高不能超过三年，拘役最高不能超过一年，有期徒刑总和刑期不满三十五年的，最高不能超过二十年，总和刑期在三十五年以上的，最高不能超过二十五年。

数罪中有判处附加刑的，附加刑仍须执行，其中附加刑种类相同的，合并执行，种类不同的，分别执行。

**第七十条** 【判决宣告后发现漏罪的并罚】判决宣告以后，刑罚执行完毕以前，发现被判刑的犯罪分子在判决宣告以前还有其他罪没有判决的，应当对新发现的罪作出判决，把前后两个判决所判处的刑罚，依照本法第六十九条的规定，决定执行的刑罚。已经执行的刑期，应当计算在新判决决定的刑期以内。

**第七十一条** 【判决宣告后又犯新罪的并罚】判决宣告以后，刑罚执行完毕以前，被判刑的犯罪分子又犯罪的，应当对新犯的罪作出判决，把前罪没有执行的刑罚和后罪所判处的刑罚，依照本法第六十九条的规定，决定执行的刑罚。

## 第五节 缓 刑

**第七十二条** 【适用条件】对于被判处拘役、三年以下有期徒刑的犯罪分子，同时符合下列条件的，可以宣告缓刑，对其中不满十八周岁的人、怀孕的妇女和已满七十五周岁的人，应当宣告缓刑：

（一）犯罪情节较轻；

（二）有悔罪表现；

（三）没有再犯罪的危险；

（四）宣告缓刑对所居住社区没有重大不良影响。

宣告缓刑，可以根据犯罪情况，同时禁止犯罪分子在缓刑考验期限内从事特定活动，进入特定区域、场所，接触特定的人。

被宣告缓刑的犯罪分子，如果被判处附加刑，附加刑仍须执行。

**第七十三条** 【考验期限】拘役的缓刑考验期限为原判刑期以上一年以下，但是不能少于二个月。

有期徒刑的缓刑考验期限为原判刑期以上五年以下，但是不能少于一年。

缓刑考验期限，从判决确定之日起计算。

**第七十四条**　【累犯不适用缓刑】对于累犯和犯罪集团的首要分子，不适用缓刑。

**第七十五条**　【缓刑犯应遵守的规定】被宣告缓刑的犯罪分子，应当遵守下列规定：

（一）遵守法律、行政法规，服从监督；

（二）按照考察机关的规定报告自己的活动情况；

（三）遵守考察机关关于会客的规定；

（四）离开所居住的市、县或者迁居，应当报经考察机关批准。

**第七十六条**　【缓刑的考验及其积极后果】对宣告缓刑的犯罪分子，在缓刑考验期限内，依法实行社区矫正，如果没有本法第七十七条规定的情形，缓刑考验期满，原判的刑罚就不再执行，并公开予以宣告。

**第七十七条**　【缓刑的撤销及其处理】被宣告缓刑的犯罪分子，在缓刑考验期限内犯新罪或者发现判决宣告以前还有其他罪没有判决的，应当撤销缓刑，对新犯的罪或者新发现的罪作出判决，把前罪和后罪所判处的刑罚，依照本法第六十九条的规定，决定执行的刑罚。

被宣告缓刑的犯罪分子，在缓刑考验期限内，违反法律、行政法规或者国务院有关部门关于缓刑的监督管理规定，或者违反人民法院判决中的禁止令，情节严重的，应当撤销缓刑，执行原判刑罚。

## 第六节　减　刑

**第七十八条**　【适用条件与限度】被判处管制、拘役、有期徒刑、无期徒刑的犯罪分子，在执行期间，如果认真遵守监规，接受教育改造，确有悔改表现的，或者有立功表现的，可以减刑；有下列重大立功表现之一的，应当减刑：

（一）阻止他人重大犯罪活动的；

（二）检举监狱内外重大犯罪活动，经查证属实的；

（三）有发明创造或者重大技术革新的；

（四）在日常生产、生活中舍己救人的；

（五）在抗御自然灾害或者排除重大事故中，有突出表现的；

（六）对国家和社会有其他重大贡献的。

减刑以后实际执行的刑期不能少于下列期限：

（一）判处管制、拘役、有期徒刑的，不能少于原判刑期的二分之一；

（二）判处无期徒刑的，不能少于十三年；

（三）人民法院依照本法第五十条第二款规定限制减刑的死刑缓期执行的犯罪分子，缓期执行期满后依法减为无期徒刑的，不能少于二十五年，缓期执行期满后依法减为二十五年有期徒刑的，不能少于二十年。

**第七十九条**　【程序】对于犯罪分子的减刑，由执行机关向中级以上人民法院提出减刑建议书。人民法院应当组成合议庭进行审理，对确有悔改或者立功事实的，裁定予以减刑。非经法定程序不得减刑。

**第八十条**　【无期徒刑减刑的刑期计算】无期徒刑减为有期徒刑的刑期，从裁定减刑之日起计算。

## 第七节　假　释

**第八十一条**　【适用条件】被判处有期徒刑的犯罪分子，执行原判刑期二分之一以上，被判处无期徒刑的犯罪分子，实际执行十三年以上，如果认真遵守监规，接受教育改造，确有悔改表现，没有再犯罪的危险的，可以假释。如果有特殊情况，经最高人民法院核准，可以不受上述执行刑期的限制。

对累犯以及因故意杀人、强奸、抢劫、绑架、放火、爆炸、投放危险物质或者有组织的暴力性犯罪被判处十年以上有期徒刑、无期徒刑的犯罪分子，不得假释。

对犯罪分子决定假释时，应当考虑其假释后对所居住社区的影响。

**第八十二条** 【程序】对于犯罪分子的假释，依照本法第七十九条规定的程序进行。非经法定程序不得假释。

**第八十三条** 【考验期限】有期徒刑的假释考验期限，为没有执行完毕的刑期；无期徒刑的假释考验期限为十年。

假释考验期限，从假释之日起计算。

**第八十四条** 【假释犯应遵守的规定】被宣告假释的犯罪分子，应当遵守下列规定：

（一）遵守法律、行政法规，服从监督；

（二）按照监督机关的规定报告自己的活动情况；

（三）遵守监督机关关于会客的规定；

（四）离开所居住的市、县或者迁居，应当报经监督机关批准。

**第八十五条** 【假释考验及其积极后果】对假释的犯罪分子，在假释考验期限内，依法实行社区矫正，如果没有本法第八十六条规定的情形，假释考验期满，就认为原判刑罚已经执行完毕，并公开予以宣告。

**第八十六条** 【假释的撤销及其处理】被假释的犯罪分子，在假释考验期限内犯新罪，应当撤销假释，依照本法第七十一条的规定实行数罪并罚。

在假释考验期限内，发现被假释的犯罪分子在判决宣告以前还有其他罪没有判决的，应当撤销假释，依照本法第七十条的规定实行数罪并罚。

被假释的犯罪分子，在假释考验期限内，有违反法律、行政法规或者国务院有关部门关于假释的监督管理规定的行为，尚未构成新的犯罪的，应当依照法定程序撤销假释，收监执行未执行完毕的刑罚。

## 第八节　时　效

**第八十七条**　【追诉时效期限】犯罪经过下列期限不再追诉：

（一）法定最高刑为不满五年有期徒刑的，经过五年；

（二）法定最高刑为五年以上不满十年有期徒刑的，经过十年；

（三）法定最高刑为十年以上有期徒刑的，经过十五年；

（四）法定最高刑为无期徒刑、死刑的，经过二十年。如果二十年以后认为必须追诉的，须报请最高人民检察院核准。

**第八十八条**　【追诉期限的延长】在人民检察院、公安机关、国家安全机关立案侦查或者在人民法院受理案件以后，逃避侦查或者审判的，不受追诉期限的限制。

被害人在追诉期限内提出控告，人民法院、人民检察院、公安机关应当立案而不予立案的，不受追诉期限的限制。

**第八十九条**　【追诉期限的计算与中断】追诉期限从犯罪之日起计算；犯罪行为有连续或者继续状态的，从犯罪行为终了之日起计算。

在追诉期限以内又犯罪的，前罪追诉的期限从犯后罪之日起计算。

## 第五章　其他规定

**第九十条**　【民族自治地方刑法适用的变通】民族自治地方不能全部适用本法规定的，可以由自治区或者省的人民代表大会根据当地民族的政治、经济、文化的特点和本法规定的基本原则，制定变通或者补充的规定，报请全国人民代表大会常务委员会批准施行。

**第九十一条**　【公共财产的范围】本法所称公共财产，是指下列财产：

（一）国有财产；

（二）劳动群众集体所有的财产；

（三）用于扶贫和其他公益事业的社会捐助或者专项基金的财产。

在国家机关、国有公司、企业、集体企业和人民团体管理、使用或者运输中的私人财产，以公共财产论。

**第九十二条**　【公民私人所有财产的范围】本法所称公民私人所有的财产，是指下列财产：

（一）公民的合法收入、储蓄、房屋和其他生活资料；

（二）依法归个人、家庭所有的生产资料；

（三）个体户和私营企业的合法财产；

（四）依法归个人所有的股份、股票、债券和其他财产。

**第九十三条**　【国家工作人员的范围】本法所称国家工作人员，是指国家机关中从事公务的人员。

国有公司、企业、事业单位、人民团体中从事公务的人员和国家机关、国有公司、企业、事业单位委派到非国有公司、企业、事业单位、社会团体从事公务的人员，以及其他依照法律从事公务的人员，以国家工作人员论。

**第九十四条**　【司法工作人员的范围】本法所称司法工作人员，是指有侦查、检察、审判、监管职责的工作人员。

**第九十五条**　【重伤】本法所称重伤，是指有下列情形之一的伤害：

（一）使人肢体残废或者毁人容貌的；

（二）使人丧失听觉、视觉或者其他器官机能的；

（三）其他对于人身健康有重大伤害的。

**第九十六条**　【违反国家规定之含义】本法所称违反国家规定，是指违反全国人民代表大会及其常务委员会制定的法律和决定，国务院制定的行政法规、规定的行政措施、发布的决定和命令。

**第九十七条**　【首要分子的范围】本法所称首要分子，是指在犯罪集团或者聚众犯罪中起组织、策划、指挥作用的犯罪分子。

**第九十八条**　【告诉才处理的含义】本法所称告诉才处理，是指被害人告诉才处理。如果被害人因受强制、威吓无法告诉的，人民检察院和被害人的近亲属也可以告诉。

**第九十九条**　【以上、以下、以内之界定】本法所称以上、以下、以内，包括本数。

**第一百条**　【前科报告制度】依法受过刑事处罚的人，在入伍、就业的时候，应当如实向有关单位报告自己曾受过刑事处罚，不得隐瞒。

犯罪的时候不满十八周岁被判处五年有期徒刑以下刑罚的人，免除前款规定的报告义务。

**第一百零一条**　【总则的效力】本法总则适用于其他有刑罚规定的法律，但是其他法律有特别规定的除外。

# 第二编 分 则

## 第一章 危害国家安全罪

**第一百零二条** 【背叛国家罪】勾结外国，危害中华人民共和国的主权、领土完整和安全的，处无期徒刑或者十年以上有期徒刑。

与境外机构、组织、个人相勾结，犯前款罪的，依照前款的规定处罚。

**第一百零三条** 【分裂国家罪、煽动分裂国家罪】组织、策划、实施分裂国家、破坏国家统一的，对首要分子或者罪行重大的，处无期徒刑或者十年以上有期徒刑；对积极参加的，处三年以上十年以下有期徒刑；对其他参加的，处三年以下有期徒刑、拘役、管制或者剥夺政治权利。

煽动分裂国家、破坏国家统一的，处五年以下有期徒刑、拘役、管制或者剥夺政治权利；首要分子或者罪行重大的，处五年以上有期徒刑。

**第一百零四条** 【武装叛乱、暴乱罪】组织、策划、实施武装叛乱或者武装暴乱的，对首要分子或者罪行重大的，处无期徒刑或者十年以上有期徒刑；对积极参加的，处三年以上十年以下有期徒刑；对其他参加的，处三年以下有期徒刑、拘役、管制或者剥夺政治权利。

策动、胁迫、勾引、收买国家机关工作人员、武装部队人员、人民警察、民兵进行武装叛乱或者武装暴乱的，依照前款的规定从重处罚。

**第一百零五条** 【颠覆国家政权罪、煽动颠覆国家政权罪】组织、策划、实施颠覆国家政权、推翻社会主义制度的，对首要分子或者罪行重大的，处无期徒刑或者十年以上有期徒刑；对积极参加的，处三年以上十年以下有期徒刑；对其他参加的，处三年以下有期徒刑、拘役、管制或者剥夺政治权利。

以造谣、诽谤或者其他方式煽动颠覆国家政权、推翻社会主义制度的，处五年以下有期徒刑、拘役、管制或者剥夺政治权利；首要分子或者罪行重大的，处五年以上有期徒刑。

**第一百零六条** 【与境外勾结的处罚规定】与境外机构、组织、个人相勾结，实施本章第一百零三条、第一百零四条、第一百零五条规定之罪的，依照各该条的规定从重处罚。

**第一百零七条** 【资助危害国家安全犯罪活动罪】境内外机构、组织或者个人资助实施本章第一百零二条、第一百零三条、第一百零四条、第一百零五条规定之罪的，对直接责任人员，处五年以下有期徒刑、拘役、管制或者剥夺政治权利；情节严重的，处五年以上有期徒刑。

**第一百零八条** 【投敌叛变罪】投敌叛变的，处三年以上十年以下有期徒刑；情节严重或者带领武装部队人员、人民警察、民兵投敌叛变的，处十年以上有期徒刑或者无期徒刑。

**第一百零九条** 【叛逃罪】国家机关工作人员在履行公务期间，擅离岗位，叛逃境外或者在境外叛逃的，处五年以下有期徒刑、拘役、管制或者剥夺政治权利；情节严重的，处五年以上十年以下有期徒刑。

掌握国家秘密的国家工作人员叛逃境外或者在境外叛逃的，依照前款的规定从重处罚。

**第一百一十条** 【间谍罪】有下列间谍行为之一，危害国家安全的，处十年以上有期徒刑或者无期徒刑；情节较轻的，处三年以上十年以下有期徒刑：

（一）参加间谍组织或者接受间谍组织及其代理人的任务的；

（二）为敌人指示轰击目标的。

**第一百一十一条**　【为境外窃取、刺探、收买、非法提供国家秘密、情报罪】为境外的机构、组织、人员窃取、刺探、收买、非法提供国家秘密或者情报的，处五年以上十年以下有期徒刑；情节特别严重的，处十年以上有期徒刑或者无期徒刑；情节较轻的，处五年以下有期徒刑、拘役、管制或者剥夺政治权利。

**第一百一十二条**　【资敌罪】战时供给敌人武器装备、军用物资资敌的，处十年以上有期徒刑或者无期徒刑；情节较轻的，处三年以上十年以下有期徒刑。

**第一百一十三条**　【危害国家安全罪适用死刑、没收财产的规定】本章上述危害国家安全罪行中，除第一百零三条第二款、第一百零五条、第一百零七条、第一百零九条外，对国家和人民危害特别严重、情节特别恶劣的，可以判处死刑。

犯本章之罪的，可以并处没收财产。

## 第二章　危害公共安全罪

**第一百一十四条**　【放火罪、决水罪、爆炸罪、投放危险物质罪、以危险方法危害公共安全罪之一】放火、决水、爆炸以及投放毒害性、放射性、传染病病原体等物质或者以其他危险方法危害公共安全，尚未造成严重后果的，处三年以上十年以下有期徒刑。

**第一百一十五条**　【放火罪、决水罪、爆炸罪、投放危险物质罪、以危险方法危害公共安全罪之二】放火、决水、爆炸以及投放毒害性、放射性、传染病病原体等物质或者以其他危险方法致人重伤、死亡或者使公私财产遭受重大损失的，处十年以上有期徒刑、无期徒刑或者死刑。

过失犯前款罪的，处三年以上七年以下有期徒刑；情节较轻的，处三年以下有期徒刑或者拘役。

**第一百一十六条** 【破坏交通工具罪】破坏火车、汽车、电车、船只、航空器，足以使火车、汽车、电车、船只、航空器发生倾覆、毁坏危险，尚未造成严重后果的，处三年以上十年以下有期徒刑。

**第一百一十七条** 【破坏交通设施罪】破坏轨道、桥梁、隧道、公路、机场、航道、灯塔、标志或者进行其他破坏活动，足以使火车、汽车、电车、船只、航空器发生倾覆、毁坏危险，尚未造成严重后果的，处三年以上十年以下有期徒刑。

**第一百一十八条** 【破坏电力设备罪、破坏易燃易爆设备罪】破坏电力、燃气或者其他易燃易爆设备，危害公共安全，尚未造成严重后果的，处三年以上十年以下有期徒刑。

**第一百一十九条** 【破坏交通工具罪、破坏交通设施罪、破坏电力设备罪、破坏易燃易爆设备罪】破坏交通工具、交通设施、电力设备、燃气设备、易燃易爆设备，造成严重后果的，处十年以上有期徒刑、无期徒刑或者死刑。

过失犯前款罪的，处三年以上七年以下有期徒刑；情节较轻的，处三年以下有期徒刑或者拘役。

**第一百二十条** 【组织、领导、参加恐怖组织罪、资助恐怖活动罪】组织、领导恐怖活动组织的，处十年以上有期徒刑或者无期徒刑；积极参加的，处三年以上十年以下有期徒刑；其他参加的，处三年以下有期徒刑、拘役、管制或者剥夺政治权利。

犯前款罪并实施杀人、爆炸、绑架等犯罪的，依照数罪并罚的规定处罚。

资助恐怖活动组织或者实施恐怖活动的个人的，处五年以下有期徒刑、拘役、管制或者剥夺政治权利，并处罚金；情节严重的，处五年以上有期徒刑，并处罚金或者没收财产。

单位犯前款罪的，对单位判处罚金，并对其直接负责的主管人员和其他直接责任人员，依照前款的规定处罚。

**第一百二十一条** 【劫持航空器罪】以暴力、胁迫或者其他方法劫持航空器的，处十年以上有期徒刑或者无期徒刑；致人重伤、死亡或者使航空器遭受严重破坏的，处死刑。

**第一百二十二条** 【劫持船只、汽车罪】以暴力、胁迫或者其他方法劫持船只、汽车的，处五年以上十年以下有期徒刑；造成严重后果的，处十年以上有期徒刑或者无期徒刑。

**第一百二十三条** 【暴力危及飞行安全罪】对飞行中的航空器上的人员使用暴力，危及飞行安全，尚未造成严重后果的，处五年以下有期徒刑或者拘役；造成严重后果的，处五年以上有期徒刑。

**第一百二十四条** 【破坏广播电视设施、公用电信设施罪】破坏广播电视设施、公用电信设施，危害公共安全的，处三年以上七年以下有期徒刑；造成严重后果的，处七年以上有期徒刑。

过失犯前款罪的，处三年以上七年以下有期徒刑；情节较轻的，处三年以下有期徒刑或者拘役。

**第一百二十五条** 【非法制造、买卖、运输、邮寄、储存枪支、弹药、爆炸物罪、非法制造、买卖、运输、储存危险物质罪】非法制造、买卖、运输、邮寄、储存枪支、弹药、爆炸物的，处三年以上十年以下有期徒刑；情节严重的，处十年以上有期徒刑、无期徒刑或者死刑。

非法制造、买卖、运输、储存毒害性、放射性、传染病病原体等物质，危害公共安全的，依照前款的规定处罚。

单位犯前两款罪的，对单位判处罚金，并对其直接负责的主管人员和其他直接责任人员，依照第一款的规定处罚。

**第一百二十六条** 【违规制造、销售枪支罪】依法被指定、确定的枪支制造企业、销售企业，违反枪支管理规定，有下列行为之一的，对单位判处罚金，并对其直接负责的主管人员和其他直接责任人员，处五年以下有期徒刑；情节严重的，处五年以上十年以下有期徒刑；情节特别严重的，处十年以上有期徒刑或者无期徒刑：

（一）以非法销售为目的，超过限额或者不按照规定的品种制造、配售枪支的；

（二）以非法销售为目的，制造无号、重号、假号的枪支的；

（三）非法销售枪支或者在境内销售为出口制造的枪支的。

**第一百二十七条** 【盗窃、抢夺枪支、弹药、爆炸物；危险物质罪、抢劫枪支、弹药、爆炸物、危险物质罪】盗窃、抢夺枪支、弹药、爆炸物的，或者盗窃、抢夺毒害性、放射性、传染病病原体等物质，危害公共安全的，处三年以上十年以下有期徒刑；情节严重的，处十年以上有期徒刑、无期徒刑或者死刑。

抢劫枪支、弹药、爆炸物的，或者抢劫毒害性、放射性、传染病病原体等物质，危害公共安全的，或者盗窃、抢夺国家机关、军警人员、民兵的枪支、弹药、爆炸物的，处十年以上有期徒刑、无期徒刑或者死刑。

**第一百二十八条** 【非法持有、私藏枪支、弹药罪、非法出租、出借枪支罪】违反枪支管理规定，非法持有、私藏枪支、弹药的，处三年以下有期徒刑、拘役或者管制；情节严重的，处三年以上七年以下有期徒刑。

依法配备公务用枪的人员，非法出租、出借枪支的，依照前款的规定处罚。

依法配置枪支的人员，非法出租、出借枪支，造成严重后果的，依照第一款的规定处罚。

单位犯第二款、第三款罪的，对单位判处罚金，并对其直接负责的主管人员和其他直接责任人员，依照第一款的规定处罚。

**第一百二十九条** 【丢失枪支不报罪】依法配备公务用枪的人员，丢失枪支不及时报告，造成严重后果的，处三年以下有期徒刑或者拘役。

**第一百三十条** 【非法携带枪支、弹药、管制刀具、危险物品危及公共安全罪】非法携带枪支、弹药、管制刀具或者爆炸性、易燃性、放射性、毒害性、腐蚀性物品，进入公共场所或者公共交通工具，危及公共安全，情节严重的，处三年以下有期徒刑、拘役或者管制。

**第一百三十一条** 【重大飞行事故罪】航空人员违反规章制度，致使发生重大飞行事故，造成严重后果的，处三年以下有期徒刑或者拘役；造成飞机坠毁或者人员死亡的，处三年以上七年以下有期徒刑。

**第一百三十二条** 【铁路运营安全事故罪】铁路职工违反规章制度，致使发生铁路运营安全事故，造成严重后果的，处三年以下有期徒刑或者拘役；造成特别严重后果的，处三年以上七年以下有期徒刑。

**第一百三十三条** 【交通肇事罪】违反交通运输管理法规，因而发生重大事故，致人重伤、死亡或者使公私财产遭受重大损失的，处三年以下有期徒刑或者拘役；交通运输肇事后逃逸或者有其他特别恶劣情节的，处三年以上七年以下有期徒刑；因逃逸致人死亡的，处七年以上有期徒刑。

**第一百三十三条之一** 在道路上驾驶机动车追逐竞驶，情节恶劣的，或者在道路上醉酒驾驶机动车的，处拘役，并处罚金。

有前款行为，同时构成其他犯罪的，依照处罚较重的规定定罪处罚。

**第一百三十四条** 【重大责任事故罪；强令违章冒险作业

罪】在生产、作业中违反有关安全管理的规定，因而发生重大伤亡事故或者造成其他严重后果的，处三年以下有期徒刑或者拘役；情节特别恶劣的，处三年以上七年以下有期徒刑。

强令他人违章冒险作业，因而发生重大伤亡事故或者造成其他严重后果的，处五年以下有期徒刑或者拘役；情节特别恶劣的，处五年以上有期徒刑。

**第一百三十五条** 【重大劳动安全事故罪；大型群众性活动重大安全事故罪】安全生产设施或者安全生产条件不符合国家规定，因而发生重大伤亡事故或者造成其他严重后果的，对直接负责的主管人员和其他直接责任人员，处三年以下有期徒刑或者拘役；情节特别恶劣的，处三年以上七年以下有期徒刑。

举办大型群众性活动违反安全管理规定，因而发生重大伤亡事故或者造成其他严重后果的，对直接负责的主管人员和其他直接责任人员，处三年以下有期徒刑或者拘役；情节特别恶劣的，处三年以上七年以下有期徒刑。

**第一百三十六条** 【危险物品肇事罪】违反爆炸性、易燃性、放射性、毒害性、腐蚀性物品的管理规定，在生产、储存、运输、使用中发生重大事故，造成严重后果的，处三年以下有期徒刑或者拘役；后果特别严重的，处三年以上七年以下有期徒刑。

**第一百三十七条** 【工程重大安全事故罪】建设单位、设计单位、施工单位、工程监理单位违反国家规定，降低工程质量标准，造成重大安全事故的，对直接责任人员，处五年以下有期徒刑或者拘役，并处罚金；后果特别严重的，处五年以上十年以下有期徒刑，并处罚金。

**第一百三十八条** 【教育设施重大安全事故罪】明知校舍或者教育教学设施有危险，而不采取措施或者不及时报告，致使发生重大伤亡事故的，对直接责任人员，处三年以下有期徒刑或者拘役；后果特别严重的，处三年以上七年以下有期徒刑。

**第一百三十九条** 【消防责任事故罪；不报、谎报安全事故罪】违反消防管理法规，经消防监督机构通知采取改正措施而拒绝执行，造成严重后果的，对直接责任人员，处三年以下有期徒刑或者拘役；后果特别严重的，处三年以上七年以下有期徒刑。

在安全事故发生后，负有报告职责的人员不报或者谎报事故情况，贻误事故抢救，情节严重的，处三年以下有期徒刑或者拘役；情节特别严重的，处三年以上七年以下有期徒刑。

## 第三章 破坏社会主义市场经济秩序罪

### 第一节 生产、销售伪劣商品罪

**第一百四十条** 【生产、销售伪劣产品罪】生产者、销售者在产品中掺杂、掺假，以假充真，以次充好或者以不合格产品冒充合格产品，销售金额五万元以上不满二十万元的，处二年以下有期徒刑或者拘役，并处或者单处销售金额百分之五十以上二倍以下罚金；销售金额二十万元以上不满五十万元的，处二年以上七年以下有期徒刑，并处销售金额百分之五十以上二倍以下罚金；销售金额五十万元以上不满二百万元的，处七年以上有期徒刑，并处销售金额百分之五十以上二倍以下罚金；销售金额二百万元以上的，处十五年有期徒刑或者无期徒刑，并处销售金额百分之五十以上二倍以下罚金或者没收财产。

**第一百四十一条** 【生产、销售假药罪】生产、销售假药的，处三年以下有期徒刑或者拘役，并处罚金；对人体健康造成严重危害或者有其他严重情节的，处三年以上十年以下有期徒刑，并处罚金；致人死亡或者有其他特别严重情节的，处十年以上有期徒刑、无期徒刑或者死刑，并处罚金或者没收财产。

本条所称假药，是指依照《中华人民共和国药品管理法》的规定属于假药和按假药处理的药品、非药品。

**第一百四十二条**　【生产、销售劣药罪】生产、销售劣药，对人体健康造成严重危害的，处三年以上十年以下有期徒刑，并处销售金额百分之五十以上二倍以下罚金；后果特别严重的，处十年以上有期徒刑或者无期徒刑，并处销售金额百分之五十以上二倍以下罚金或者没收财产。

本条所称劣药，是指依照《中华人民共和国药品管理法》的规定属于劣药的药品。

**第一百四十三条**　【生产、销售不符合安全标准的食品罪】生产、销售不符合食品安全标准的食品，足以造成严重食物中毒事故或者其他严重食源性疾病的，处三年以下有期徒刑或者拘役，并处罚金；对人体健康造成严重危害或者有其他严重情节的，处三年以上七年以下有期徒刑，并处罚金；后果特别严重的，处七年以上有期徒刑或者无期徒刑，并处罚金或者没收财产。

**第一百四十四条**　【生产、销售有毒、有害食品罪】在生产、销售的食品中掺入有毒、有害的非食品原料的，或者销售明知掺有有毒、有害的非食品原料的食品的，处五年以下有期徒刑，并处罚金；对人体健康造成严重危害或者有其他严重情节的，处五年以上十年以下有期徒刑，并处罚金；致人死亡或者有其他特别严重情节的，依照本法第一百四十一条的规定处罚。

**第一百四十五条**　【生产、销售不符合标准的卫生器材罪】生产不符合保障人体健康的国家标准、行业标准的医疗器械、医用卫生材料，或者销售明知是不符合保障人体健康的国家标准、行业标准的医疗器械、医用卫生材料，足以严重危害人体健康的，处三年以下有期徒刑或者拘役，并处销售金额百分之五十以上二倍以下罚金；对人体健康造成严重危害的，处三年以上十年以下有期徒刑，并处销售金额百分之五十以上二倍以下罚金；后果特别严重的，处十年以上有期徒刑或者无期徒刑，并处销售金额百分之五十以上二倍以下罚金或者没收财产。

**第一百四十六条** 【生产、销售不符合安全标准的产品罪】生产不符合保障人身、财产安全的国家标准、行业标准的电器、压力容器、易燃易爆产品或者其他不符合保障人身、财产安全的国家标准、行业标准的产品，或者销售明知是以上不符合保障人身、财产安全的国家标准、行业标准的产品，造成严重后果的，处五年以下有期徒刑，并处销售金额百分之五十以上二倍以下罚金；后果特别严重的，处五年以上有期徒刑，并处销售金额百分之五十以上二倍以下罚金。

**第一百四十七条** 【生产、销售伪劣农药、兽药、化肥、种子罪】生产假农药、假兽药、假化肥，销售明知是假的或者失去使用效能的农药、兽药、化肥、种子，或者生产者、销售者以不合格的农药、兽药、化肥、种子冒充合格的农药、兽药、化肥、种子，使生产遭受较大损失的，处三年以下有期徒刑或者拘役，并处或者单处销售金额百分之五十以上二倍以下罚金；使生产遭受重大损失的，处三年以上七年以下有期徒刑，并处销售金额百分之五十以上二倍以下罚金；使生产遭受特别重大损失的，处七年以上有期徒刑或者无期徒刑，并处销售金额百分之五十以上二倍以下罚金或者没收财产。

**第一百四十八条** 【生产、销售不符合卫生标准的化妆品罪】生产不符合卫生标准的化妆品，或者销售明知是不符合卫生标准的化妆品，造成严重后果的，处三年以下有期徒刑或者拘役，并处或者单处销售金额百分之五十以上二倍以下罚金。

**第一百四十九条**　【对生产、销售伪劣商品行为的法条适用原则】生产、销售本节第一百四十一条至第一百四十八条所列产品，不构成各该条规定的犯罪，但是销售金额在五万元以上的，依照本节第一百四十条的规定定罪处罚。

生产、销售本节第一百四十一条至第一百四十八条所列产品，构成各该条规定的犯罪，同时又构成本节第一百四十条规定之罪的，依照处罚较重的规定定罪处罚。

**第一百五十条**　【单位犯本节规定之罪的处罚规定】单位犯本节第一百四十条至第一百四十八条规定之罪的，对单位判处罚金，并对其直接负责的主管人员和其他直接责任人员，依照各该条的规定处罚。

## 第二节　走私罪

**第一百五十一条**　【走私武器、弹药罪、走私核材料罪、走私假币罪、走私文物罪、走私贵重金属罪、走私珍贵动物罪、走私珍贵动物制品罪、走私国家禁止进出口的货物、物品罪】走私武器、弹药、核材料或者伪造的货币的，处七年以上有期徒刑，并处罚金或者没收财产；情节特别严重的，处无期徒刑或者死刑，并处没收财产；情节较轻的，处三年以上七年以下有期徒刑，并处罚金。

走私国家禁止出口的文物、黄金、白银和其他贵重金属或者国家禁止进出口的珍贵动物及其制品的，处五年以上十年以下有期徒刑，并处罚金；情节特别严重的，处十年以上有期徒刑或者无期徒刑，并处没收财产；情节较轻的，处五年以下有期徒刑，并处罚金。

走私珍稀植物及其制品等国家禁止进出口的其他货物、物品的，处五年以下有期徒刑或者拘役，并处或者单处罚金；情节严重的，处五年以上有期徒刑，并处罚金。

单位犯本条规定之罪的，对单位判处罚金，并对其直接负责的主管人员和其他直接责任人员，依照本条各款的规定处罚。

犯第一款、第二款罪，情节特别严重的，处无期徒刑或者死刑，并处没收财产。

单位犯本条规定之罪的，对单位判处罚金，并对其直接负责的主管人员和其他直接责任人员，依照本条各款的规定处罚。

**第一百五十二条** 【走私淫秽物品罪；走私废物罪】以牟利或者传播为目的，走私淫秽的影片、录像带、录音带、图片、书刊或者其他淫秽物品的，处三年以上十年以下有期徒刑，并处罚金；情节严重的，处十年以上有期徒刑或者无期徒刑，并处罚金或者没收财产；情节较轻的，处三年以下有期徒刑、拘役或者管制，并处罚金。

逃避海关监管将境外固体废物、液态废物和气态废物运输进境，情节严重的，处五年以下有期徒刑，并处或者单处罚金；情节特别严重的，处五年以上有期徒刑，并处罚金。

单位犯前两款罪的，对单位判处罚金，并对其直接负责的主管人员和其他直接责任人员，依照前两款的规定处罚。

**第一百五十三条** 【走私普通货物、物品罪】走私本法第一百五十一条、第一百五十二条、第三百四十七条规定以外的货物、物品的，根据情节轻重，分别依照下列规定处罚：

（一）走私货物、物品偷逃应缴税额较大或者一年内曾因走私被给予二次行政处罚后又走私的，处三年以下有期徒刑或者拘役，并处偷逃应缴税额一倍以上五倍以下罚金。

（二）走私货物、物品偷逃应缴税额巨大或者有其他严重情节的，处三年以上十年以下有期徒刑，并处偷逃应缴税额一倍以上五倍以下罚金。

（三）走私货物、物品偷逃应缴税额特别巨大或者有其他特别严重情节的，处十年以上有期徒刑或者无期徒刑，并处偷逃应缴税额一倍以上五倍以下罚金或者没收财产。

单位犯前款罪的，对单位判处罚金，并对其直接负责的主管人员和其他直接责任人员，处三年以下有期徒刑或者拘役；情节严重的，处三年以上十年以下有期徒刑；情节特别严重的，处十年以上有期徒刑。

对多次走私未经处理的，按照累计走私货物、物品的偷逃应缴税额处罚。

**第一百五十四条** 【特殊形式的走私普通货物、物品罪】下列走私行为，根据本节规定构成犯罪的，依照本法第一百五十三条的规定定罪处罚：

（一）未经海关许可并且未补缴应缴税额，擅自将批准进口的来料加工、来件装配、补偿贸易的原材料、零件、制成品、设备等保税货物，在境内销售牟利的；

（二）未经海关许可并且未补缴应缴税额，擅自将特定减税、免税进口的货物、物品，在境内销售牟利的。

**第一百五十五条** 【间接走私行为以相应走私犯罪论处的规定】下列行为，以走私罪论处，依照本节的有关规定处罚：

（一）直接向走私人非法收购国家禁止进口物品的，或者直接向走私人非法收购走私进口的其他货物、物品，数额较大的；

（二）在内海、领海、界河、界湖运输、收购、贩卖国家禁止进出口物品的，或者运输、收购、贩卖国家限制进出口货物、物品，数额较大，没有合法证明的。

**第一百五十六条** 【走私共犯】与走私罪犯通谋，为其提供贷款、资金、帐号、发票、证明，或者为其提供运输、保管、邮寄或者其他方便的，以走私罪的共犯论处。

**第一百五十七条** 【武装掩护走私、抗拒缉私的处罚规定】武装掩护走私的，依照本法第一百五十一条第一款的规定从重处罚。

以暴力、威胁方法抗拒缉私的，以走私罪和本法第二百七十七条规定的阻碍国家机关工作人员依法执行职务罪，依照数罪并罚的规定处罚。

## 第三节 妨害对公司、企业的管理秩序罪

**第一百五十八条** 【虚报注册资本罪】申请公司登记使用虚假证明文件或者采取其他欺诈手段虚报注册资本，欺骗公司登记主管部门，取得公司登记，虚报注册资本数额巨大、后果严重或者有其他严重情节的，处三年以下有期徒刑或者拘役，并处或者单处虚报注册资本金额百分之一以上百分之五以下罚金。

单位犯前款罪的，对单位判处罚金，并对其直接负责的主管人员和其他直接责任人员，处三年以下有期徒刑或者拘役。

**第一百五十九条** 【虚假出资、抽逃出资罪】公司发起人、股东违反公司法的规定未交付货币、实物或者未转移财产权，虚假出资，或者在公司成立后又抽逃其出资，数额巨大、后果严重或者有其他严重情节的，处五年以下有期徒刑或者拘役，并处或者单处虚假出资金额或者抽逃出资金额百分之二以上百分之十以下罚金。

单位犯前款罪的，对单位判处罚金，并对其直接负责的主管人员和其他直接责任人员，处五年以下有期徒刑或者拘役。

**第一百六十条** 【欺诈发行股票、债券罪】在招股说明书、认股书、公司、企业债券募集办法中隐瞒重要事实或者编造重大虚假内容，发行股票或者公司、企业债券，数额巨大、后果严重或者有其他严重情节的，处五年以下有期徒刑或者拘役，并处或

者单处非法募集资金金额百分之一以上百分之五以下罚金。

单位犯前款罪的，对单位判处罚金，并对其直接负责的主管人员和其他直接责任人员，处五年以下有期徒刑或者拘役。

**第一百六十一条**　【违规披露、不披露重要信息罪】依法负有信息披露义务的公司、企业向股东和社会公众提供虚假的或者隐瞒重要事实的财务会计报告，或者对依法应当披露的其他重要信息不按照规定披露，严重损害股东或者其他人利益，或者有其他严重情节的，对其直接负责的主管人员和其他直接责任人员，处三年以下有期徒刑或者拘役，并处或者单处二万元以上二十万元以下罚金。

**第一百六十二条**　【妨害清算罪、隐匿、故意销毁会计凭证、会计账簿、财务会计报告罪；虚假破产罪】公司、企业进行清算时，隐匿财产，对资产负债表或者财产清单作虚伪记载或者在未清偿债务前分配公司、企业财产，严重损害债权人或者其他人利益的，对其直接负责的主管人员和其他直接责任人员，处五年以下有期徒刑或者拘役，并处或者单处二万元以上二十万元以下罚金。

隐匿或者故意销毁依法应当保存的会计凭证、会计账簿、财务会计报告，情节严重的，处五年以下有期徒刑或者拘役，并处或者单处二万元以上二十万元以下罚金。

单位犯前款罪的，对单位判处罚金，并对其直接负责的主管人员和其他直接责任人员，依照前款的规定处罚。

公司、企业通过隐匿财产、承担虚构的债务或者以其他方法转移、处分财产，实施虚假破产，严重损害债权人或者其他人利益的，对其直接负责的主管人员和其他直接责任人员，处五年以下有期徒刑或者拘役，并处或者单处二万元以上二十万元以下罚金。

**第一百六十三条** 【非国家工作人员受贿罪】公司、企业或者其他单位的工作人员利用职务上的便利，索取他人财物或者非法收受他人财物，为他人谋取利益，数额较大的，处五年以下有期徒刑或者拘役；数额巨大的，处五年以上有期徒刑，可以并处没收财产。

公司、企业或者其他单位的工作人员在经济往来中，利用职务上的便利，违反国家规定，收受各种名义的回扣、手续费，归个人所有的，依照前款的规定处罚。

国有公司、企业或者其他国有单位中从事公务的人员和国有公司、企业或者其他国有单位委派到非国有公司、企业以及其他单位从事公务的人员有前两款行为的，依照本法第三百八十五条、第三百八十六条的规定定罪处罚。

**第一百六十四条** 【对非国家工作人员行贿罪】为谋取不正当利益，给予公司、企业或者其他单位的工作人员以财物，数额较大的，处三年以下有期徒刑或者拘役；数额巨大的，处三年以上十年以下有期徒刑，并处罚金。

为谋取不正当商业利益，给予外国公职人员或者国际公共组织官员以财物的，依照前款的规定处罚。

单位犯前两款罪的，对单位判处罚金，并对其直接负责的主管人员和其他直接责任人员，依照第一款的规定处罚。

行贿人在被追诉前主动交待行贿行为的，可以减轻处罚或者免除处罚。

**第一百六十五条** 【非法经营同类营业罪】国有公司、企业的董事、经理利用职务便利，自己经营或者为他人经营与其所任职公司、企业同类的营业，获取非法利益，数额巨大的，处三年以下有期徒刑或者拘役，并处或者单处罚金；数额特别巨大的，处三年以上七年以下有期徒刑，并处罚金。

**第一百六十六条** 【为亲友非法牟利罪】国有公司、企业、事业单位的工作人员，利用职务便利，有下列情形之一，使国家利益遭受重大损失的，处三年以下有期徒刑或者拘役，并处或者单处罚金；致使国家利益遭受特别重大损失的，处三年以上七年以下有期徒刑，并处罚金：

（一）将本单位的盈利业务交由自己的亲友进行经营的；

（二）以明显高于市场的价格向自己的亲友经营管理的单位采购商品或者以明显低于市场的价格向自己的亲友经营管理的单位销售商品的；

（三）向自己的亲友经营管理的单位采购不合格商品的。

**第一百六十七条** 【签订、履行合同失职被骗罪】国有公司、企业、事业单位直接负责的主管人员，在签订、履行合同过程中，因严重不负责任被诈骗，致使国家利益遭受重大损失的，处三年以下有期徒刑或者拘役；致使国家利益遭受特别重大损失的，处三年以上七年以下有期徒刑。

**第一百六十八条** 【国有公司、企业、事业单位人员失职罪、国有公司、企业、事业单位人员滥用职权罪】国有公司、企业的工作人员，由于严重不负责任或者滥用职权，造成国有公司、企业破产或者严重损失，致使国家利益遭受重大损失的，处三年以下有期徒刑或者拘役；致使国家利益遭受特别重大损失的，处三年以上七年以下有期徒刑。

国有事业单位的工作人员有前款行为，致使国家利益遭受重大损失的，依照前款的规定处罚。

国有公司、企业、事业单位的工作人员，徇私舞弊，犯前两款罪的，依照第一款的规定从重处罚。

**第一百六十九条** 【徇私舞弊低价折股、出售国有资产罪；背信损害上市公司利益罪】国有公司、企业或者其上级主管部门直接负责的主管人员，徇私舞弊，将国有资产低价折股或者低价出售，致使国家利益遭受重大损失的，处三年以下有期徒刑或者拘役；致使国家利益遭受特别重大损失的，处三年以上七年以下有期徒刑。

上市公司的董事、监事、高级管理人员违背对公司的忠实义务，利用职务便利，操纵上市公司从事下列行为之一，致使上市公司利益遭受重大损失的，处三年以下有期徒刑或者拘役，并处或者单处罚金；致使上市公司利益遭受特别重大损失的，处三年以上七年以下有期徒刑，并处罚金：

（一）无偿向其他单位或者个人提供资金、商品、服务或者其他资产的；

（二）以明显不公平的条件，提供或者接受资金、商品、服务或者其他资产的；

（三）向明显不具有清偿能力的单位或者个人提供资金、商品、服务或者其他资产的；

（四）为明显不具有清偿能力的单位或者个人提供担保，或者无正当理由为其他单位或者个人提供担保的；

（五）无正当理由放弃债权、承担债务的；

（六）采用其他方式损害上市公司利益的。

上市公司的控股股东或者实际控制人，指使上市公司董事、监事、高级管理人员实施前款行为的，依照前款的规定处罚。

犯前款罪的上市公司的控股股东或者实际控制人是单位的，对单位判处罚金，并对其直接负责的主管人员和其他直接责任人员，依照第一款的规定处罚。

## 第四节　破坏金融管理秩序罪

**第一百七十条**　【伪造货币罪】伪造货币的，处三年以上十年以下有期徒刑，并处五万元以上五十万元以下罚金；有下列情形之一的，处十年以上有期徒刑、无期徒刑或者死刑，并处五万元以上五十万元以下罚金或者没收财产：

（一）伪造货币集团的首要分子；

（二）伪造货币数额特别巨大的；

（三）有其他特别严重情节的。

**第一百七十一条** 【出售、购买、运输假币罪；金融工作人员购买假币、以假币换取货币罪；伪造货币罪】出售、购买伪造的货币或者明知是伪造的货币而运输，数额较大的，处三年以下有期徒刑或者拘役，并处二万元以上二十万元以下罚金；数额巨大的，处三年以上十年以下有期徒刑，并处五万元以上五十万元以下罚金；数额特别巨大的，处十年以上有期徒刑或者无期徒刑，并处五万元以上五十万元以下罚金或者没收财产。

银行或者其他金融机构的工作人员购买伪造的货币或者利用职务上的便利，以伪造的货币换取货币的，处三年以上十年以下有期徒刑，并处二万元以上二十万元以下罚金；数额巨大或者有其他严重情节的，处十年以上有期徒刑或者无期徒刑，并处二万元以上二十万元以下罚金或者没收财产；情节较轻的，处三年以下有期徒刑或者拘役，并处或者单处一万元以上十万元以下罚金。

伪造货币并出售或者运输伪造的货币的，依照本法第一百七十条的规定定罪从重处罚。

**第一百七十二条** 【持有、使用假币罪】明知是伪造的货币而持有、使用，数额较大的，处三年以下有期徒刑或者拘役，并处或者单处一万元以上十万元以下罚金；数额巨大的，处三年以上十年以下有期徒刑，并处二万元以上二十万元以下罚金；数额特别巨大的，处十年以上有期徒刑，并处五万元以上五十万元以下罚金或者没收财产。

**第一百七十三条** 【变造货币罪】变造货币，数额较大的，处三年以下有期徒刑或者拘役，并处或者单处一万元以上十万元以下罚金；数额巨大的，处三年以上十年以下有期徒刑，并处二万元以上二十万元以下罚金。

**第一百七十四条** 【擅自设立金融机构罪；伪造、变造、转让金融机构经营许可证、批准文件罪】未经国家有关主管部门批准，擅自设立商业银行、证券交易所、期货交易所、证券公司、期货经纪公司、保险公司或者其他金融机构的，处三年以下有期徒刑或者拘役，并处或者单处二万元以上二十万元以下罚金；情节严重的，处三年以上十年以下有期徒刑，并处五万元以上五十万元以下罚金。

伪造、变造、转让商业银行、证券交易所、期货交易所、证券公司、期货经纪公司、保险公司或者其他金融机构的经营许可证或者批准文件的，依照前款的规定处罚。

单位犯前两款罪的，对单位判处罚金，并对其直接负责的主管人员和其他直接责任人员，依照第一款的规定处罚。

**第一百七十五条** 【高利转贷罪；骗取贷款、票据承兑、金融票证罪】以转贷牟利为目的，套取金融机构信贷资金高利转贷他人，违法所得数额较大的，处三年以下有期徒刑或者拘役，并处违法所得一倍以上五倍以下罚金；数额巨大的，处三年以上七年以下有期徒刑，并处违法所得一倍以上五倍以下罚金。

单位犯前款罪的，对单位判处罚金，并对其直接负责的主管人员和其他直接责任人员，处三年以下有期徒刑或者拘役。

以欺骗手段取得银行或者其他金融机构贷款、票据承兑、信用证、保函等，给银行或者其他金融机构造成重大损失或者有其他严重情节的，处三年以下有期徒刑或者拘役，并处或者单处罚金；给银行或者其他金融机构造成特别重大损失或者有其他特别严重情节的，处三年以上七年以下有期徒刑，并处罚金。

单位犯前款罪的，对单位判处罚金，并对其直接负责的主管人员和其他直接责任人员，依照前款的规定处罚。

**第一百七十六条**　【非法吸收公众存款罪】非法吸收公众存款或者变相吸收公众存款，扰乱金融秩序的，处三年以下有期徒刑或者拘役，并处或者单处二万元以上二十万元以下罚金；数额巨大或者有其他严重情节的，处三年以上十年以下有期徒刑，并处五万元以上五十万元以下罚金。

单位犯前款罪的，对单位判处罚金，并对其直接负责的主管人员和其他直接责任人员，依照前款的规定处罚。

**第一百七十七条**　【伪造、变造金融票证罪；妨害信用卡管理罪；窃取、收买、非法提供信用卡信息罪】有下列情形之一，伪造、变造金融票证的，处五年以下有期徒刑或者拘役，并处或者单处二万元以上二十万元以下罚金；情节严重的，处五年以上十年以下有期徒刑，并处五万元以上五十万元以下罚金；情节特别严重的，处十年以上有期徒刑或者无期徒刑，并处五万元以上五十万元以下罚金或者没收财产：

（一）伪造、变造汇票、本票、支票的；

（二）伪造、变造委托收款凭证、汇款凭证、银行存单等其他银行结算凭证的；

（三）伪造、变造信用证或者附随的单据、文件的；

（四）伪造信用卡的。

单位犯前款罪的，对单位判处罚金，并对其直接负责的主管人员和其他直接责任人员，依照前款的规定处罚。

有下列情形之一，妨害信用卡管理的，处三年以下有期徒刑或者拘役，并处或者单处一万元以上十万元以下罚金；数量巨大或者有其他严重情节的，处三年以上十年以下有期徒刑，并处二万元以上二十万元以下罚金：

（一）明知是伪造的信用卡而持有、运输的，或者明知是伪造的空白信用卡而持有、运输，数量较大的；

（二）非法持有他人信用卡，数量较大的；

（三）使用虚假的身份证明骗领信用卡的；

（四）出售、购买、为他人提供伪造的信用卡或者以虚假的身份证明骗领的信用卡的。

窃取、收买或者非法提供他人信用卡信息资料的，依照前款规定处罚。

银行或者其他金融机构的工作人员利用职务上的便利，犯第二款罪的，从重处罚。

**第一百七十八条** 【伪造、变造国家有价证券罪；伪造、变造股票、公司、企业债券罪】伪造、变造国库券或者国家发行的其他有价证券，数额较大的，处三年以下有期徒刑或者拘役，并处或者单处二万元以上二十万元以下罚金；数额巨大的，处三年以上十年以下有期徒刑，并处五万元以上五十万元以下罚金；数额特别巨大的，处十年以上有期徒刑或者无期徒刑，并处五万元以上五十万元以下罚金或者没收财产。

伪造、变造股票或者公司、企业债券，数额较大的，处三年以下有期徒刑或者拘役，并处或者单处一万元以上十万元以下罚金；数额巨大的，处三年以上十年以下有期徒刑，并处二万元以上二十万元以下罚金。

单位犯前两款罪的，对单位判处罚金，并对其直接负责的主管人员和其他直接责任人员，依照前两款的规定处罚。

**第一百七十九条** 【擅自发行股票、公司、企业债券罪】未经国家有关主管部门批准，擅自发行股票或者公司、企业债券，数额巨大、后果严重或者有其他严重情节的，处五年以下有期徒刑或者拘役，并处或者单处非法募集资金金额百分之一以上百分之五以下罚金。

单位犯前款罪的，对单位判处罚金，并对其直接负责的主管人员和其他直接责任人员，处五年以下有期徒刑或者拘役。

**第一百八十条** 【内幕交易、泄露内幕信息罪；利用未公开信息交易罪】证券、期货交易内幕信息的知情人员或者非法获取证券、期货交易内幕信息的人员，在涉及证券的发行，证券、期货交易或者其他对证券、期货交易价格有重大影响的信息尚未公开前，买入或者卖出该证券，或者从事与该内幕信息有关的期货交易，或者泄露该信息，或者明示、暗示他人从事上述交易活动，情节严重的，处五年以下有期徒刑或者拘役，并处或者单处违法所得一倍以上五倍以下罚金；情节特别严重的，处五年以上十年以下有期徒刑，并处违法所得一倍以上五倍以下罚金。

单位犯前款罪的，对单位判处罚金，并对其直接负责的主管人员和其他直接责任人员，处五年以下有期徒刑或者拘役。

内幕信息、知情人员的范围，依照法律、行政法规的规定确定。

证券交易所、期货交易所、证券公司、期货经纪公司、基金管理公司、商业银行、保险公司等金融机构的从业人员以及有关监管部门或者行业协会的工作人员，利用因职务便利获取的内幕信息以外的其他未公开的信息，违反规定，从事与该信息相关的证券、期货交易活动，或者明示、暗示他人从事相关交易活动，情节严重的，依照第一款的规定处罚。

**第一百八十一条** 【编造并传播证券、期货交易虚假信息罪；诱骗投资者买卖证券、期货合约罪】编造并且传播影响证券、期货交易的虚假信息，扰乱证券、期货交易市场，造成严重后果的，处五年以下有期徒刑或者拘役，并处或者单处一万元以上十万元以下罚金。

证券交易所、期货交易所、证券公司、期货经纪公司的从业人员，证券业协会、期货业协会或者证券期货监督管理部门的工作人员，故意提供虚假信息或者伪造、变造、销毁交易记录，诱骗投资者买卖证券、期货合约，造成严重后果的，处五年以下有期徒刑或者拘役，并处或者单处一万元以上十万元以下罚金；情节特别恶劣的，处五年以上十年以下有期徒刑，并处二万元以上二十万元以下罚金。

单位犯前两款罪的，对单位判处罚金，并对其直接负责的主管人员和其他直接责任人员，处五年以下有期徒刑或者拘役。

**第一百八十二条** 【操纵证券、期货市场罪】有下列情形之一，操纵证券、期货市场，情节严重的，处五年以下有期徒刑或者拘役，并处或者单处罚金；情节特别严重的，处五年以上十年以下有期徒刑，并处罚金：

（一）单独或者合谋，集中资金优势、持股或者持仓优势或者利用信息优势联合或者连续买卖，操纵证券、期货交易价格或者证券、期货交易量的；

（二）与他人串通，以事先约定的时间、价格和方式相互进行证券、期货交易，影响证券、期货交易价格或者证券、期货交易量的；

（三）在自己实际控制的帐户之间进行证券交易，或者以自己为交易对象，自买自卖期货合约，影响证券、期货交易价格或者证券、期货交易量的；

（四）以其他方法操纵证券、期货市场的。

单位犯前款罪的，对单位判处罚金，并对其直接负责的主管人员和其他直接责任人员，依照前款的规定处罚。

**第一百八十三条**　【职务侵占罪；贪污罪】保险公司的工作人员利用职务上的便利，故意编造未曾发生的保险事故进行虚假理赔，骗取保险金归自己所有的，依照本法第二百七十一条的规定定罪处罚。

国有保险公司工作人员和国有保险公司委派到非国有保险公司从事公务的人员有前款行为的，依照本法第三百八十二条、第三百八十三条的规定定罪处罚。

**第一百八十四条**　【公司、企业人员受贿罪】银行或者其他金融机构的工作人员在金融业务活动中索取他人财物或者非法收受他人财物，为他人谋取利益的，或者违反国家规定，收受各种名义的回扣、手续费，归个人所有的，依照本法第一百六十三条的规定定罪处罚。

国有金融机构工作人员和国有金融机构委派到非国有金融机构从事公务的人员有前款行为的，依照本法第三百八十五条、第三百八十六条的规定定罪处罚。

**第一百八十五条**　【挪用资金罪、挪用公款罪；背信运用受托财产罪；违法运用资金罪】商业银行、证券交易所、期货交易所、证券公司、期货经纪公司、保险公司或者其他金融机构的工作人员利用职务上的便利，挪用本单位或者客户资金的，依照本法第二百七十二条的规定定罪处罚。

国有商业银行、证券交易所、期货交易所、证券公司、期货经纪公司、保险公司或者其他国有金融机构的工作人员和国有商业银行、证券交易所、期货交易所、证券公司、期货经纪公司、保险公司或者其他国有金融机构委派到前款规定中的非国有机构从事公务的人员有前款行为的，依照本法第三百八十四条的规定定罪处罚。

商业银行、证券交易所、期货交易所、证券公司、期货经纪公司、保险公司或者其他金融机构，违背受托义务，擅自运用客户资金或者其他委托、信托的财产，情节严重的，对单位判处罚金，并对其直接负责的主管人员和其他直接责任人员，处三年以下有期徒刑或者拘役，并处三万元以上三十万元以下罚金；情节特别严重的，处三年以上十年以下有期徒刑，并处五万元以上五十万元以下罚金。

社会保障基金管理机构、住房公积金管理机构等公众资金管理机构，以及保险公司、保险资产管理公司、证券投资基金管理公司，违反国家规定运用资金的，对其直接负责的主管人员和其他直接责任人员，依照前款的规定处罚。

**第一百八十六条** 【违法发放贷款罪】银行或者其他金融机构的工作人员违反国家规定发放贷款，数额巨大或者造成重大损失的，处五年以下有期徒刑或者拘役，并处一万元以上十万元以下罚金；数额特别巨大或者造成特别重大损失的，处五年以上有期徒刑，并处二万元以上二十万元以下罚金。

银行或者其他金融机构的工作人员违反国家规定，向关系人发放贷款的，依照前款的规定从重处罚。

单位犯前两款罪的，对单位判处罚金，并对其直接负责的主管人员和其他直接责任人员，依照前两款的规定处罚。

关系人的范围，依照《中华人民共和国商业银行法》和有关金融法规确定。

**第一百八十七条** 【吸收客户资金不入账罪】银行或者其他金融机构的工作人员吸收客户资金不入帐，数额巨大或者造成重大损失的，处五年以下有期徒刑或者拘役，并处二万元以上二十万元以下罚金；数额特别巨大或者造成特别重大损失的，处五年以上有期徒刑，并处五万元以上五十万元以下罚金。

单位犯前款罪的，对单位判处罚金，并对其直接负责的主管人员和其他直接责任人员，依照前款的规定处罚。

**第一百八十八条** 【违规出具金融票证罪】银行或者其他金融机构的工作人员违反规定，为他人出具信用证或者其他保函、票据、存单、资信证明，情节严重的，处五年以下有期徒刑或者拘役；情节特别严重的，处五年以上有期徒刑。

单位犯前款罪的，对单位判处罚金，并对其直接负责的主管人员和其他直接责任人员，依照前款的规定处罚。

**第一百八十九条** 【对违法票据承兑、付款、保证罪】银行或者其他金融机构的工作人员在票据业务中，对违反票据法规定的票据予以承兑、付款或者保证，造成重大损失的，处五年以下有期徒刑或者拘役；造成特别重大损失的，处五年以上有期徒刑。

单位犯前款罪的，对单位判处罚金，并对其直接负责的主管人员和其他直接责任人员，依照前款的规定处罚。

**第一百九十条** 【逃汇罪】国有公司、企业或者其他国有单位，违反国家规定，擅自将外汇存放境外，或者将境内的外汇非法转移到境外，情节严重的，对单位判处罚金，并对其直接负责的主管人员和其他直接责任人员，处五年以下有期徒刑或者拘役。

**第一百九十一条** 【洗钱罪】明知是毒品犯罪、黑社会性质的组织犯罪、恐怖活动犯罪、走私犯罪、贪污贿赂犯罪、破坏金融管理秩序犯罪、金融诈骗犯罪的所得及其产生的收益，为掩饰、隐瞒其来源和性质，有下列行为之一的，没收实施以上犯罪的所得及其产生的收益，处五年以下有期徒刑或者拘役，并处或者单处洗钱数额百分之五以上百分之二十以下罚金；情节严重的，处五年以上十年以下有期徒刑，并处洗钱数额百分之五以上百分之二十以下罚金：

（一）提供资金帐户的；

（二）协助将财产转换为现金、金融票据、有价证券的；

（三）通过转帐或者其他结算方式协助资金转移的；

（四）协助将资金汇往境外的；

（五）以其他方法掩饰、隐瞒犯罪所得及其收益的来源和性质的。

单位犯前款罪的，对单位判处罚金，并对其直接负责的主管人员和其他直接责任人员，处五年以下有期徒刑或者拘役；情节严重的，处五年以上十年以下有期徒刑。

## 第五节　金融诈骗罪

**第一百九十二条**　【集资诈骗罪】以非法占有为目的，使用诈骗方法非法集资，数额较大的，处五年以下有期徒刑或者拘役，并处二万元以上二十万元以下罚金；数额巨大或者有其他严重情节的，处五年以上十年以下有期徒刑，并处五万元以上五十万元以下罚金；数额特别巨大或者有其他特别严重情节的，处十年以上有期徒刑或者无期徒刑，并处五万元以上五十万元以下罚金或者没收财产。

**第一百九十三条**　【贷款诈骗罪】有下列情形之一，以非法占有为目的，诈骗银行或者其他金融机构的贷款，数额较大的，处五年以下有期徒刑或者拘役，并处二万元以上二十万元以下罚金；数额巨大或者有其他严重情节的，处五年以上十年以下有期徒刑，并处五万元以上五十万元以下罚金；数额特别巨大或者有其他特别严重情节的，处十年以上有期徒刑或者无期徒刑，并处五万元以上五十万元以下罚金或者没收财产：

（一）编造引进资金、项目等虚假理由的；

（二）使用虚假的经济合同的；

（三）使用虚假的证明文件的；

（四）使用虚假的产权证明作担保或者超出抵押物价值重复担保的；

（五）以其他方法诈骗贷款的。

**第一百九十四条** 【票据诈骗罪、金融凭证诈骗罪】有下列情形之一，进行金融票据诈骗活动，数额较大的，处五年以下有期徒刑或者拘役，并处二万元以上二十万元以下罚金；数额巨大或者有其他严重情节的，处五年以上十年以下有期徒刑，并处五万元以上五十万元以下罚金；数额特别巨大或者有其他特别严重情节的，处十年以上有期徒刑或者无期徒刑，并处五万元以上五十万元以下罚金或者没收财产：

（一）明知是伪造、变造的汇票、本票、支票而使用的；

（二）明知是作废的汇票、本票、支票而使用的；

（三）冒用他人的汇票、本票、支票的；

（四）签发空头支票或者与其预留印鉴不符的支票，骗取财物的；

（五）汇票、本票的出票人签发无资金保证的汇票、本票或者在出票时作虚假记载，骗取财物的。

使用伪造、变造的委托收款凭证、汇款凭证、银行存单等其他银行结算凭证的，依照前款的规定处罚。

**第一百九十五条** 【信用证诈骗罪】有下列情形之一，进行信用证诈骗活动的，处五年以下有期徒刑或者拘役，并处二万元以上二十万元以下罚金；数额巨大或者有其他严重情节的，处五年以上十年以下有期徒刑，并处五万元以上五十万元以下罚金；数额特别巨大或者有其他特别严重情节的，处十年以上有期徒刑或者无期徒刑，并处五万元以上五十万元以下罚金或者没收财产：

（一）使用伪造、变造的信用证或者附随的单据、文件的；

（二）使用作废的信用证的；

（三）骗取信用证的；

（四）以其他方法进行信用证诈骗活动的。

**第一百九十六条**　【信用卡诈骗罪、盗窃罪】有下列情形之一，进行信用卡诈骗活动，数额较大的，处五年以下有期徒刑或者拘役，并处二万元以上二十万元以下罚金；数额巨大或者有其他严重情节的，处五年以上十年以下有期徒刑，并处五万元以上五十万元以下罚金；数额特别巨大或者有其他特别严重情节的，处十年以上有期徒刑或者无期徒刑，并处五万元以上五十万元以下罚金或者没收财产：

（一）使用伪造的信用卡，或者使用以虚假的身份证明骗领的信用卡的；

（二）使用作废的信用卡的；

（三）冒用他人信用卡的；

（四）恶意透支的。

前款所称恶意透支，是指持卡人以非法占有为目的，超过规定限额或者规定期限透支，并且经发卡银行催收后仍不归还的行为。

盗窃信用卡并使用的，依照本法第二百六十四条的规定定罪处罚。

**第一百九十七条**　【有价证券诈骗罪】使用伪造、变造的国库券或者国家发行的其他有价证券，进行诈骗活动，数额较大的，处五年以下有期徒刑或者拘役，并处二万元以上二十万元以下罚金；数额巨大或者有其他严重情节的，处五年以上十年以下有期徒刑，并处五万元以上五十万元以下罚金；数额特别巨大或者有其他特别严重情节的，处十年以上有期徒刑或者无期徒刑，并处五万元以上五十万元以下罚金或者没收财产。

**第一百九十八条** 【保险诈骗罪】有下列情形之一，进行保险诈骗活动，数额较大的，处五年以下有期徒刑或者拘役，并处一万元以上十万元以下罚金；数额巨大或者有其他严重情节的，处五年以上十年以下有期徒刑，并处二万元以上二十万元以下罚金；数额特别巨大或者有其他特别严重情节的，处十年以上有期徒刑，并处二万元以上二十万元以下罚金或者没收财产：

（一）投保人故意虚构保险标的，骗取保险金的；

（二）投保人、被保险人或者受益人对发生的保险事故编造虚假的原因或者夸大损失的程度，骗取保险金的；

（三）投保人、被保险人或者受益人编造未曾发生的保险事故，骗取保险金的；

（四）投保人、被保险人故意造成财产损失的保险事故，骗取保险金的；

（五）投保人、受益人故意造成被保险人死亡、伤残或者疾病，骗取保险金的。

有前款第四项、第五项所列行为，同时构成其他犯罪的，依照数罪并罚的规定处罚。

单位犯第一款罪的，对单位判处罚金，并对其直接负责的主管人员和其他直接责任人员，处五年以下有期徒刑或者拘役；数额巨大或者有其他严重情节的，处五年以上十年以下有期徒刑；数额特别巨大或者有其他特别严重情节的，处十年以上有期徒刑。

保险事故的鉴定人、证明人、财产评估人故意提供虚假的证明文件，为他人诈骗提供条件的，以保险诈骗的共犯论处。

**第一百九十九条** 【部分金融诈骗罪的死刑规定】犯本节第一百九十二条规定之罪，数额特别巨大并且给国家和人民利益造成特别重大损失的，处无期徒刑或者死刑，并处没收财产。

**第二百条** 【单位犯金融诈骗罪的处罚规定】单位犯本节第一百九十二条、第一百九十四条、第一百九十五条规定之罪的，对单位判处罚金，并对其直接负责的主管人员和其他直接责任人员，处五年以下有期徒刑或者拘役，可以并处罚金；数额巨大或者有其他严重情节的，处五年以上十年以下有期徒刑，并处罚金；数额特别巨大或者有其他特别严重情节的，处十年以上有期徒刑或者无期徒刑，并处罚金。

## 第六节 危害税收征管罪

**第二百零一条** 【逃税罪】纳税人采取欺骗、隐瞒手段进行虚假纳税申报或者不申报，逃避缴纳税款数额较大并且占应纳税额百分之十以上的，处三年以下有期徒刑或者拘役，并处罚金；数额巨大并且占应纳税额百分之三十以上的，处三年以上七年以下有期徒刑，并处罚金。

扣缴义务人采取前款所列手段，不缴或者少缴已扣、已收税款，数额较大的，依照前款的规定处罚。

对多次实施前两款行为，未经处理的，按照累计数额计算。

有第一款行为，经税务机关依法下达追缴通知后，补缴应纳税款，缴纳滞纳金，已受行政处罚的，不予追究刑事责任；但是，五年内因逃避缴纳税款受过刑事处罚或者被税务机关给予二次以上行政处罚的除外。

**第二百零二条** 【抗税罪】以暴力、威胁方法拒不缴纳税款的，处三年以下有期徒刑或者拘役，并处拒缴税款一倍以上五倍以下罚金；情节严重的，处三年以上七年以下有期徒刑，并处拒缴税款一倍以上五倍以下罚金。

**第二百零三条** 【逃避追缴欠税罪】纳税人欠缴应纳税款，

采取转移或者隐匿财产的手段，致使税务机关无法追缴欠缴的税款，数额在一万元以上不满十万元的，处三年以下有期徒刑或者拘役，并处或者单处欠缴税款一倍以上五倍以下罚金；数额在十万元以上的，处三年以上七年以下有期徒刑，并处欠缴税款一倍以上五倍以下罚金。

**第二百零四条** 【骗取出口退税罪、偷税罪】以假报出口或者其他欺骗手段，骗取国家出口退税款，数额较大的，处五年以下有期徒刑或者拘役，并处骗取税款一倍以上五倍以下罚金；数额巨大或者有其他严重情节的，处五年以上十年以下有期徒刑，并处骗取税款一倍以上五倍以下罚金；数额特别巨大或者有其他特别严重情节的，处十年以上有期徒刑或者无期徒刑，并处骗取税款一倍以上五倍以下罚金或者没收财产。

纳税人缴纳税款后，采取前款规定的欺骗方法，骗取所缴纳的税款的，依照本法第二百零一条的规定定罪处罚；骗取税款超过所缴纳的税款部分，依照前款的规定处罚。

**第二百零五条** 【虚开增值税专用发票、用于骗取出口退税、抵扣税款发票罪】虚开增值税专用发票或者虚开用于骗取出口退税、抵扣税款的其他发票的，处三年以下有期徒刑或者拘役，并处二万元以上二十万元以下罚金；虚开的税款数额较大或者有其他严重情节的，处三年以上十年以下有期徒刑，并处五万元以上五十万元以下罚金；虚开的税款数额巨大或者有其他特别严重情节的，处十年以上有期徒刑或者无期徒刑，并处五万元以上五十万元以下罚金或者没收财产。

单位犯本条规定之罪的，对单位判处罚金，并对其直接负责的主管人员和其他直接责任人员，处三年以下有期徒刑或者拘役；虚开的税款数额较大或者有其他严重情节的，处三年以上十年以下有期徒刑；虚开的税款数额巨大或者有其他特别严重情节的，处十年以上有期徒刑或者无期徒刑。

虚开增值税专用发票或者虚开用于骗取出口退税、抵扣税款的其他发票，是指有为他人虚开、为自己虚开、让他人为自己虚开、介绍他人虚开行为之一的。

**第二百零五条之一** 虚开本法第二百零五条规定以外的其他发票，情节严重的，处二年以下有期徒刑、拘役或者管制，并处罚金；情节特别严重的，处二年以上七年以下有期徒刑，并处罚金。

单位犯前款罪的，对单位判处罚金，并对其直接负责的主管人员和其他直接责任人员，依照前款的规定处罚。

**第二百零六条** 【伪造、出售伪造的增值税专用发票罪】伪造或者出售伪造的增值税专用发票的，处三年以下有期徒刑、拘役或者管制，并处二万元以上二十万元以下罚金；数量较大或者有其他严重情节的，处三年以上十年以下有期徒刑，并处五万元以上五十万元以下罚金；数量巨大或者有其他特别严重情节的，处十年以上有期徒刑或者无期徒刑，并处五万元以上五十万元以下罚金或者没收财产。

单位犯本条规定之罪的，对单位判处罚金，并对其直接负责的主管人员和其他直接责任人员，处三年以下有期徒刑、拘役或者管制；数量较大或者有其他严重情节的，处三年以上十年以下有期徒刑；数量巨大或者有其他特别严重情节的，处十年以上有期徒刑或者无期徒刑。

**第二百零七条** 【非法出售增值税专用发票罪】非法出售增值税专用发票的，处三年以下有期徒刑、拘役或者管制，并处二万元以上二十万元以下罚金；数量较大的，处三年以上十年以下有期徒刑，并处五万元以上五十万元以下罚金；数量巨大的，处十年以上有期徒刑或者无期徒刑，并处五万元以上五十万元以下罚金或者没收财产。

**第二百零八条**　【非法购买增值税专用发票、购买伪造的增值税专用发票罪；虚开增值税专用发票罪、出售伪造的增值税专用发票罪、非法出售增值税专用发票罪】非法购买增值税专用发票或者购买伪造的增值税专用发票的，处五年以下有期徒刑或者拘役，并处或者单处二万元以上二十万元以下罚金。

非法购买增值税专用发票或者购买伪造的增值税专用发票又虚开或者出售的，分别依照本法第二百零五条、第二百零六条、第二百零七条的规定定罪处罚。

**第二百零九条**　【非法制造、出售非法制造的用于骗取出口退税、抵扣税款发票罪；非法制造、出售非法制造的发票罪；非法出售用于骗取出口退税、抵扣税款发票罪；非法出售发票罪】伪造、擅自制造或者出售伪造、擅自制造的可以用于骗取出口退税、抵扣税款的其他发票的，处三年以下有期徒刑、拘役或者管制，并处二万元以上二十万元以下罚金；数量巨大的，处三年以上七年以下有期徒刑，并处五万元以上五十万元以下罚金；数量特别巨大的，处七年以上有期徒刑，并处五万元以上五十万元以下罚金或者没收财产。

伪造、擅自制造或者出售伪造、擅自制造的前款规定以外的其他发票的，处二年以下有期徒刑、拘役或者管制，并处或者单处一万元以上五万元以下罚金；情节严重的，处二年以上七年以下有期徒刑，并处五万元以上五十万元以下罚金。

非法出售可以用于骗取出口退税、抵扣税款的其他发票的，依照第一款的规定处罚。

非法出售第三款规定以外的其他发票的，依照第二款的规定处罚。

**第二百一十条**　【盗窃罪、诈骗罪】盗窃增值税专用发票或者可以用于骗取出口退税、抵扣税款的其他发票的，依照本法第二百六十四条的规定定罪处罚。

使用欺骗手段骗取增值税专用发票或者可以用于骗取出口退税、抵扣税款的其他发票的，依照本法第二百六十六条的规定定罪处罚。

**第二百一十条之一**　明知是伪造的发票而持有，数量较大的，处二年以下有期徒刑、拘役或者管制，并处罚金；数量巨大的，处二年以上七年以下有期徒刑，并处罚金。

单位犯前款罪的，对单位判处罚金，并对其直接负责的主管人员和其他直接责任人员，依照前款的规定处罚。

**第二百一十一条**　【单位犯危害税收征管罪的处罚规定】单位犯本节第二百零一条、第二百零三条、第二百零四条、第二百零七条、第二百零八条、第二百零九条规定之罪的，对单位判处罚金，并对其直接负责的主管人员和其他直接责任人员，依照各该条的规定处罚。

**第二百一十二条**　【税务机关征缴优先原则】犯本节第二百零一条至第二百零五条规定之罪，被判处罚金、没收财产的，在执行前，应当先由税务机关追缴税款和所骗取的出口退税款。

## 第七节　侵犯知识产权罪

**第二百一十三条**　【假冒注册商标罪】未经注册商标所有人许可，在同一种商品上使用与其注册商标相同的商标，情节严重的，处三年以下有期徒刑或者拘役，并处或者单处罚金；情节特别严重的，处三年以上七年以下有期徒刑，并处罚金。

**第二百一十四条**　【销售假冒注册商标的商品罪】销售明知是假冒注册商标的商品，销售金额数额较大的，处三年以下有期徒刑或者拘役，并处或者单处罚金；销售金额数额巨大的，处三年以上七年以下有期徒刑，并处罚金。

**第二百一十五条**　【非法制造、销售非法制造的注册商标标识罪】伪造、擅自制造他人注册商标标识或者销售伪造、擅自制造的注册商标标识，情节严重的，处三年以下有期徒刑、拘役或者管制，并处或者单处罚金；情节特别严重的，处三年以上七年以下有期徒刑，并处罚金。

**第二百一十六条**　【假冒专利罪】假冒他人专利，情节严重的，处三年以下有期徒刑或者拘役，并处或者单处罚金。

**第二百一十七条**　【侵犯著作权罪】以营利为目的，有下列侵犯著作权情形之一，违法所得数额较大或者有其他严重情节的，处三年以下有期徒刑或者拘役，并处或者单处罚金；违法所得数额巨大或者有其他特别严重情节的，处三年以上七年以下有期徒刑，并处罚金：

（一）未经著作权人许可，复制发行其文字作品、音乐、电影、电视、录像作品、计算机软件及其他作品的；

（二）出版他人享有专有出版权的图书的；

（三）未经录音录像制作者许可，复制发行其制作的录音录像的；

（四）制作、出售假冒他人署名的美术作品的。

**第二百一十八条**　【销售侵权复制品罪】以营利为目的，销售明知是本法第二百一十七条规定的侵权复制品，违法所得数额巨大的，处三年以下有期徒刑或者拘役，并处或者单处罚金。

**第二百一十九条**　【侵犯商业秘密罪】有下列侵犯商业秘密行为之一，给商业秘密的权利人造成重大损失的，处三年以下有期徒刑或者拘役，并处或者单处罚金；造成特别严重后果的，处三年以上七年以下有期徒刑，并处罚金：

（一）以盗窃、利诱、胁迫或者其他不正当手段获取权利人的商业秘密的；

（二）披露、使用或者允许他人使用以前项手段获取的权利人的商业秘密的；

（三）违反约定或者违反权利人有关保守商业秘密的要求，披露、使用或者允许他人使用其所掌握的商业秘密的。

明知或者应知前款所列行为，获取、使用或者披露他人的商业秘密的，以侵犯商业秘密论。

本条所称商业秘密，是指不为公众所知悉，能为权利人带来经济利益，具有实用性并经权利人采取保密措施的技术信息和经营信息。

本条所称权利人，是指商业秘密的所有人和经商业秘密所有人许可的商业秘密使用人。

**第二百二十条** 【单位犯侵犯知识产权罪的处罚规定】单位犯本节第二百一十三条至第二百一十九条规定之罪的，对单位判处罚金，并对其直接负责的主管人员和其他直接责任人员，依照本节各该条的规定处罚。

## 第八节 扰乱市场秩序罪

**第二百二十一条** 【损害商业信誉、商品声誉罪】捏造并散布虚伪事实，损害他人的商业信誉、商品声誉，给他人造成重大损失或者有其他严重情节的，处二年以下有期徒刑或者拘役，并处或者单处罚金。

**第二百二十二条** 【虚假广告罪】广告主、广告经营者、广告发布者违反国家规定，利用广告对商品或者服务作虚假宣传，情节严重的，处二年以下有期徒刑或者拘役，并处或者单处罚金。

**第二百二十三条** 【串通投标罪】投标人相互串通投标报

价，损害招标人或者其他投标人利益，情节严重的，处三年以下有期徒刑或者拘役，并处或者单处罚金。

投标人与招标人串通投标，损害国家、集体、公民的合法利益的，依照前款的规定处罚。

**第二百二十四条** 【合同诈骗罪；组织、领导传销活动罪】有下列情形之一，以非法占有为目的，在签订、履行合同过程中，骗取对方当事人财物，数额较大的，处三年以下有期徒刑或者拘役，并处或者单处罚金；数额巨大或者有其他严重情节的，处三年以上十年以下有期徒刑，并处罚金；数额特别巨大或者有其他特别严重情节的，处十年以上有期徒刑或者无期徒刑，并处罚金或者没收财产：

（一）以虚构的单位或者冒用他人名义签订合同的；

（二）以伪造、变造、作废的票据或者其他虚假的产权证明作担保的；

（三）没有实际履行能力，以先履行小额合同或者部分履行合同的方法，诱骗对方当事人继续签订和履行合同的；

（四）收受对方当事人给付的货物、货款、预付款或者担保财产后逃匿的；

（五）以其他方法骗取对方当事人财物的。

组织、领导以推销商品、提供服务等经营活动为名，要求参加者以缴纳费用或者购买商品、服务等方式获得加入资格，并按照一定顺序组成层级，直接或者间接以发展人员的数量作为计酬或者返利依据，引诱、胁迫参加者继续发展他人参加，骗取财物，扰乱经济社会秩序的传销活动的，处五年以下有期徒刑或者拘役，并处罚金；情节严重的，处五年以上有期徒刑，并处罚金。

**第二百二十五条** 【非法经营罪】违反国家规定，有下列非法经营行为之一，扰乱市场秩序，情节严重的，处五年以下有期徒刑或者拘役，并处或者单处违法所得一倍以上五倍以下罚金；情节特别严重的，处五年以上有期徒刑，并处违法所得一倍以上五倍以下罚金或者没收财产：

（一）未经许可经营法律、行政法规规定的专营、专卖物品或者其他限制买卖的物品的；

（二）买卖进出口许可证、进出口原产地证明以及其他法律、行政法规规定的经营许可证或者批准文件的；

（三）未经国家有关主管部门批准非法经营证券、期货、保险业务的，或者非法从事资金支付结算业务的；

（四）其他严重扰乱市场秩序的非法经营行为。

**第二百二十六条**　【强迫交易罪】以暴力、威胁手段，实施下列行为之一，情节严重的，处三年以下有期徒刑或者拘役，并处或者单处罚金；情节特别严重的，处三年以上七年以下有期徒刑，并处罚金：

（一）强买强卖商品的；

（二）强迫他人提供或者接受服务的；

（三）强迫他人参与或者退出投标、拍卖的；

（四）强迫他人转让或者收购公司、企业的股份、债券或者其他资产的；

（五）强迫他人参与或者退出特定的经营活动的。

**第二百二十七条**　【伪造、倒卖伪造的有价票证罪；倒卖车票、船票罪】伪造或者倒卖伪造的车票、船票、邮票或者其他有价票证，数额较大的，处二年以下有期徒刑、拘役或者管制，并处或者单处票证价额一倍以上五倍以下罚金；数额巨大的，处二年以上七年以下有期徒刑，并处票证价额一倍以上五倍以下罚金。

倒卖车票、船票，情节严重的，处三年以下有期徒刑、拘役或者管制，并处或者单处票证价额一倍以上五倍以下罚金。

**第二百二十八条** 【非法转让、倒卖土地使用权罪】以牟利为目的，违反土地管理法规，非法转让、倒卖土地使用权，情节严重的，处三年以下有期徒刑或者拘役，并处或者单处非法转让、倒卖土地使用权价额百分之五以上百分之二十以下罚金；情节特别严重的，处三年以上七年以下有期徒刑，并处非法转让、倒卖土地使用权价额百分之五以上百分之二十以下罚金。

**第二百二十九条** 【提供虚假证明文件罪；出具证明文件重大失实罪】承担资产评估、验资、验证、会计、审计、法律服务等职责的中介组织的人员故意提供虚假证明文件，情节严重的，处五年以下有期徒刑或者拘役，并处罚金。

前款规定的人员，索取他人财物或者非法收受他人财物，犯前款罪的，处五年以上十年以下有期徒刑，并处罚金。

第一款规定的人员，严重不负责任，出具的证明文件有重大失实，造成严重后果的，处三年以下有期徒刑或者拘役，并处或者单处罚金。

**第二百三十条** 【逃避商检罪】违反进出口商品检验法的规定，逃避商品检验，将必须经商检机构检验的进口商品未报经检验而擅自销售、使用，或者将必须经商检机构检验的出口商品未报经检验合格而擅自出口，情节严重的，处三年以下有期徒刑或者拘役，并处或者单处罚金。

**第二百三十一条** 【单位犯扰乱市场秩序罪的处罚规定】单位犯本节第二百二十一条至第二百三十条规定之罪的，对单位判处罚金，并对其直接负责的主管人员和其他直接责任人员，依照本节各该条的规定处罚。

# 第四章　侵犯公民人身权利、民主权利罪

**第二百三十二条**　【故意杀人罪】故意杀人的，处死刑、无期徒刑或者十年以上有期徒刑；情节较轻的，处三年以上十年以下有期徒刑。

**第二百三十三条**　【过失致人死亡罪】过失致人死亡的，处三年以上七年以下有期徒刑；情节较轻的，处三年以下有期徒刑。本法另有规定的，依照规定。

**第二百三十四条**　【故意伤害罪】故意伤害他人身体的，处三年以下有期徒刑、拘役或者管制。

犯前款罪，致人重伤的，处三年以上十年以下有期徒刑；致人死亡或者以特别残忍手段致人重伤造成严重残疾的，处十年以上有期徒刑、无期徒刑或者死刑。本法另有规定的，依照规定。

**第二百三十四条之一**　组织他人出卖人体器官的，处五年以下有期徒刑，并处罚金；情节严重的，处五年以上有期徒刑，并处罚金或者没收财产。

未经本人同意摘取其器官，或者摘取不满十八周岁的人的器官，或者强迫、欺骗他人捐献器官的，依照本法第二百三十四条、第二百三十二条的规定定罪处罚。

违背本人生前意愿摘取其尸体器官，或者本人生前未表示同意，违反国家规定，违背其近亲属意愿摘取其尸体器官的，依照本法第三百零二条的规定定罪处罚。

**第二百三十五条**　【过失致人重伤罪】过失伤害他人致人重伤的，处三年以下有期徒刑或者拘役。本法另有规定的，依照规定。

**第二百三十六条**　【强奸罪】以暴力、胁迫或者其他手段强奸妇女的，处三年以上十年以下有期徒刑。

奸淫不满十四周岁的幼女的，以强奸论，从重处罚。

强奸妇女、奸淫幼女，有下列情形之一的，处十年以上有期徒刑、无期徒刑或者死刑：

（一）强奸妇女、奸淫幼女情节恶劣的；

（二）强奸妇女、奸淫幼女多人的；

（三）在公共场所当众强奸妇女的；

（四）二人以上轮奸的；

（五）致使被害人重伤、死亡或者造成其他严重后果的。

**第二百三十七条** 【强制猥亵、侮辱妇女罪、猥亵儿童罪】以暴力、胁迫或者其他方法强制猥亵妇女或者侮辱妇女的，处五年以下有期徒刑或者拘役。

聚众或者在公共场所当众犯前款罪的，处五年以上有期徒刑。

猥亵儿童的，依照前两款的规定从重处罚。

**第二百三十八条** 【非法拘禁罪】非法拘禁他人或者以其他方法非法剥夺他人人身自由的，处三年以下有期徒刑、拘役、管制或者剥夺政治权利。具有殴打、侮辱情节的，从重处罚。

犯前款罪，致人重伤的，处三年以上十年以下有期徒刑；致人死亡的，处十年以上有期徒刑。使用暴力致人伤残、死亡的，依照本法第二百三十四条、第二百三十二条的规定定罪处罚。

为索取债务非法扣押、拘禁他人的，依照前两款的规定处罚。

国家机关工作人员利用职权犯前三款罪的，依照前三款的规定从重处罚。

**第二百三十九条** 【绑架罪】以勒索财物为目的绑架他人的，或者绑架他人作为人质的，处十年以上有期徒刑或者无期徒刑，并处罚金或者没收财产；情节较轻的，处五年以上十年以下有期徒刑，并处罚金。

犯前款罪，致使被绑架人死亡或者杀害被绑架人的，处死刑，并处没收财产。

以勒索财物为目的偷盗婴幼儿的，依照前两款的规定处罚。

**第二百四十条** 【拐卖妇女、儿童罪】拐卖妇女、儿童的，处五年以上十年以下有期徒刑，并处罚金；有下列情形之一的，处十年以上有期徒刑或者无期徒刑，并处罚金或者没收财产；情节特别严重的，处死刑，并处没收财产：

（一）拐卖妇女、儿童集团的首要分子；

（二）拐卖妇女、儿童三人以上的；

（三）奸淫被拐卖的妇女的；

（四）诱骗、强迫被拐卖的妇女卖淫或者将被拐卖的妇女卖给他人迫使其卖淫的；

（五）以出卖为目的，使用暴力、胁迫或者麻醉方法绑架妇女、儿童的；

（六）以出卖为目的，偷盗婴幼儿的；

（七）造成被拐卖的妇女、儿童或者其亲属重伤、死亡或者其他严重后果的；

（八）将妇女、儿童卖往境外的。

拐卖妇女、儿童是指以出卖为目的，有拐骗、绑架、收买、贩卖、接送、中转妇女、儿童的行为之一的。

**第二百四十一条** 【收买被拐卖的妇女、儿童罪；强奸罪；非法拘禁罪；故意伤害罪；侮辱罪；拐卖妇女、儿童罪】收买被拐卖的妇女、儿童的，处三年以下有期徒刑、拘役或者管制。

收买被拐卖的妇女，强行与其发生性关系的，依照本法第二百三十六条的规定定罪处罚。

收买被拐卖的妇女、儿童，非法剥夺、限制其人身自由或者有伤害、侮辱等犯罪行为的，依照本法的有关规定定罪处罚。

收买被拐卖的妇女、儿童，并有第二款、第三款规定的犯罪行为的，依照数罪并罚的规定处罚。

收买被拐卖的妇女、儿童又出卖的，依照本法第二百四十条的规定定罪处罚。

收买被拐卖的妇女、儿童，按照被买妇女的意愿，不阻碍其返回原居住地的，对被买儿童没有虐待行为，不阻碍对其进行解救的，可以不追究刑事责任。

**第二百四十二条** 【妨害公务罪；聚众阻碍解救被收买的妇女、儿童罪】以暴力、威胁方法阻碍国家机关工作人员解救被收买的妇女、儿童的，依照本法第二百七十七条的规定定罪处罚。

聚众阻碍国家机关工作人员解救被收买的妇女、儿童的首要分子，处五年以下有期徒刑或者拘役；其他参与者使用暴力、威胁方法的，依照前款的规定处罚。

**第二百四十三条** 【诬告陷害罪】捏造事实诬告陷害他人，意图使他人受刑事追究，情节严重的，处三年以下有期徒刑、拘役或者管制；造成严重后果的，处三年以上十年以下有期徒刑。

国家机关工作人员犯前款罪的，从重处罚。

不是有意诬陷，而是错告，或者检举失实的，不适用前两款的规定。

**第二百四十四条** 【强迫职工劳动罪；雇用童工从事危重劳动罪】以暴力、威胁或者限制人身自由的方法强迫他人劳动的，处三年以下有期徒刑或者拘役，并处罚金；情节严重的，处三年以上十年以下有期徒刑，并处罚金。

明知他人实施前款行为，为其招募、运送人员或者有其他协助强迫他人劳动行为的，依照前款的规定处罚。

单位犯前两款罪的，对单位判处罚金，并对其直接负责的主管人员和其他直接责任人员，依照第一款的规定处罚。

**第二百四十五条** 【非法搜查罪、非法侵入住宅罪】非法搜查他人身体、住宅，或者非法侵入他人住宅的，处三年以下有期徒刑或者拘役。

司法工作人员滥用职权，犯前款罪的，从重处罚。

**第二百四十六条** 【侮辱罪、诽谤罪】以暴力或者其他方法公然侮辱他人或者捏造事实诽谤他人，情节严重的，处三年以下有期徒刑、拘役、管制或者剥夺政治权利。

前款罪，告诉的才处理，但是严重危害社会秩序和国家利益的除外。

**第二百四十七条** 【刑讯逼供罪、暴力取证罪】司法工作人员对犯罪嫌疑人、被告人实行刑讯逼供或者使用暴力逼取证人证言的，处三年以下有期徒刑或者拘役。致人伤残、死亡的，依照本法第二百三十四条、第二百三十二条的规定定罪从重处罚。

**第二百四十八条** 【虐待被监管人罪】监狱、拘留所、看守所等监管机构的监管人员对被监管人进行殴打或者体罚虐待，情节严重的，处三年以下有期徒刑或者拘役；情节特别严重的，处三年以上十年以下有期徒刑。致人伤残、死亡的，依照本法第二百三十四条、第二百三十二条的规定定罪从重处罚。

监管人员指使被监管人殴打或者体罚虐待其他被监管人的，依照前款的规定处罚。

**第二百四十九条** 【煽动民族仇恨、民族歧视罪】煽动民族仇恨、民族歧视，情节严重的，处三年以下有期徒刑、拘役、管制或者剥夺政治权利；情节特别严重的，处三年以上十年以下有期徒刑。

**第二百五十条** 【出版歧视、侮辱少数民族作品罪】在出版物中刊载歧视、侮辱少数民族的内容，情节恶劣，造成严重后果的，对直接责任人员，处三年以下有期徒刑、拘役或者管制。

**第二百五十一条** 【非法剥夺公民宗教信仰自由罪、侵犯少数民族风俗习惯罪】国家机关工作人员非法剥夺公民的宗教信仰自由和侵犯少数民族风俗习惯，情节严重的，处二年以下有期徒刑或者拘役。

**第二百五十二条** 【侵犯通信自由罪】隐匿、毁弃或者非法开拆他人信件，侵犯公民通信自由权利，情节严重的，处一年以下有期徒刑或者拘役。

**第二百五十三条** 【私自开拆、隐匿、毁弃邮件、电报罪；盗窃罪；出售、非法提供公民个人信息罪；非法获取公民个人信息罪】邮政工作人员私自开拆或者隐匿、毁弃邮件、电报的，处二年以下有期徒刑或者拘役。

犯前款罪而窃取财物的，依照本法第二百六十四条的规定定罪从重处罚。

国家机关或者金融、电信、交通、教育、医疗等单位的工作人员，违反国家规定，将本单位在履行职责或者提供服务过程中获得的公民个人信息，出售或者非法提供给他人，情节严重的，处三年以下有期徒刑或者拘役，并处或者单处罚金。

窃取或者以其他方法非法获取上述信息，情节严重的，依照前款的规定处罚。

单位犯前两款罪的，对单位判处罚金，并对其直接负责的主管人员和其他直接责任人员，依照各该款的规定处罚。

**第二百五十四条** 【报复陷害罪】国家机关工作人员滥用职权、假公济私，对控告人、申诉人、批评人、举报人实行报复陷害的，处二年以下有期徒刑或者拘役；情节严重的，处二年以上七年以下有期徒刑。

**第二百五十五条** 【打击报复会计、统计人员罪】公司、企业、事业单位、机关、团体的领导人，对依法履行职责、抵制违反会计法、统计法行为的会计、统计人员实行打击报复，情节恶劣的，处三年以下有期徒刑或者拘役。

**第二百五十六条** 【破坏选举罪】在选举各级人民代表大会代表和国家机关领导人员时，以暴力、威胁、欺骗、贿赂、伪造选举文件、虚报选举票数等手段破坏选举或者妨害选民和代表自由行使选举权和被选举权，情节严重的，处三年以下有期徒刑、拘役或者剥夺政治权利。

**第二百五十七条** 【暴力干涉婚姻自由罪】以暴力干涉他人婚姻自由的，处二年以下有期徒刑或者拘役。

犯前款罪，致使被害人死亡的，处二年以上七年以下有期徒刑。

第一款罪，告诉的才处理。

**第二百五十八条** 【重婚罪】有配偶而重婚的，或者明知他人有配偶而与之结婚的，处二年以下有期徒刑或者拘役。

**第二百五十九条** 【破坏军婚罪；强奸罪】明知是现役军人的配偶而与之同居或者结婚的，处三年以下有期徒刑或者拘役。

利用职权、从属关系，以胁迫手段奸淫现役军人的妻子的，依照本法第二百三十六条的规定定罪处罚。

**第二百六十条** 【虐待罪】虐待家庭成员，情节恶劣的，处二年以下有期徒刑、拘役或者管制。

犯前款罪，致使被害人重伤、死亡的，处二年以上七年以下有期徒刑。

第一款罪，告诉的才处理。

**第二百六十一条** 【遗弃罪】对于年老、年幼、患病或者其他没有独立生活能力的人，负有扶养义务而拒绝扶养，情节恶劣的，处五年以下有期徒刑、拘役或者管制。

**第二百六十二条** 【拐骗儿童罪；组织残疾人、儿童乞讨罪；组织未成年人进行违反治安管理活动罪】拐骗不满十四周岁的未成年人，脱离家庭或者监护人的，处五年以下有期徒刑或者拘役。

以暴力、胁迫手段组织残疾人或者不满十四周岁的未成年人乞讨的，处三年以下有期徒刑或者拘役，并处罚金；情节严重的，处三年以上七年以下有期徒刑，并处罚金。

组织未成年人进行盗窃、诈骗、抢夺、敲诈勒索等违反治安管理活动的，处三年以下有期徒刑或者拘役，并处罚金；情节严重的，处三年以上七年以下有期徒刑，并处罚金。

## 第五章 侵犯财产罪

**第二百六十三条** 【抢劫罪】以暴力、胁迫或者其他方法抢劫公私财物的，处三年以上十年以下有期徒刑，并处罚金；有下列情形之一的，处十年以上有期徒刑、无期徒刑或者死刑，并处罚金或者没收财产：

（一）入户抢劫的；

（二）在公共交通工具上抢劫的；

（三）抢劫银行或者其他金融机构的；

（四）多次抢劫或者抢劫数额巨大的；

（五）抢劫致人重伤、死亡的；

（六）冒充军警人员抢劫的；

（七）持枪抢劫的；

（八）抢劫军用物资或者抢险、救灾、救济物资的。

**第二百六十四条** 【盗窃罪】盗窃公私财物，数额较大的，或者多次盗窃、入户盗窃、携带凶器盗窃、扒窃的，处三年以下有期徒刑、拘役或者管制，并处或者单处罚金；数额巨大或者有其他严重情节的，处三年以上十年以下有期徒刑，并处罚金；数额特别巨大或者有其他特别严重情节的，处十年以上有期徒刑或者无期徒刑，并处罚金或者没收财产。

**第二百六十五条** 【盗窃罪】以牟利为目的，盗接他人通信线路、复制他人电信码号或者明知是盗接、复制的电信设备、设施而使用的，依照本法第二百六十四条的规定定罪处罚。

**第二百六十六条** 【诈骗罪】诈骗公私财物，数额较大的，处三年以下有期徒刑、拘役或者管制，并处或者单处罚金；数额巨大或者有其他严重情节的，处三年以上十年以下有期徒刑，并处罚金；数额特别巨大或者有其他特别严重情节的，处十年以上有期徒刑或者无期徒刑，并处罚金或者没收财产。本法另有规定的，依照规定。

**第二百六十七条** 【抢夺罪；抢劫罪】抢夺公私财物，数额较大的，处三年以下有期徒刑、拘役或者管制，并处或者单处罚金；数额巨大或者有其他严重情节的，处三年以上十年以下有期徒刑，并处罚金；数额特别巨大或者有其他特别严重情节的，处十年以上有期徒刑或者无期徒刑，并处罚金或者没收财产。

携带凶器抢夺的，依照本法第二百六十三条的规定定罪处罚。

**第二百六十八条** 【聚众哄抢罪】聚众哄抢公私财物，数额较大或者有其他严重情节的，对首要分子和积极参加的，处三年以下有期徒刑、拘役或者管制，并处罚金；数额巨大或者有其他特别严重情节的，处三年以上十年以下有期徒刑，并处罚金。

**第二百六十九条** 【抢劫罪】犯盗窃、诈骗、抢夺罪，为窝藏赃物、抗拒抓捕或者毁灭罪证而当场使用暴力或者以暴力相威胁的，依照本法第二百六十三条的规定定罪处罚。

**第二百七十条** 【侵占罪】将代为保管的他人财物非法占为

己有，数额较大，拒不退还的，处二年以下有期徒刑、拘役或者罚金；数额巨大或者有其他严重情节的，处二年以上五年以下有期徒刑，并处罚金。

将他人的遗忘物或者埋藏物非法占为己有，数额较大，拒不交出的，依照前款的规定处罚。

本条罪，告诉的才处理。

**第二百七十一条** 【职务侵占罪；贪污罪】公司、企业或者其他单位的人员，利用职务上的便利，将本单位财物非法占为己有，数额较大的，处五年以下有期徒刑或者拘役；数额巨大的，处五年以上有期徒刑，可以并处没收财产。

国有公司、企业或者其他国有单位中从事公务的人员和国有公司、企业或者其他国有单位委派到非国有公司、企业以及其他单位从事公务的人员有前款行为的，依照本法第三百八十二条、第三百八十三条的规定定罪处罚。

**第二百七十二条** 【挪用资金罪；挪用公款罪】公司、企业或者其他单位的工作人员，利用职务上的便利，挪用本单位资金归个人使用或者借贷给他人，数额较大、超过三个月未还的，或者虽未超过三个月，但数额较大、进行营利活动的，或者进行非法活动的，处三年以下有期徒刑或者拘役；挪用本单位资金数额巨大的，或者数额较大不退还的，处三年以上十年以下有期徒刑。

国有公司、企业或者其他国有单位中从事公务的人员和国有公司、企业或者其他国有单位委派到非国有公司、企业以及其他单位从事公务的人员有前款行为的，依照本法第三百八十四条的规定定罪处罚。

**第二百七十三条** 【挪用特定款物罪】挪用用于救灾、抢险、防汛、优抚、扶贫、移民、救济款物，情节严重，致使国家和人民群众利益遭受重大损害的，对直接责任人员，处三年以下有期徒刑或者拘役；情节特别严重的，处三年以上七年以下有期徒刑。

**第二百七十四条** 【敲诈勒索罪】敲诈勒索公私财物，数额较大或者多次敲诈勒索的，处三年以下有期徒刑、拘役或者管制，并处或者单处罚金；数额巨大或者有其他严重情节的，处三年以上十年以下有期徒刑，并处罚金；数额特别巨大或者有其他特别严重情节的，处十年以上有期徒刑，并处罚金。

**第二百七十五条** 【故意毁坏财物罪】故意毁坏公私财物，数额较大或者有其他严重情节的，处三年以下有期徒刑、拘役或者罚金；数额巨大或者有其他特别严重情节的，处三年以上七年以下有期徒刑。

**第二百七十六条** 【破坏生产经营罪】由于泄愤报复或者其他个人目的，毁坏机器设备、残害耕畜或者以其他方法破坏生产经营的，处三年以下有期徒刑、拘役或者管制；情节严重的，处三年以上七年以下有期徒刑。

**第二百七十六条之一** 以转移财产、逃匿等方法逃避支付劳动者的劳动报酬或者有能力支付而不支付劳动者的劳动报酬，数额较大，经政府有关部门责令支付仍不支付的，处三年以下有期徒刑或者拘役，并处或者单处罚金；造成严重后果的，处三年以上七年以下有期徒刑，并处罚金。

单位犯前款罪的，对单位判处罚金，并对其直接负责的主管人员和其他直接责任人员，依照前款的规定处罚。

有前两款行为，尚未造成严重后果，在提起公诉前支付劳动者的劳动报酬，并依法承担相应赔偿责任的，可以减轻或者免除处罚。

# 第六章　妨害社会管理秩序罪

## 第一节　扰乱公共秩序罪

**第二百七十七条**　【妨害公务罪】以暴力、威胁方法阻碍国家机关工作人员依法执行职务的，处三年以下有期徒刑、拘役、管制或者罚金。

以暴力、威胁方法阻碍全国人民代表大会和地方各级人民代表大会代表依法执行代表职务的，依照前款的规定处罚。

在自然灾害和突发事件中，以暴力、威胁方法阻碍红十字会工作人员依法履行职责的，依照第一款的规定处罚。

故意阻碍国家安全机关、公安机关依法执行国家安全工作任务，未使用暴力、威胁方法，造成严重后果的，依照第一款的规定处罚。

**第二百七十八条**　【煽动暴力抗拒法律实施罪】煽动群众暴力抗拒国家法律、行政法规实施的，处三年以下有期徒刑、拘役、管制或者剥夺政治权利；造成严重后果的，处三年以上七年以下有期徒刑。

**第二百七十九条**　【招摇撞骗罪】冒充国家机关工作人员招摇撞骗的，处三年以下有期徒刑、拘役、管制或者剥夺政治权利；情节严重的，处三年以上十年以下有期徒刑。

冒充人民警察招摇撞骗的，依照前款的规定从重处罚。

**第二百八十条**　【伪造、变造、买卖国家机关公文、证件、印章罪；盗窃、抢夺、毁灭国家机关公文、证件、印章罪；伪造公司、企业、事业单位、人民团体印章罪；伪造、变造居民身份证罪】伪造、变造、买卖或者盗窃、抢夺、毁灭国家机关的公文、证件、印章的，处三年以下有期徒刑、拘役、管制或者剥夺政治权利；情节严重的，处三年以上十年以下有期徒刑。

伪造公司、企业、事业单位、人民团体的印章的，处三年以下有期徒刑、拘役、管制或者剥夺政治权利。

伪造、变造居民身份证的，处三年以下有期徒刑、拘役、管制或者剥夺政治权利；情节严重的，处三年以上七年以下有期徒刑。

**第二百八十一条** 【非法生产、买卖警用装备罪】非法生产、买卖人民警察制式服装、车辆号牌等专用标志、警械，情节严重的，处三年以下有期徒刑、拘役或者管制，并处或者单处罚金。

单位犯前款罪的，对单位判处罚金，并对其直接负责的主管人员和其他直接责任人员，依照前款的规定处罚。

**第二百八十二条** 【非法获取国家秘密罪；非法持有国家绝密、机密文件、资料、物品罪】以窃取、刺探、收买方法，非法获取国家秘密的，处三年以下有期徒刑、拘役、管制或者剥夺政治权利；情节严重的，处三年以上七年以下有期徒刑。

非法持有属于国家绝密、机密的文件、资料或者其他物品，拒不说明来源与用途的，处三年以下有期徒刑、拘役或者管制。

**第二百八十三条** 【非法生产、销售间谍专用器材罪】非法生产、销售窃听、窃照等专用间谍器材的，处三年以下有期徒刑、拘役或者管制。

**第二百八十四条** 【非法使用窃听、窃照专用器材罪】非法使用窃听、窃照专用器材，造成严重后果的，处二年以下有期徒刑、拘役或者管制。

**第二百八十五条** 【非法侵入计算机信息系统罪；非法获取计算机信息系统数据、非法控制计算机信息系统罪；提供侵入、非法控制计算机信息系统程序、工具罪】违反国家规定，侵入国家事务、国防建设、尖端科学技术领域的计算机信息系统的，处三年以下有期徒刑或者拘役。

违反国家规定，侵入前款规定以外的计算机信息系统或者采用其他技术手段，获取该计算机信息系统中存储、处理或者传输的数据，或者对该计算机信息系统实施非法控制，情节严重的，处三年以下有期徒刑或者拘役，并处或者单处罚金；情节特别严重的，处三年以上七年以下有期徒刑，并处罚金。

提供专门用于侵入、非法控制计算机信息系统的程序、工具，或者明知他人实施侵入、非法控制计算机信息系统的违法犯罪行为而为其提供程序、工具，情节严重的，依照前款的规定处罚。

**第二百八十六条** 【破坏计算机信息系统罪】违反国家规定，对计算机信息系统功能进行删除、修改、增加、干扰，造成计算机信息系统不能正常运行，后果严重的，处五年以下有期徒刑或者拘役；后果特别严重的，处五年以上有期徒刑。

违反国家规定，对计算机信息系统中存储、处理或者传输的数据和应用程序进行删除、修改、增加的操作，后果严重的，依照前款的规定处罚。

故意制作、传播计算机病毒等破坏性程序，影响计算机系统正常运行，后果严重的，依照第一款的规定处罚。

**第二百八十七条** 【利用计算机实施犯罪的提示性规定】利用计算机实施金融诈骗、盗窃、贪污、挪用公款、窃取国家秘密或者其他犯罪的，依照本法有关规定定罪处罚。

**第二百八十八条** 【扰乱无线电管理秩序罪】违反国家规定，擅自设置、使用无线电台（站），或者擅自占用频率，经责令停止使用后拒不停止使用，干扰无线电通讯正常进行，造成严重后果的，处三年以下有期徒刑、拘役或者管制，并处或者单处罚金。

单位犯前款罪的，对单位判处罚金，并对其直接负责的主管人员和其他直接责任人员，依照前款的规定处罚。

**第二百八十九条**　【对聚众“打砸抢”行为的处理规定】聚众“打砸抢”，致人伤残、死亡的，依照本法第二百三十四条、第二百三十二条的规定定罪处罚。毁坏或者抢走公私财物的，除判令退赔外，对首要分子，依照本法第二百六十三条的规定定罪处罚。

**第二百九十条**　【聚众扰乱社会秩序罪；聚众冲击国家机关罪】聚众扰乱社会秩序，情节严重，致使工作、生产、营业和教学、科研无法进行，造成严重损失的，对首要分子，处三年以上七年以下有期徒刑；对其他积极参加的，处三年以下有期徒刑、拘役、管制或者剥夺政治权利。

聚众冲击国家机关，致使国家机关工作无法进行，造成严重损失的，对首要分子，处五年以上十年以下有期徒刑；对其他积极参加的，处五年以下有期徒刑、拘役、管制或者剥夺政治权利。

**第二百九十一条**　【聚众扰乱公共场所秩序、交通秩序罪；投放虚假危险物质罪；编造、故意传播虚假恐怖信息罪】聚众扰乱车站、码头、民用航空站、商场、公园、影剧院、展览会、运动场或者其他公共场所秩序，聚众堵塞交通或者破坏交通秩序，抗拒、阻碍国家治安管理工作人员依法执行职务，情节严重的，对首要分子，处五年以下有期徒刑、拘役或者管制。

投放虚假的爆炸性、毒害性、放射性、传染病病原体等物质，或者编造爆炸威胁、生化威胁、放射威胁等恐怖信息，或者明知是编造的恐怖信息而故意传播，严重扰乱社会秩序的，处五年以下有期徒刑、拘役或者管制；造成严重后果的，处五年以上有期徒刑。

**第二百九十二条** 【聚众斗殴罪；故意伤害罪；故意杀人罪】聚众斗殴的，对首要分子和其他积极参加的，处三年以下有期徒刑、拘役或者管制；有下列情形之一的，对首要分子和其他积极参加的，处三年以上十年以下有期徒刑：

（一）多次聚众斗殴的；

（二）聚众斗殴人数多，规模大，社会影响恶劣的；

（三）在公共场所或者交通要道聚众斗殴，造成社会秩序严重混乱的；

（四）持械聚众斗殴的。

聚众斗殴，致人重伤、死亡的，依照本法第二百三十四条、第二百三十二条的规定定罪处罚。

**第二百九十三条** 【寻衅滋事罪】有下列寻衅滋事行为之一，破坏社会秩序的，处五年以下有期徒刑、拘役或者管制：

（一）随意殴打他人，情节恶劣的；

（二）追逐、拦截、辱骂、恐吓他人，情节恶劣的；

（三）强拿硬要或者任意损毁、占用公私财物，情节严重的；

（四）在公共场所起哄闹事，造成公共场所秩序严重混乱的。

纠集他人多次实施前款行为，严重破坏社会秩序的，处五年以上十年以下有期徒刑，可以并处罚金。

**第二百九十四条** 【组织、领导、参加黑社会性质组织罪；入境发展黑社会组织罪；包庇、纵容黑社会性质组织罪】组织、领导黑社会性质的组织的，处七年以上有期徒刑，并处没收财产；积极参加的，处三年以上七年以下有期徒刑，可以并处罚金或者没收财产；其他参加的，处三年以下有期徒刑、拘役、管制或者剥夺政治权利，可以并处罚金。

境外的黑社会组织的人员到中华人民共和国境内发展组织成

员的，处三年以上十年以下有期徒刑。

国家机关工作人员包庇黑社会性质的组织，或者纵容黑社会性质的组织进行违法犯罪活动的，处五年以下有期徒刑；情节严重的，处五年以上有期徒刑。

犯前三款罪又有其他犯罪行为的，依照数罪并罚的规定处罚。

黑社会性质的组织应当同时具备以下特征：

（一）形成较稳定的犯罪组织，人数较多，有明确的组织者、领导者，骨干成员基本固定；

（二）有组织地通过违法犯罪活动或者其他手段获取经济利益，具有一定的经济实力，以支持该组织的活动；

（三）以暴力、威胁或者其他手段，有组织地多次进行违法犯罪活动，为非作恶，欺压、残害群众；

（四）通过实施违法犯罪活动，或者利用国家工作人员的包庇或者纵容，称霸一方，在一定区域或者行业内，形成非法控制或者重大影响，严重破坏经济、社会生活秩序。

**第二百九十五条**　【传授犯罪方法罪】传授犯罪方法的，处五年以下有期徒刑、拘役或者管制；情节严重的，处五年以上十年以下有期徒刑；情节特别严重的，处十年以上有期徒刑或者无期徒刑。

**第二百九十六条**　【非法集会、游行示威罪】举行集会、游行、示威，未依照法律规定申请或者申请未获许可，或者未按照主管机关许可的起止时间、地点、路线进行，又拒不服从解散命令，严重破坏社会秩序的，对集会、游行、示威的负责人和直接责任人员，处五年以下有期徒刑、拘役、管制或者剥夺政治权利。

**第二百九十七条**　【非法携带武器、管制刀具、爆炸物参加集会、游行、示威罪】违反法律规定，携带武器、管制刀具或者爆炸物参加集会、游行、示威的，处三年以下有期徒刑、拘役、管制或者剥夺政治权利。

**第二百九十八条** 【破坏集会、游行、示威罪】扰乱、冲击或者以其他方法破坏依法举行的集会、游行、示威，造成公共秩序混乱的，处五年以下有期徒刑、拘役、管制或者剥夺政治权利。

**第二百九十九条** 【侮辱国旗、国徽罪】在公众场合故意以焚烧、毁损、涂划、玷污、践踏等方式侮辱中华人民共和国国旗、国徽的，处三年以下有期徒刑、拘役、管制或者剥夺政治权利。

**第三百条** 【组织、利用会道门、邪教组织，利用迷信破坏法律实施罪；组织、利用会道门、邪教组织，利用迷信致人死亡罪；强奸罪；诈骗罪】组织和利用会道门、邪教组织或者利用迷信破坏国家法律、行政法规实施的，处三年以上七年以下有期徒刑；情节特别严重的，处七年以上有期徒刑。

组织和利用会道门、邪教组织或者利用迷信蒙骗他人，致人死亡的，依照前款的规定处罚。

组织和利用会道门、邪教组织或者利用迷信奸淫妇女、诈骗财物的，分别依照本法第二百三十六条、第二百六十六条的规定定罪处罚。

**第三百零一条** 【聚众淫乱罪；引诱未成年人聚众淫乱罪】聚众进行淫乱活动的，对首要分子或者多次参加的，处五年以下有期徒刑、拘役或者管制。

引诱未成年人参加聚众淫乱活动的，依照前款的规定从重处罚。

**第三百零二条** 【盗窃、侮辱尸体罪】盗窃、侮辱尸体的，处三年以下有期徒刑、拘役或者管制。

**第三百零三条**　【赌博罪；开设赌场罪】以营利为目的，聚众赌博或者以赌博为业的，处三年以下有期徒刑、拘役或者管制，并处罚金。

开设赌场的，处三年以下有期徒刑、拘役或者管制，并处罚金；情节严重的，处三年以上十年以下有期徒刑，并处罚金。

**第三百零四条**　【故意延误投递邮件罪】邮政工作人员严重不负责任，故意延误投递邮件，致使公共财产、国家和人民利益遭受重大损失的，处二年以下有期徒刑或者拘役。

## 第二节　妨害司法罪

**第三百零五条**　【伪证罪】在刑事诉讼中，证人、鉴定人、记录人、翻译人对与案件有重要关系的情节，故意作虚假证明、鉴定、记录、翻译，意图陷害他人或者隐匿罪证的，处三年以下有期徒刑或者拘役；情节严重的，处三年以上七年以下有期徒刑。

**第三百零六条**　【辩护人、诉讼代理人毁灭证据、伪造证据、妨害作证罪】在刑事诉讼中，辩护人、诉讼代理人毁灭、伪造证据，帮助当事人毁灭、伪造证据，威胁、引诱证人违背事实改变证言或者作伪证的，处三年以下有期徒刑或者拘役；情节严重的，处三年以上七年以下有期徒刑。

辩护人、诉讼代理人提供、出示、引用的证人证言或者其他证据失实，不是有意伪造的，不属于伪造证据。

**第三百零七条**　【妨害作证罪；帮助毁灭、伪造证据罪】以暴力、威胁、贿买等方法阻止证人作证或者指使他人作伪证的，处三年以下有期徒刑或者拘役；情节严重的，处三年以上七年以下有期徒刑。

帮助当事人毁灭、伪造证据，情节严重的，处三年以下有期徒刑或者拘役。

司法工作人员犯前两款罪的，从重处罚。

**第三百零八条** 【打击报复证人罪】对证人进行打击报复的，处三年以下有期徒刑或者拘役；情节严重的，处三年以上七年以下有期徒刑。

**第三百零九条** 【扰乱法庭秩序罪】聚众哄闹、冲击法庭，或者殴打司法工作人员，严重扰乱法庭秩序的，处三年以下有期徒刑、拘役、管制或者罚金。

**第三百一十条** 【窝藏、包庇罪】明知是犯罪的人而为其提供隐藏处所、财物，帮助其逃匿或者作假证明包庇的，处三年以下有期徒刑、拘役或者管制；情节严重的，处三年以上十年以下有期徒刑。

犯前款罪，事前通谋的，以共同犯罪论处。

**第三百一十一条** 【拒绝提供间谍犯罪证据罪】明知他人有间谍犯罪行为，在国家安全机关向其调查有关情况、收集有关证据时，拒绝提供，情节严重的，处三年以下有期徒刑、拘役或者管制。

**第三百一十二条** 【掩饰、隐瞒犯罪所得、犯罪所得收益罪】明知是犯罪所得及其产生的收益而予以窝藏、转移、收购、代为销售或者以其他方法掩饰、隐瞒的，处三年以下有期徒刑、拘役或者管制，并处或者单处罚金；情节严重的，处三年以上七年以下有期徒刑，并处罚金。

单位犯前款罪的，对单位判处罚金，并对其直接负责的主管人员和其他直接责任人员，依照前款的规定处罚。

**第三百一十三条** 【拒不执行判决、裁定罪】对人民法院的判决、裁定有能力执行而拒不执行，情节严重的，处三年以下有期徒刑、拘役或者罚金。

**第三百一十四条** 【非法处置查封、扣押、冻结的财产罪】隐藏、转移、变卖、故意毁损已被司法机关查封、扣押、冻结的财产，情节严重的，处三年以下有期徒刑、拘役或者罚金。

**第三百一十五条** 【破坏监管秩序罪】依法被关押的罪犯，有下列破坏监管秩序行为之一，情节严重的，处三年以下有期徒刑：

（一）殴打监管人员的；

（二）组织其他被监管人破坏监管秩序的；

（三）聚众闹事，扰乱正常监管秩序的；

（四）殴打、体罚或者指使他人殴打、体罚其他被监管人的。

**第三百一十六条** 【脱逃罪；劫夺被押解人员罪】依法被关押的罪犯、被告人、犯罪嫌疑人脱逃的，处五年以下有期徒刑或者拘役。

劫夺押解途中的罪犯、被告人、犯罪嫌疑人的，处三年以上七年以下有期徒刑；情节严重的，处七年以上有期徒刑。

**第三百一十七条** 【组织越狱罪；暴动越狱罪；聚众持械劫狱罪】组织越狱的首要分子和积极参加的，处五年以上有期徒刑；其他参加的，处五年以下有期徒刑或者拘役。

暴动越狱或者聚众持械劫狱的首要分子和积极参加的，处十年以上有期徒刑或者无期徒刑；情节特别严重的，处死刑；其他参加的，处三年以上十年以下有期徒刑。

## 第三节　妨害国（边）境管理罪

**第三百一十八条** 【组织他人偷越国（边）境罪】组织他人偷越国（边）境的，处二年以上七年以下有期徒刑，并处罚金；有下列情形之一的，处七年以上有期徒刑或者无期徒刑，并处罚金或者没收财产：

（一）组织他人偷越国（边）境集团的首要分子；

（二）多次组织他人偷越国（边）境或者组织他人偷越国（边）境人数众多的；

（三）造成被组织人重伤、死亡的；

（四）剥夺或者限制被组织人人身自由的；

（五）以暴力、威胁方法抗拒检查的；

（六）违法所得数额巨大的；

（七）有其他特别严重情节的。

犯前款罪，对被组织人有杀害、伤害、强奸、拐卖等犯罪行为，或者对检查人员有杀害、伤害等犯罪行为的，依照数罪并罚的规定处罚。

**第三百一十九条** 【骗取出境证件罪】以劳务输出、经贸往来或者其他名义，弄虚作假，骗取护照、签证等出境证件，为组织他人偷越国（边）境使用的，处三年以下有期徒刑，并处罚金；情节严重的，处三年以上十年以下有期徒刑，并处罚金。

单位犯前款罪的，对单位判处罚金，并对其直接负责的主管人员和其他直接责任人员，依照前款的规定处罚。

**第三百二十条** 【提供伪造、变造的出入境证件罪；出售出入境证件罪】为他人提供伪造、变造的护照、签证等出入境证件，或者出售护照、签证等出入境证件的，处五年以下有期徒刑，并处罚金；情节严重的，处五年以上有期徒刑，并处罚金。

**第三百二十一条** 【运送他人偷越国（边）境罪】运送他人偷越国（边）境的，处五年以下有期徒刑、拘役或者管制，并处罚金；有下列情形之一的，处五年以上十年以下有期徒刑，并处罚金：

（一）多次实施运送行为或者运送人数众多的；

（二）所使用的船只、车辆等交通工具不具备必要的安全条件，足以造成严重后果的；

（三）违法所得数额巨大的；

（四）有其他特别严重情节的。

在运送他人偷越国（边）境中造成被运送人重伤、死亡，或者以暴力、威胁方法抗拒检查的，处七年以上有期徒刑，并处罚金。

犯前两款罪，对被运送人有杀害、伤害、强奸、拐卖等犯罪行为，或者对检查人员有杀害、伤害等犯罪行为的，依照数罪并罚的规定处罚。

**第三百二十二条**　【偷越国（边）境罪】违反国（边）境管理法规，偷越国（边）境，情节严重的，处一年以下有期徒刑、拘役或者管制，并处罚金。

**第三百二十三条**　【破坏界碑、界桩罪；破坏永久性测量标志罪】故意破坏国家边境的界碑、界桩或者永久性测量标志的，处三年以下有期徒刑或者拘役。

## 第四节　妨害文物管理罪

**第三百二十四条**　【故意损毁文物罪；故意损毁名胜古迹罪；过失损毁文物罪】故意损毁国家保护的珍贵文物或者被确定为全国重点文物保护单位、省级文物保护单位的文物的，处三年以下有期徒刑或者拘役，并处或者单处罚金；情节严重的，处三年以上十年以下有期徒刑，并处罚金。

故意损毁国家保护的名胜古迹，情节严重的，处五年以下有期徒刑或者拘役，并处或者单处罚金。

过失损毁国家保护的珍贵文物或者被确定为全国重点文物保护单位、省级文物保护单位的文物，造成严重后果的，处三年以下有期徒刑或者拘役。

**第三百二十五条**　【非法向外国人出售、赠送珍贵文物罪】违反文物保护法规，将收藏的国家禁止出口的珍贵文物私自出售或者私自赠送给外国人的，处五年以下有期徒刑或者拘役，可以并处罚金。

单位犯前款罪的，对单位判处罚金，并对其直接负责的主管人员和其他直接责任人员，依照前款的规定处罚。

**第三百二十六条**　【倒卖文物罪】以牟利为目的，倒卖国家禁止经营的文物，情节严重的，处五年以下有期徒刑或者拘役，并处罚金；情节特别严重的，处五年以上十年以下有期徒刑，并处罚金。

单位犯前款罪的，对单位判处罚金，并对其直接负责的主管人员和其他直接责任人员，依照前款的规定处罚。

**第三百二十七条**　【非法出售、私赠文物藏品罪】违反文物保护法规，国有博物馆、图书馆等单位将国家保护的文物藏品出售或者私自送给非国有单位或者个人的，对单位判处罚金，并对其直接负责的主管人员和其他直接责任人员，处三年以下有期徒刑或者拘役。

**第三百二十八条**　【盗掘古文化遗址、古墓葬罪；盗掘古人类化石、古脊椎动物化石罪】盗掘具有历史、艺术、科学价值的古文化遗址、古墓葬的，处三年以上十年以下有期徒刑，并处罚金；情节较轻的，处三年以下有期徒刑、拘役或者管制，并处罚金；有下列情形之一的，处十年以上有期徒刑或者无期徒刑，并处罚金或者没收财产：

（一）盗掘确定为全国重点文物保护单位和省级文物保护单位的古文化遗址、古墓葬的；

（二）盗掘古文化遗址、古墓葬集团的首要分子；

（三）多次盗掘古文化遗址、古墓葬的；

（四）盗掘古文化遗址、古墓葬，并盗窃珍贵文物或者造成珍贵文物严重破坏的。

盗掘国家保护的具有科学价值的古人类化石和古脊椎动物化石的，依照前款的规定处罚。

**第三百二十九条** 【盗窃、抢夺国有档案罪；擅自出卖、转让国有档案罪】抢夺、窃取国家所有的档案的，处五年以下有期徒刑或者拘役。

违反档案法的规定，擅自出卖、转让国家所有的档案，情节严重的，处三年以下有期徒刑或者拘役。

有前两款行为，同时又构成本法规定的其他犯罪的，依照处罚较重的规定定罪处罚。

## 第五节 危害公共卫生罪

**第三百三十条** 【妨害传染病防治罪】违反传染病防治法的规定，有下列情形之一，引起甲类传染病传播或者有传播严重危险的，处三年以下有期徒刑或者拘役；后果特别严重的，处三年以上七年以下有期徒刑：

（一）供水单位供应的饮用水不符合国家规定的卫生标准的；

（二）拒绝按照卫生防疫机构提出的卫生要求，对传染病病原体污染的污水、污物、粪便进行消毒处理的；

（三）准许或者纵容传染病病人、病原携带者和疑似传染病病人从事国务院卫生行政部门规定禁止从事的易使该传染病扩散的工作的；

（四）拒绝执行卫生防疫机构依照传染病防治法提出的预防、控制措施的。

单位犯前款罪的，对单位判处罚金，并对其直接负责的主管人员和其他直接责任人员，依照前款的规定处罚。

甲类传染病的范围，依照《中华人民共和国传染病防治法》和国务院有关规定确定。

**第三百三十一条** 【传染病菌种、毒种扩散罪】从事实验、保藏、携带、运输传染病菌种、毒种的人员，违反国务院卫生行政部门的有关规定，造成传染病菌种、毒种扩散，后果严重的，处三年以下有期徒刑或者拘役；后果特别严重的，处三年以上七年以下有期徒刑。

**第三百三十二条** 【妨害国境卫生检疫罪】违反国境卫生检疫规定，引起检疫传染病传播或者有传播严重危险的，处三年以下有期徒刑或者拘役，并处或者单处罚金。

单位犯前款罪的，对单位判处罚金，并对其直接负责的主管人员和其他直接责任人员，依照前款的规定处罚。

**第三百三十三条** 【非法组织卖血罪；强迫卖血罪；故意伤害罪】非法组织他人出卖血液的，处五年以下有期徒刑，并处罚金；以暴力、威胁方法强迫他人出卖血液的，处五年以上十年以下有期徒刑，并处罚金。

有前款行为，对他人造成伤害的，依照本法第二百三十四条的规定定罪处罚。

**第三百三十四条** 【非法采集、供应血液、制作、供应血液制品罪；采集、供应血液，制作、供应血液制品事故罪】非法采集、供应血液或者制作、供应血液制品，不符合国家规定的标准，足以危害人体健康的，处五年以下有期徒刑或者拘役，并处罚金；对人体健康造成严重危害的，处五年以上十年以下有期徒刑，并处罚金；造成特别严重后果的，处十年以上有期徒刑或者无期徒刑，并处罚金或者没收财产。

经国家主管部门批准采集、供应血液或者制作、供应血液制品的部门，不依照规定进行检测或者违背其他操作规定，造成危害他人身体健康后果的，对单位判处罚金，并对其直接负责的主管人员和其他直接责任人员，处五年以下有期徒刑或者拘役。

**第三百三十五条** 【医疗事故罪】医务人员由于严重不负责任，造成就诊人死亡或者严重损害就诊人身体健康的，处三年以下有期徒刑或者拘役。

**第三百三十六条** 【非法行医罪；非法进行节育手术罪】未取得医生执业资格的人非法行医，情节严重的，处三年以下有期徒刑、拘役或者管制，并处或者单处罚金；严重损害就诊人身体健康的，处三年以上十年以下有期徒刑，并处罚金；造成就诊人死亡的，处十年以上有期徒刑，并处罚金。

未取得医生执业资格的人擅自为他人进行节育复通手术、假节育手术、终止妊娠手术或者摘取宫内节育器，情节严重的，处三年以下有期徒刑、拘役或者管制，并处或者单处罚金；严重损害就诊人身体健康的，处三年以上十年以下有期徒刑，并处罚金；造成就诊人死亡的，处十年以上有期徒刑，并处罚金。

**第三百三十七条** 【妨害动植物防疫、检疫罪】违反有关动植物防疫、检疫的国家规定，引起重大动植物疫情的，或者有引起重大动植物疫情危险，情节严重的，处三年以下有期徒刑或者拘役，并处或者单处罚金。

单位犯前款罪的，对单位判处罚金，并对其直接负责的主管人员和其他直接责任人员，依照前款的规定处罚。

## 第六节 破坏环境资源保护罪

**第三百三十八条** 【重大环境污染事故罪】违反国家规定，排放、倾倒或者处置有放射性的废物、含传染病病原体的废物、有毒物质或者其他有害物质，严重污染环境的，处三年以下有期徒刑或者拘役，并处或者单处罚金；后果特别严重的，处三年以上七年以下有期徒刑，并处罚金。

**第三百三十九条** 【非法处置进口的固体废物罪；擅自进口固体废物罪；走私固体废物罪】违反国家规定，将境外的固体废物进境倾倒、堆放、处置的，处五年以下有期徒刑或者拘役，并处罚金；造成重大环境污染事故，致使公私财产遭受重大损失或者严重危害人体健康的，处五年以上十年以下有期徒刑，并处罚金；后果特别严重的，处十年以上有期徒刑，并处罚金。

未经国务院有关主管部门许可，擅自进口固体废物用作原料，造成重大环境污染事故，致使公私财产遭受重大损失或者严重危害人体健康的，处五年以下有期徒刑或者拘役，并处罚金；后果特别严重的，处五年以上十年以下有期徒刑，并处罚金。

以原料利用为名，进口不能用作原料的固体废物、液态废物和气态废物的，依照本法第一百五十二条第二款、第三款的规定定罪处罚。

**第三百四十条** 【非法捕捞水产品罪】违反保护水产资源法规，在禁渔区、禁渔期或者使用禁用的工具、方法捕捞水产品，情节严重的，处三年以下有期徒刑、拘役、管制或者罚金。

**第三百四十一条** 【非法猎捕、杀害珍贵、濒危野生动物罪；非法收购、运输、出售珍贵濒危野生动物、珍贵、濒危野生动物制品罪】非法猎捕、杀害国家重点保护的珍贵、濒危野生动物的，或者非法收购、运输、出售国家重点保护的珍贵、濒危野生动物及其制品的，处五年以下有期徒刑或者拘役，并处罚金；情节严重的，处五年以上十年以下有期徒刑，并处罚金；情节特别严重的，处十年以上有期徒刑，并处罚金或者没收财产。

违反狩猎法规，在禁猎区、禁猎期或者使用禁用的工具、方法进行狩猎，破坏野生动物资源，情节严重的，处三年以下有期徒刑、拘役、管制或者罚金。

**第三百四十二条** 【非法占用农用地罪】违反土地管理法规，非法占用耕地、林地等农用地，改变被占用土地用途，数量较大，造成耕地、林地等农用地大量毁坏的，处五年以下有期徒刑或者拘役，并处或者单处罚金。

**第三百四十三条** 【非法采矿罪；破坏性采矿罪】违反矿产资源法的规定，未取得采矿许可证擅自采矿，擅自进入国家规划矿区、对国民经济具有重要价值的矿区和他人矿区范围采矿，或者擅自开采国家规定实行保护性开采的特定矿种，情节严重的，处三年以下有期徒刑、拘役或者管制，并处或者单处罚金；情节特别严重的，处三年以上七年以下有期徒刑，并处罚金。

违反矿产资源法的规定，采取破坏性的开采方法开采矿产资源，造成矿产资源严重破坏的，处五年以下有期徒刑或者拘役，并处罚金。

**第三百四十四条** 【非法采伐、毁坏国家重点保护植物罪；非法收购、运输、加工、出售国家重点保护植物、国家重点保护植物制品罪罪】违反国家规定，非法采伐、毁坏珍贵树木或者国家重点保护的其他植物的，或者非法收购、运输、加工、出售珍贵树木或者国家重点保护的其他植物及其制品的，处三年以下有期徒刑、拘役或者管制，并处罚金；情节严重的，处三年以上七年以下有期徒刑，并处罚金。

**第三百四十五条** 【盗伐林木罪；滥伐林木罪；非法收购、运输盗伐、滥伐的林木罪】盗伐森林或者其他林木，数量较大的，处三年以下有期徒刑、拘役或者管制，并处或者单处罚金；数量巨大的，处三年以上七年以下有期徒刑，并处罚金；数量特别巨大的，处七年以上有期徒刑，并处罚金。

违反森林法的规定，滥伐森林或者其他林木，数量较大的，处三年以下有期徒刑、拘役或者管制，并处或者单处罚金；数量巨大的，处三年以上七年以下有期徒刑，并处罚金。

非法收购、运输明知是盗伐、滥伐的林木，情节严重的，处三年以下有期徒刑、拘役或者管制，并处或者单处罚金；情节特别严重的，处三年以上七年以下有期徒刑，并处罚金。

盗伐、滥伐国家级自然保护区内的森林或者其他林木的，从重处罚。

**第三百四十六条**　【单位犯破坏环境资源保护罪的处罚规定】单位犯本节第三百三十八条至第三百四十五条规定之罪的，对单位判处罚金，并对其直接负责的主管人员和其他直接责任人员，依照本节各该条的规定处罚。

## 第七节　走私、贩卖、运输、制造毒品罪

**第三百四十七条**　【走私、贩卖、运输、制造毒品罪】走私、贩卖、运输、制造毒品，无论数量多少，都应当追究刑事责任，予以刑事处罚。

走私、贩卖、运输、制造毒品，有下列情形之一的，处十五年有期徒刑、无期徒刑或者死刑，并处没收财产：

（一）走私、贩卖、运输、制造鸦片一千克以上、海洛因或者甲基苯丙胺五十克以上或者其他毒品数量大的；

（二）走私、贩卖、运输、制造毒品集团的首要分子；

（三）武装掩护走私、贩卖、运输、制造毒品的；

（四）以暴力抗拒检查、拘留、逮捕，情节严重的；

（五）参与有组织的国际贩毒活动的。

走私、贩卖、运输、制造鸦片二百克以上不满一千克、海洛因或者甲基苯丙胺十克以上不满五十克或者其他毒品数量较大的，处七年以上有期徒刑，并处罚金。

走私、贩卖、运输、制造鸦片不满二百克、海洛因或者甲基苯丙胺不满十克或者其他少量毒品的，处三年以下有期徒刑、拘役或者管制，并处罚金；情节严重的，处三年以上七年以下有期徒刑，并处罚金。

单位犯第二款、第三款、第四款罪的，对单位判处罚金，并对其直接负责的主管人员和其他直接责任人员，依照各该款的规定处罚。

利用、教唆未成年人走私、贩卖、运输、制造毒品，或者向未成年人出售毒品的，从重处罚。

对多次走私、贩卖、运输、制造毒品，未经处理的，毒品数量累计计算。

**第三百四十八条**　【非法持有毒品罪】非法持有鸦片一千克以上、海洛因或者甲基苯丙胺五十克以上或者其他毒品数量大的，处七年以上有期徒刑或者无期徒刑，并处罚金；非法持有鸦片二百克以上不满一千克、海洛因或者甲基苯丙胺十克以上不满五十克或者其他毒品数量较大的，处三年以下有期徒刑、拘役或者管制，并处罚金；情节严重的，处三年以上七年以下有期徒刑，并处罚金。

**第三百四十九条**　【包庇毒品犯罪分子罪；窝藏、转移、隐瞒毒品、毒赃罪】包庇走私、贩卖、运输、制造毒品的犯罪分子的，为犯罪分子窝藏、转移、隐瞒毒品或者犯罪所得的财物的，处三年以下有期徒刑、拘役或者管制；情节严重的，处三年以上十年以下有期徒刑。

缉毒人员或者其他国家机关工作人员掩护、包庇走私、贩卖、运输、制造毒品的犯罪分子的，依照前款的规定从重处罚。

犯前两款罪，事先通谋的，以走私、贩卖、运输、制造毒品罪的共犯论处。

**第三百五十条** 【走私制毒物品罪；非法买卖制毒物品罪】违反国家规定，非法运输、携带醋酸酐、乙醚、三氯甲烷或者其他用于制造毒品的原料或者配剂进出境的，或者违反国家规定，在境内非法买卖上述物品的，处三年以下有期徒刑、拘役或者管制，并处罚金；数量大的，处三年以上十年以下有期徒刑，并处罚金。

明知他人制造毒品而为其提供前款规定的物品的，以制造毒品罪的共犯论处。

单位犯前两款罪的，对单位判处罚金，并对其直接负责的主管人员和其他直接责任人员，依照前两款的规定处罚。

**第三百五十一条** 【非法种植毒品原植物罪】非法种植罂粟、大麻等毒品原植物的，一律强制铲除。有下列情形之一的，处五年以下有期徒刑、拘役或者管制，并处罚金：

（一）种植罂粟五百株以上不满三千株或者其他毒品原植物数量较大的；

（二）经公安机关处理后又种植的；

（三）抗拒铲除的。

非法种植罂粟三千株以上或者其他毒品原植物数量大的，处五年以上有期徒刑，并处罚金或者没收财产。

非法种植罂粟或者其他毒品原植物，在收获前自动铲除的，可以免除处罚。

**第三百五十二条** 【非法买卖、运输、携带、持有毒品原植物种子、幼苗罪】非法买卖、运输、携带、持有未经灭活的罂粟等毒品原植物种子或者幼苗，数量较大的，处三年以下有期徒刑、拘役或者管制，并处或者单处罚金。

**第三百五十三条** 【引诱、教唆、欺骗他人吸毒罪；强迫他人吸毒罪】引诱、教唆、欺骗他人吸食、注射毒品的，处三年以下有期徒刑、拘役或者管制，并处罚金；情节严重的，处三年以上七年以下有期徒刑，并处罚金。

强迫他人吸食、注射毒品的，处三年以上十年以下有期徒刑，并处罚金。

引诱、教唆、欺骗或者强迫未成年人吸食、注射毒品的，从重处罚。

**第三百五十四条** 【容留他人吸毒罪】容留他人吸食、注射毒品的，处三年以下有期徒刑、拘役或者管制，并处罚金。

**第三百五十五条** 【非法提供麻醉药品、精神药品罪】依法从事生产、运输、管理、使用国家管制的麻醉药品、精神药品的人员，违反国家规定，向吸食、注射毒品的人提供国家规定管制的能够使人形成瘾癖的麻醉药品、精神药品的，处三年以下有期徒刑或者拘役，并处罚金；情节严重的，处三年以上七年以下有期徒刑，并处罚金。向走私、贩卖毒品的犯罪分子或者以牟利为目的，向吸食、注射毒品的人提供国家规定管制的能够使人形成瘾癖的麻醉药品、精神药品的，依照本法第三百四十七条的规定定罪处罚。

单位犯前款罪的，对单位判处罚金，并对其直接负责的主管人员和其他直接责任人员，依照前款的规定处罚。

**第三百五十六条** 【毒品犯罪的再犯】因走私、贩卖、运输、制造、非法持有毒品罪被判过刑，又犯本节规定之罪的，从重处罚。

**第三百五十七条** 【毒品的范围及毒品数量的计算原则】本法所称的毒品，是指鸦片、海洛因、甲基苯丙胺（冰毒）、吗啡、大麻、可卡因以及国家规定管制的其他能够使人形成瘾癖的麻醉药品和精神药品。

毒品的数量以查证属实的走私、贩卖、运输、制造、非法持有毒品的数量计算，不以纯度折算。

## 第八节　组织、强迫、引诱、容留、介绍卖淫罪

**第三百五十八条**　【组织卖淫罪；强迫卖淫罪；协助组织卖淫罪】组织他人卖淫或者强迫他人卖淫的，处五年以上十年以下有期徒刑，并处罚金；有下列情形之一的，处十年以上有期徒刑或者无期徒刑，并处罚金或者没收财产：

（一）组织他人卖淫，情节严重的；

（二）强迫不满十四周岁的幼女卖淫的；

（三）强迫多人卖淫或者多次强迫他人卖淫的；

（四）强奸后迫使卖淫的；

（五）造成被强迫卖淫的人重伤、死亡或者其他严重后果的。

有前款所列情形之一，情节特别严重的，处无期徒刑或者死刑，并处没收财产。

为组织卖淫的人招募、运送人员或者有其他协助组织他人卖淫行为的，处五年以下有期徒刑，并处罚金；情节严重的，处五年以上十年以下有期徒刑，并处罚金。

**第三百五十九条**　【引诱、容留、介绍卖淫罪；引诱幼女卖淫罪】引诱、容留、介绍他人卖淫的，处五年以下有期徒刑、拘役或者管制，并处罚金；情节严重的，处五年以上有期徒刑，并处罚金。

引诱不满十四周岁的幼女卖淫的，处五年以上有期徒刑，并处罚金。

**第三百六十条**　【传播性病罪；嫖宿幼女罪】明知自己患有梅毒、淋病等严重性病卖淫、嫖娼的，处五年以下有期徒刑、拘役或者管制，并处罚金。

嫖宿不满十四周岁的幼女的，处五年以上有期徒刑，并处

罚金。

**第三百六十一条** 【特定单位的人员组织、强迫、引诱、容留、介绍卖淫的处理规定】旅馆业、饮食服务业、文化娱乐业、出租汽车业等单位的人员，利用本单位的条件，组织、强迫、引诱、容留、介绍他人卖淫的，依照本法第三百五十八条、第三百五十九条的规定定罪处罚。

前款所列单位的主要负责人，犯前款罪的，从重处罚。

**第三百六十二条** 【包庇罪】旅馆业、饮食服务业、文化娱乐业、出租汽车业等单位的人员，在公安机关查处卖淫、嫖娼活动时，为违法犯罪分子通风报信，情节严重的，依照本法第三百一十条的规定定罪处罚。

## 第九节 制作、贩卖、传播淫秽物品罪

**第三百六十三条** 【制作、复制、出版、贩卖、传播淫秽物品牟利罪；为他人提供书号出版淫秽书刊罪】以牟利为目的，制作、复制、出版、贩卖、传播淫秽物品的，处三年以下有期徒刑、拘役或者管制，并处罚金；情节严重的，处三年以上十年以下有期徒刑，并处罚金；情节特别严重的，处十年以上有期徒刑或者无期徒刑，并处罚金或者没收财产。

为他人提供书号，出版淫秽书刊的，处三年以下有期徒刑、拘役或者管制，并处或者单处罚金；明知他人用于出版淫秽书刊而提供书号的，依照前款的规定处罚。

**第三百六十四条** 【传播淫秽物品罪；组织播放淫秽音像制品罪】传播淫秽的书刊、影片、音像、图片或者其他淫秽物品，情节严重的，处二年以下有期徒刑、拘役或者管制。

组织播放淫秽的电影、录像等音像制品的，处三年以下有期徒刑、拘役或者管制，并处罚金；情节严重的，处三年以上十年

以下有期徒刑，并处罚金。

制作、复制淫秽的电影、录像等音像制品组织播放的，依照第二款的规定从重处罚。

向不满十八周岁的未成年人传播淫秽物品的，从重处罚。

**第三百六十五条** 【组织淫秽表演罪】组织进行淫秽表演的，处三年以下有期徒刑、拘役或者管制，并处罚金；情节严重的，处三年以上十年以下有期徒刑，并处罚金。

**第三百六十六条** 【单位犯本节规定之罪的处罚】单位犯本节第三百六十三条、第三百六十四条、第三百六十五条规定之罪的，对单位判处罚金，并对其直接负责的主管人员和其他直接责任人员，依照各该条的规定处罚。

**第三百六十七条** 【淫秽物品的范围】本法所称淫秽物品，是指具体描绘性行为或者露骨宣扬色情的诲淫性的书刊、影片、录像带、录音带、图片及其他淫秽物品。

有关人体生理、医学知识的科学著作不是淫秽物品。

包含有色情内容的有艺术价值的文学、艺术作品不视为淫秽物品。

## 第七章 危害国防利益罪

**第三百六十八条** 【阻碍军人执行职务罪；阻碍军事行动罪】以暴力、威胁方法阻碍军人依法执行职务的，处三年以下有期徒刑、拘役、管制或者罚金。

故意阻碍武装部队军事行动，造成严重后果的，处五年以下有期徒刑或者拘役。

**第三百六十九条** 【破坏武器装备、军事设施、军事通信罪；过失损坏武器装备、军事设施、军事通信罪】破坏武器装备、军事设施、军事通信的，处三年以下有期徒刑、拘役或者管制；破坏重要武器装备、军事设施、军事通信的，处三年以上十年以下有期徒刑；情节特别严重的，处十年以上有期徒刑、无期徒刑或者死刑。

过失犯前款罪，造成严重后果的，处三年以下有期徒刑或者拘役；造成特别严重后果的，处三年以上七年以下有期徒刑。

战时犯前两款罪的，从重处罚。

**第三百七十条** 【故意提供不合格武器装备、军事设施罪；过失提供不合格武器装备、军事设施罪】明知是不合格的武器装备、军事设施而提供给武装部队的，处五年以下有期徒刑或者拘役；情节严重的，处五年以上十年以下有期徒刑；情节特别严重的，处十年以上有期徒刑、无期徒刑或者死刑。

过失犯前款罪，造成严重后果的，处三年以下有期徒刑或者拘役；造成特别严重后果的，处三年以上七年以下有期徒刑。

单位犯第一款罪的，对单位判处罚金，并对其直接负责的主管人员和其他直接责任人员，依照第一款的规定处罚。

**第三百七十一条** 【聚众冲击军事禁区罪；聚众扰乱军事管理区秩序罪】聚众冲击军事禁区，严重扰乱军事禁区秩序的，对首要分子，处五年以上十年以下有期徒刑；对其他积极参加的，处五年以下有期徒刑、拘役、管制或者剥夺政治权利。

聚众扰乱军事管理区秩序，情节严重，致使军事管理区工作无法进行，造成严重损失的，对首要分子，处三年以上七年以下有期徒刑；对其他积极参加的，处三年以下有期徒刑、拘役、管制或者剥夺政治权利。

**第三百七十二条** 【冒充军人招摇撞骗罪】冒充军人招摇撞骗的，处三年以下有期徒刑、拘役、管制或者剥夺政治权利；情节严重的，处三年以上十年以下有期徒刑。

**第三百七十三条** 【煽动军人逃离部队罪；雇用逃离部队军

人罪】煽动军人逃离部队或者明知是逃离部队的军人而雇用，情节严重的，处三年以下有期徒刑、拘役或者管制。

**第三百七十四条** 【接送不合格兵员罪】在征兵工作中徇私舞弊，接送不合格兵员，情节严重的，处三年以下有期徒刑或者拘役；造成特别严重后果的，处三年以上七年以下有期徒刑。

**第三百七十五条** 【伪造、变造、买卖武装部队公文、证件、印章罪；盗窃、抢夺武装部队公文、证件、印章罪；非法生产、买卖武装部队制式服装罪；伪造、盗窃、买卖、非法提供、非法使用武装部队专用标志罪】伪造、变造、买卖或者盗窃、抢夺武装部队公文、证件、印章的，处三年以下有期徒刑、拘役、管制或者剥夺政治权利；情节严重的，处三年以上十年以下有期徒刑。

非法生产、买卖武装部队制式服装，情节严重的，处三年以下有期徒刑、拘役或者管制，并处或者单处罚金。

伪造、盗窃、买卖或者非法提供、使用武装部队车辆号牌等专用标志，情节严重的，处三年以下有期徒刑、拘役或者管制，并处或者单处罚金；情节特别严重的，处三年以上七年以下有期徒刑，并处罚金

单位犯第二款、第三款罪的，对单位判处罚金，并对其直接负责的主管人员和其他直接责任人员，依照各该款的规定处罚。

**第三百七十六条** 【战时拒绝、逃避征召、军事训练罪；战时拒绝、逃避服役罪】预备役人员战时拒绝、逃避征召或者军事训练，情节严重的，处三年以下有期徒刑或者拘役。

公民战时拒绝、逃避服役，情节严重的，处二年以下有期徒刑或者拘役。

**第三百七十七条** 【战时故意提供虚假敌情罪】战时故意向武装部队提供虚假敌情，造成严重后果的，处三年以上十年以下

有期徒刑；造成特别严重后果的，处十年以上有期徒刑或者无期徒刑。

**第三百七十八条** 【战时造谣扰乱军心罪】战时造谣惑众，扰乱军心的，处三年以下有期徒刑、拘役或者管制；情节严重的，处三年以上十年以下有期徒刑。

**第三百七十九条** 【战时窝藏逃离部队军人罪】战时明知是逃离部队的军人而为其提供隐蔽处所、财物，情节严重的，处三年以下有期徒刑或者拘役。

**第三百八十条** 【战时拒绝、故意延误军事订货罪】战时拒绝或者故意延误军事订货，情节严重的，对单位判处罚金，并对其直接负责的主管人员和其他直接责任人员，处五年以下有期徒刑或者拘役；造成严重后果的，处五年以上有期徒刑。

**第三百八十一条** 【战时拒绝军事征用罪】战时拒绝军事征用，情节严重的，处三年以下有期徒刑或者拘役。

## 第八章 贪污贿赂罪

**第三百八十二条** 【贪污罪】国家工作人员利用职务上的便利，侵吞、窃取、骗取或者以其他手段非法占有公共财物的，是贪污罪。

受国家机关、国有公司、企业、事业单位、人民团体委托管理、经营国有财产的人员，利用职务上的便利，侵吞、窃取、骗取或者以其他手段非法占有国有财物的，以贪污论。

与前两款所列人员勾结，伙同贪污的，以共犯论处。

**第三百八十三条** 【对犯贪污罪的处罚规定】对犯贪污罪的，根据情节轻重，分别依照下列规定处罚：

（一）个人贪污数额在十万元以上的，处十年以上有期徒刑或者无期徒刑，可以并处没收财产；情节特别严重的，处死刑，并处没收财产。

（二）个人贪污数额在五万元以上不满十万元的，处五年以上有期徒刑，可以并处没收财产；情节特别严重的，处无期徒刑，并处没收财产。

（三）个人贪污数额在五千元以上不满五万元的，处一年以上七年以下有期徒刑；情节严重的，处七年以上十年以下有期徒刑。个人贪污数额在五千元以上不满一万元，犯罪后有悔改表现、积极退赃的，可以减轻处罚或者免予刑事处罚，由其所在单位或者上级主管机关给予行政处分。

（四）个人贪污数额不满五千元，情节较重的，处二年以下有期徒刑或者拘役；情节较轻的，由其所在单位或者上级主管机关酌情给予行政处分。

对多次贪污未经处理的，按照累计贪污数额处罚。

**第三百八十四条**　【挪用公款罪】国家工作人员利用职务上的便利，挪用公款归个人使用，进行非法活动的，或者挪用公款数额较大、进行营利活动的，或者挪用公款数额较大、超过三个月未还的，是挪用公款罪，处五年以下有期徒刑或者拘役；情节严重的，处五年以上有期徒刑。挪用公款数额巨大不退还的，处十年以上有期徒刑或者无期徒刑。

挪用用于救灾、抢险、防汛、优抚、扶贫、移民、救济款物归个人使用的，从重处罚。

**第三百八十五条**　【受贿罪】国家工作人员利用职务上的便利，索取他人财物的，或者非法收受他人财物，为他人谋取利益的，是受贿罪。

国家工作人员在经济往来中，违反国家规定，收受各种名义的回扣、手续费，归个人所有的，以受贿论处。

**第三百八十六条**　【对犯受贿罪的处罚规定】对犯受贿罪

的，根据受贿所得数额及情节，依照本法第三百八十三条的规定处罚。索贿的从重处罚。

**第三百八十七条** 【单位受贿罪】国家机关、国有公司、企业、事业单位、人民团体，索取、非法收受他人财物，为他人谋取利益，情节严重的，对单位判处罚金，并对其直接负责的主管人员和其他直接责任人员，处五年以下有期徒刑或者拘役。

前款所列单位，在经济往来中，在帐外暗中收受各种名义的回扣、手续费的，以受贿论，依照前款的规定处罚。

**第三百八十八条** 【受贿罪；利用影响力受贿罪】国家工作人员利用本人职权或者地位形成的便利条件，通过其他国家工作人员职务上的行为，为请托人谋取不正当利益，索取请托人财物或者收受请托人财物的，以受贿论处。

国家工作人员的近亲属或者其他与该国家工作人员关系密切的人，通过该国家工作人员职务上的行为，或者利用该国家工作人员职权或者地位形成的便利条件，通过其他国家工作人员职务上的行为，为请托人谋取不正当利益，索取请托人财物或者收受请托人财物，数额较大或者有其他较重情节的，处三年以下有期徒刑或者拘役，并处罚金；数额巨大或者有其他严重情节的，处三年以上七年以下有期徒刑，并处罚金；数额特别巨大或者有其他特别严重情节的，处七年以上有期徒刑，并处罚金或者没收财产。

离职的国家工作人员或者其近亲属以及其他与其关系密切的人，利用该离职的国家工作人员原职权或者地位形成的便利条件实施前款行为的，依照前款的规定定罪处罚。

**第三百八十九条** 【行贿罪】为谋取不正当利益，给予国家工作人员以财物的，是行贿罪。

在经济往来中，违反国家规定，给予国家工作人员以财物，数额较大的，或者违反国家规定，给予国家工作人员以各种名义的回扣、手续费的，以行贿论处。

因被勒索给予国家工作人员以财物，没有获得不正当利益的，不是行贿。

**第三百九十条** 【对犯行贿罪的处罚】对犯行贿罪的，处五年以下有期徒刑或者拘役；因行贿谋取不正当利益，情节严重的，或者使国家利益遭受重大损失的，处五年以上十年以下有期徒刑；情节特别严重的，处十年以上有期徒刑或者无期徒刑，可以并处没收财产。

行贿人在被追诉前主动交待行贿行为的，可以减轻处罚或者免除处罚。

**第三百九十一条** 【对单位行贿罪】为谋取不正当利益，给予国家机关、国有公司、企业、事业单位、人民团体以财物的，或者在经济往来中，违反国家规定，给予各种名义的回扣、手续费的，处三年以下有期徒刑或者拘役。

单位犯前款罪的，对单位判处罚金，并对其直接负责的主管人员和其他直接责任人员，依照前款的规定处罚。

**第三百九十二条** 【介绍贿赂罪】向国家工作人员介绍贿赂，情节严重的，处三年以下有期徒刑或者拘役。

介绍贿赂人在被追诉前主动交待介绍贿赂行为的，可以减轻处罚或者免除处罚。

**第三百九十三条** 【单位行贿罪】单位为谋取不正当利益而行贿，或者违反国家规定，给予国家工作人员以回扣、手续费，情节严重的，对单位判处罚金，并对其直接负责的主管人员和其他直接责任人员，处五年以下有期徒刑或者拘役。因行贿取得的违法所得归个人所有的，依照本法第三百八十九条、第三百九十条的规定定罪处罚。

**第三百九十四条** 【贪污罪】国家工作人员在国内公务活动或者对外交往中接受礼物，依照国家规定应当交公而不交公，数额较大的，依照本法第三百八十二条、第三百八十三条的规定定罪处罚。

**第三百九十五条** 【巨额财产来源不明罪；隐瞒境外存款罪】国家工作人员的财产、支出明显超过合法收入，差额巨大的，可以责令该国家工作人员说明来源，不能说明来源的，差额部分以非法所得论，处五年以下有期徒刑或者拘役；差额特别巨大的，处五年以上十年以下有期徒刑。财产的差额部分予以追缴。

国家工作人员在境外的存款，应当依照国家规定申报。数额较大、隐瞒不报的，处二年以下有期徒刑或者拘役；情节较轻的，由其所在单位或者上级主管机关酌情给予行政处分。

**第三百九十六条** 【私分国有资产罪；私分罚没财物罪】国家机关、国有公司、企业、事业单位、人民团体，违反国家规定，以单位名义将国有资产集体私分给个人，数额较大的，对其直接负责的主管人员和其他直接责任人员，处三年以下有期徒刑或者拘役，并处或者单处罚金；数额巨大的，处三年以上七年以下有期徒刑，并处罚金。

司法机关、行政执法机关违反国家规定，将应当上缴国家的罚没财物，以单位名义集体私分给个人的，依照前款的规定处罚。

## 第九章 渎职罪

**第三百九十七条** 【滥用职权罪；玩忽职守罪】国家机关工作人员滥用职权或者玩忽职守，致使公共财产、国家和人民利益遭受重大损失的，处三年以下有期徒刑或者拘役；情节特别严重的，处三年以上七年以下有期徒刑。本法另有规定的，依照规定。

国家机关工作人员徇私舞弊，犯前款罪的，处五年以下有期徒刑或者拘役；情节特别严重的，处五年以上十年以下有期徒刑。本法另有规定的，依照规定。

**第三百九十八条** 【故意泄露国家秘密罪；过失泄露国家秘密罪】国家机关工作人员违反保守国家秘密法的规定，故意或者过失泄露国家秘密，情节严重的，处三年以下有期徒刑或者拘役；情节特别严重的，处三年以上七年以下有期徒刑。

非国家机关工作人员犯前款罪的，依照前款的规定酌情处罚。

**第三百九十九条** 【徇私枉法罪；民事、行政枉法裁判罪；执行判决、裁定失职罪；执行判决、裁定滥用职权罪；枉法仲裁罪】司法工作人员徇私枉法、徇情枉法，对明知是无罪的人而使他受追诉、对明知是有罪的人而故意包庇不使他受追诉，或者在刑事审判活动中故意违背事实和法律作枉法裁判的，处五年以下有期徒刑或者拘役；情节严重的，处五年以上十年以下有期徒刑；情节特别严重的，处十年以上有期徒刑。

在民事、行政审判活动中故意违背事实和法律作枉法裁判，情节严重的，处五年以下有期徒刑或者拘役；情节特别严重的，处五年以上十年以下有期徒刑。

在执行判决、裁定活动中，严重不负责任或者滥用职权，不依法采取诉讼保全措施、不履行法定执行职责，或者违法采取诉讼保全措施、强制执行措施，致使当事人或者其他人的利益遭受重大损失的，处五年以下有期徒刑或者拘役；致使当事人或者其他人的利益遭受特别重大损失的，处五年以上十年以下有期徒刑。

司法工作人员收受贿赂，有前三款行为的，同时又构成本法第三百八十五条规定之罪的，依照处罚较重的规定定罪处罚。

依法承担仲裁职责的人员，在仲裁活动中故意违背事实和法律作枉法裁决，情节严重的，处三年以下有期徒刑或者拘役；情节特别严重的，处三年以上七年以下有期徒刑。

**第四百条**　【私放在押人员罪；失职致使在押人员脱逃罪】司法工作人员私放在押的犯罪嫌疑人、被告人或者罪犯的，处五年以下有期徒刑或者拘役；情节严重的，处五年以上十年以下有期徒刑；情节特别严重的，处十年以上有期徒刑。

司法工作人员由于严重不负责任，致使在押的犯罪嫌疑人、被告人或者罪犯脱逃，造成严重后果的，处三年以下有期徒刑或者拘役；造成特别严重后果的，处三年以上十年以下有期徒刑。

**第四百零一条**　【徇私舞弊减刑、假释、暂予监外执行罪】司法工作人员徇私舞弊，对不符合减刑、假释、暂予监外执行条件的罪犯，予以减刑、假释或者暂予监外执行的，处三年以下有期徒刑或者拘役；情节严重的，处三年以上七年以下有期徒刑。

**第四百零二条**　【徇私舞弊不移交刑事案件罪】行政执法人员徇私舞弊，对依法应当移交司法机关追究刑事责任的不移交，情节严重的，处三年以下有期徒刑或者拘役；造成严重后果的，处三年以上七年以下有期徒刑。

**第四百零三条**　【滥用管理公司、证券职权罪】国家有关主管部门的国家机关工作人员，徇私舞弊，滥用职权，对不符合法律规定条件的公司设立、登记申请或者股票、债券发行、上市申请，予以批准或者登记，致使公共财产、国家和人民利益遭受重大损失的，处五年以下有期徒刑或者拘役。

上级部门强令登记机关及其工作人员实施前款行为的，对其直接负责的主管人员，依照前款的规定处罚。

**第四百零四条** 【徇私舞弊不征、少征税款罪】税务机关的工作人员徇私舞弊，不征或者少征应征税款，致使国家税收遭受重大损失的，处五年以下有期徒刑或者拘役；造成特别重大损失的，处五年以上有期徒刑。

**第四百零五条** 【徇私舞弊发售发票、抵扣税款、出口退税罪；违法提供出口退税证罪】税务机关的工作人员违反法律、行政法规的规定，在办理发售发票、抵扣税款、出口退税工作中，徇私舞弊，致使国家利益遭受重大损失的，处五年以下有期徒刑或者拘役；致使国家利益遭受特别重大损失的，处五年以上有期徒刑。

其他国家机关工作人员违反国家规定，在提供出口货物报关单、出口收汇核销单等出口退税凭证的工作中，徇私舞弊，致使国家利益遭受重大损失的，依照前款的规定处罚。

**第四百零六条** 【国家机关工作人员签订、履行合同失职被骗罪】国家机关工作人员在签订、履行合同过程中，因严重不负责任被诈骗，致使国家利益遭受重大损失的，处三年以下有期徒刑或者拘役；致使国家利益遭受特别重大损失的，处三年以上七年以下有期徒刑。

**第四百零七条** 【违法发放林木采伐许可证罪】林业主管部门的工作人员违反森林法的规定，超过批准的年采伐限额发放林木采伐许可证或者违反规定滥发林木采伐许可证，情节严重，致使森林遭受严重破坏的，处三年以下有期徒刑或者拘役。

**第四百零八条** 【环境监管失职罪】负有环境保护监督管理职责的国家机关工作人员严重不负责任，导致发生重大环境污染事故，致使公私财产遭受重大损失或者造成人身伤亡的严重后果的，处三年以下有期徒刑或者拘役。

**第四百零八条之一** 负有食品安全监督管理职责的国家机关

工作人员，滥用职权或者玩忽职守，导致发生重大食品安全事故或者造成其他严重后果的，处五年以下有期徒刑或者拘役；造成特别严重后果的，处五年以上十年以下有期徒刑。

徇私舞弊犯前款罪的，从重处罚。

**第四百零九条** 【传染病防治失职罪】从事传染病防治的政府卫生行政部门的工作人员严重不负责任，导致传染病传播或者流行，情节严重的，处三年以下有期徒刑或者拘役。

**第四百一十条** 【非法批准征用、占用土地罪；非法低价出让国有土地使用权罪】国家机关工作人员徇私舞弊，违反土地管理法规，滥用职权，非法批准征用、占用土地，或者非法低价出让国有土地使用权，情节严重的，处三年以下有期徒刑或者拘役；致使国家或者集体利益遭受特别重大损失的，处三年以上七年以下有期徒刑。

**第四百一十一条** 【放纵走私罪】海关工作人员徇私舞弊，放纵走私，情节严重的，处五年以下有期徒刑或者拘役；情节特别严重的，处五年以上有期徒刑。

**第四百一十二条** 【商检徇私舞弊罪；商检失职罪】国家商检部门、商检机构的工作人员徇私舞弊，伪造检验结果的，处五年以下有期徒刑或者拘役；造成严重后果的，处五年以上十年以下有期徒刑。

前款所列人员严重不负责任，对应当检验的物品不检验，或者延误检验出证、错误出证，致使国家利益遭受重大损失的，处三年以下有期徒刑或者拘役。

**第四百一十三条** 【动植物检疫徇私舞弊罪；动植物检疫失职罪】动植物检疫机关的检疫人员徇私舞弊，伪造检疫结果的，处五年以下有期徒刑或者拘役；造成严重后果的，处五年以上十年以下有期徒刑。

前款所列人员严重不负责任，对应当检疫的检疫物不检疫，或者延误检疫出证、错误出证，致使国家利益遭受重大损失的，处三年以下有期徒刑或者拘役。

**第四百一十四条**　【放纵制售伪劣商品犯罪行为罪】对生产、销售伪劣商品犯罪行为负有追究责任的国家机关工作人员，徇私舞弊，不履行法律规定的追究职责，情节严重的，处五年以下有期徒刑或者拘役。

**第四百一十五条**　【办理偷越国（边）境人员出入境证件罪；放行偷越国（边）境人员罪】负责办理护照、签证以及其他出入境证件的国家机关工作人员，对明知是企图偷越国（边）境的人员，予以办理出入境证件的，或者边防、海关等国家机关工作人员，对明知是偷越国（边）境的人员，予以放行的，处三年以下有期徒刑或者拘役；情节严重的，处三年以上七年以下有期徒刑。

**第四百一十六条**　【不解救被拐卖、绑架妇女、儿童罪；阻碍解救被拐卖、绑架妇女儿童罪】对被拐卖、绑架的妇女、儿童负有解救职责的国家机关工作人员，接到被拐卖、绑架的妇女、儿童及其家属的解救要求或者接到其他人的举报，而对被拐卖、绑架的妇女、儿童不进行解救，造成严重后果的，处五年以下有期徒刑或者拘役。

负有解救职责的国家机关工作人员利用职务阻碍解救的，处二年以上七年以下有期徒刑；情节较轻的，处二年以下有期徒刑或者拘役。

**第四百一十七条**　【帮助犯罪分子逃避处罚罪】有查禁犯罪活动职责的国家机关工作人员，向犯罪分子通风报信、提供便利，帮助犯罪分子逃避处罚的，处三年以下有期徒刑或者拘役；情节严重的，处三年以上十年以下有期徒刑。

**第四百一十八条** 【招收公务员、学生徇私舞弊罪】国家机关工作人员在招收公务员、学生工作中徇私舞弊，情节严重的，处三年以下有期徒刑或者拘役。

**第四百一十九条** 【失职造成珍贵文物损毁、流失罪】国家机关工作人员严重不负责任，造成珍贵文物损毁或者流失，后果严重的，处三年以下有期徒刑或者拘役。

## 第十章 军人违反职责罪

**第四百二十条** 【军人违反职责罪的概念】军人违反职责，危害国家军事利益，依照法律应当受刑罚处罚的行为，是军人违反职责罪。

**第四百二十一条** 【战时违抗命令罪】战时违抗命令，对作战造成危害的，处三年以上十年以下有期徒刑；致使战斗、战役遭受重大损失的，处十年以上有期徒刑、无期徒刑或者死刑。

**第四百二十二条** 【隐瞒、谎报军情罪；拒传、假传军令罪】故意隐瞒、谎报军情或者拒传、假传军令，对作战造成危害的，处三年以上十年以下有期徒刑；致使战斗、战役遭受重大损失的，处十年以上有期徒刑、无期徒刑或者死刑。

**第四百二十三条** 【投降罪】在战场上贪生怕死，自动放下武器投降敌人的，处三年以上十年以下有期徒刑；情节严重的，处十年以上有期徒刑或者无期徒刑。

投降后为敌人效劳的，处十年以上有期徒刑、无期徒刑或者死刑。

**第四百二十四条** 【战时临阵脱逃罪】战时临阵脱逃的，处三年以下有期徒刑；情节严重的，处三年以上十年以下有期徒刑；致使战斗、战役遭受重大损失的，处十年以上有期徒刑、无期徒刑或者死刑。

**第四百二十五条** 【擅离、玩忽军事职守罪】指挥人员和值班、值勤人员擅离职守或者玩忽职守，造成严重后果的，处三年以下有期徒刑或者拘役；造成特别严重后果的，处三年以上七年以下有期徒刑。

战时犯前款罪的，处五年以上有期徒刑。

**第四百二十六条** 【阻碍执行军事职务罪】以暴力、威胁方法，阻碍指挥人员或者值班、值勤人员执行职务的，处五年以下有期徒刑或者拘役；情节严重的，处五年以上有期徒刑；致人重伤、死亡的，或者有其他特别严重情节的，处无期徒刑或者死刑。战时从重处罚。

**第四百二十七条** 【指使部属违反职责罪】滥用职权，指使部属进行违反职责的活动，造成严重后果的，处五年以下有期徒刑或者拘役；情节特别严重的，处五年以上十年以下有期徒刑。

**第四百二十八条** 【违令作战消极罪】指挥人员违抗命令，临阵畏缩，作战消极，造成严重后果的，处五年以下有期徒刑；致使战斗、战役遭受重大损失或者有其他特别严重情节的，处五年以上有期徒刑。

**第四百二十九条** 【拒不救援友邻部队罪】在战场上明知友邻部队处境危急请求救援，能救援而不救援，致使友邻部队遭受重大损失的，对指挥人员，处五年以下有期徒刑。

**第四百三十条** 【军人叛逃罪】在履行公务期间，擅离岗位，叛逃境外或者在境外叛逃，危害国家军事利益的，处五年以下有期徒刑或者拘役；情节严重的，处五年以上有期徒刑。

驾驶航空器、舰船叛逃的，或者有其他特别严重情节的，处十年以上有期徒刑、无期徒刑或者死刑。

**第四百三十一条** 【非法获取军事秘密罪；为境外窃取、刺探、收买、非法提供军事秘密罪】以窃取、刺探、收买方法，非法获取军事秘密的，处五年以下有期徒刑；情节严重的，处五年以上十年以下有期徒刑；情节特别严重的，处十年以上有期徒刑。

为境外的机构、组织、人员窃取、刺探、收买、非法提供军事秘密的，处十年以上有期徒刑、无期徒刑或者死刑。

**第四百三十二条** 【故意泄露军事秘密罪；过失泄露军事秘密罪】违反保守国家秘密法规，故意或者过失泄露军事秘密，情节严重的，处五年以下有期徒刑或者拘役；情节特别严重的，处五年以上十年以下有期徒刑。

战时犯前款罪的，处五年以上十年以下有期徒刑；情节特别严重的，处十年以上有期徒刑或者无期徒刑。

**第四百三十三条** 【战时造谣惑众罪】战时造谣惑众，动摇军心的，处三年以下有期徒刑；情节严重的，处三年以上十年以下有期徒刑。

勾结敌人造谣惑众，动摇军心的，处十年以上有期徒刑或者无期徒刑；情节特别严重的，可以判处死刑。

**第四百三十四条** 【战时自伤罪】战时自伤身体，逃避军事义务的，处三年以下有期徒刑；情节严重的，处三年以上七年以下有期徒刑。

**第四百三十五条** 【逃离部队罪】违反兵役法规，逃离部队，情节严重的，处三年以下有期徒刑或者拘役。

战时犯前款罪的，处三年以上七年以下有期徒刑。

**第四百三十六条** 【武器装备肇事罪】违反武器装备使用规定，情节严重，因而发生责任事故，致人重伤、死亡或者造成其他严重后果的，处三年以下有期徒刑或者拘役；后果特别严重的，处三年以上七年以下有期徒刑。

**第四百三十七条** 【擅自改变武器装备编配用途罪】违反武

器装备管理规定，擅自改变武器装备的编配用途，造成严重后果的，处三年以下有期徒刑或者拘役；造成特别严重后果的，处三年以上七年以下有期徒刑。

**第四百三十八条** 【盗窃、抢夺武器装备、军用物资罪；盗窃、抢夺枪支、弹药、爆炸物罪】盗窃、抢夺武器装备或者军用物资的，处五年以下有期徒刑或者拘役；情节严重的，处五年以上十年以下有期徒刑；情节特别严重的，处十年以上有期徒刑、无期徒刑或者死刑。

盗窃、抢夺枪支、弹药、爆炸物的，依照本法第一百二十七条的规定处罚。

**第四百三十九条** 【非法出卖、转让武器装备罪】非法出卖、转让军队武器装备的，处三年以上十年以下有期徒刑；出卖、转让大量武器装备或者有其他特别严重情节的，处十年以上有期徒刑、无期徒刑或者死刑。

**第四百四十条** 【遗弃武器装备罪】违抗命令，遗弃武器装备的，处五年以下有期徒刑或者拘役；遗弃重要或者大量武器装备的，或者有其他严重情节的，处五年以上有期徒刑。

**第四百四十一条** 【遗失武器装备罪】遗失武器装备，不及时报告或者有其他严重情节的，处三年以下有期徒刑或者拘役。

**第四百四十二条** 【擅自出卖、转让军队房地产罪】违反规定，擅自出卖、转让军队房地产，情节严重的，对直接责任人员，处三年以下有期徒刑或者拘役；情节特别严重的，处三年以上十年以下有期徒刑。

**第四百四十三条** 【虐待部属罪】滥用职权，虐待部属，情节恶劣，致人重伤或者造成其他严重后果的，处五年以下有期徒刑或者拘役；致人死亡的，处五年以上有期徒刑。

**第四百四十四条** 【遗弃伤病军人罪】在战场上故意遗弃伤

病军人，情节恶劣的，对直接责任人员，处五年以下有期徒刑。

**第四百四十五条** 【战时拒不救治伤病军人罪】战时在救护治疗职位上，有条件救治而拒不救治危重伤病军人的，处五年以下有期徒刑或者拘役；造成伤病军人重残、死亡或者有其他严重情节的，处五年以上十年以下有期徒刑。

**第四百四十六条** 【战时残害居民、掠夺居民财物罪】战时在军事行动地区，残害无辜居民或者掠夺无辜居民财物的，处五年以下有期徒刑；情节严重的，处五年以上十年以下有期徒刑；情节特别严重的，处十年以上有期徒刑、无期徒刑或者死刑。

**第四百四十七条** 【私放俘虏罪】私放俘虏的，处五年以下有期徒刑；私放重要俘虏、私放俘虏多人或者有其他严重情节的，处五年以上有期徒刑。

**第四百四十八条** 【虐待俘虏罪】虐待俘虏，情节恶劣的，处三年以下有期徒刑。

**第四百四十九条** 【战时缓刑】在战时，对被判处三年以下有期徒刑没有现实危险宣告缓刑的犯罪军人，允许其戴罪立功，确有立功表现时，可以撤销原判刑罚，不以犯罪论处。

**第四百五十条** 【本章适用的主体范围】本章适用于中国人民解放军的现役军官、文职干部、士兵及具有军籍的学员和中国人民武装警察部队的现役警官、文职干部、士兵及具有军籍的学员以及执行军事任务的预备役人员和其他人员。

**第四百五十一条** 【战时的概念】本章所称战时，是指国家宣布进入战争状态、部队受领作战任务或者遭敌突然袭击时。

部队执行戒严任务或者处置突发性暴力事件时，以战时论。

## 附　则

**第四百五十二条** 【生效日期】本法自 1997 年 10 月 1 日起

施行。

列于本法附件一的全国人民代表大会常务委员会制定的条例、补充规定和决定，已纳入本法或者已不适用，自本法施行之日起，予以废止。

列于本法附件二的全国人民代表大会常务委员会制定的补充规定和决定予以保留，其中，有关行政处罚和行政措施的规定继续有效；有关刑事责任的规定已纳入本法，自本法施行之日起，适用本法规定。

**附件一**

全国人民代表大会常务委员会制定的下列条例、补充规定和决定，已纳入本法或者已不适用，自本法施行之日起，予以废止：

1. 中华人民共和国惩治军人违反职责罪暂行条例
2. 关于严惩严重破坏经济的罪犯的决定
3. 关于严惩严重危害社会治安的犯罪分子的决定
4. 关于惩治走私罪的补充规定
5. 关于惩治贪污罪贿赂罪的补充规定
6. 关于惩治泄露国家秘密犯罪的补充规定
7. 关于惩治捕杀国家重点保护的珍贵、濒危野生动物犯罪的补充规定
8. 关于惩治侮辱中华人民共和国国旗国徽罪的决定
9. 关于惩治盗掘古文化遗址古墓葬犯罪的补充规定
10. 关于惩治劫持航空器犯罪分子的决定
11. 关于惩治假冒注册商标犯罪的补充规定
12. 关于惩治生产、销售伪劣商品犯罪的决定
13. 关于惩治侵犯著作权的犯罪的决定

14. 关于惩治违反公司法的犯罪的决定

15. 关于处理逃跑或者重新犯罪的劳改犯和劳教人员的决定

**附件二**

全国人民代表大会常务委员会制定的下列补充规定和决定予以保留，其中，有关行政处罚和行政措施的规定继续有效；有关刑事责任的规定已纳入本法，自本法施行之日起，适用本法规定：

1. 关于禁毒的决定

2. 关于惩治走私、制作、贩卖、传播淫秽物品的犯罪分子的决定

3. 关于严惩拐卖、绑架妇女、儿童的犯罪分子的决定

4. 关于严禁卖淫嫖娼的决定

5. 关于惩治偷税、抗税犯罪的补充规定

6. 关于严惩组织、运送他人偷越国（边）境犯罪的补充规定

7. 关于惩治破坏金融秩序犯罪的决定

8. 关于惩治虚开、伪造和非法出售增值税专用发票犯罪的决定

# 第二部分 《中华人民共和国刑事诉讼法》修改前后对照表

《中华人民共和国刑事诉讼法》于1979年7月1日第五届全国人民代表大会第二次会议通过；根据1996年3月17日第八届全国人民代表大会第四次会议《关于修改〈中华人民共和国刑事诉讼法〉的决定》第一次修正；根据2012年3月14日第十一届全国人民代表大会第五次会议《关于修改〈中华人民共和国刑事诉讼法〉的决定》第二次修正。修改决定自2013年1月1日起施行。

**《中华人民共和国刑事诉讼法》修改前后对照表**

| 修改前 | 修改后 |
|---|---|
| **第一编　总则** | **第一编　总则** |
| **第一章　任务和基本原则** | **第一章　任务和基本原则** |
| **第一条**　为了保证刑法的正确实施，惩罚犯罪，保护人民，保障国家安全和社会公共安全，维护社会主义社会秩序，根据宪法，制定本法。 | **第一条**　为了保证刑法的正确实施，惩罚犯罪，保护人民，保障国家安全和社会公共安全，维护社会主义社会秩序，根据宪法，制定本法。 |
| **第二条**　中华人民共和国刑事诉讼法的任务，是保证准确、及时地查明犯罪事实，正确应用法律，惩罚犯罪分子，保障无罪的人不受刑事追究，教育公民自觉遵守法律，积极同犯罪行为作斗争，以维护社会主义法制，保护公民的人身权利、财产权利、民主权利和其他权利，保障社会主义建设事业的顺利进行。 | **第二条**　中华人民共和国刑事诉讼法的任务，是保证准确、及时地查明犯罪事实，正确应用法律，惩罚犯罪分子，保障无罪的人不受刑事追究，教育公民自觉遵守法律，积极同犯罪行为作斗争，维护社会主义法制，**尊重和保障人权**，保护公民的人身权利、财产权利、民主权利和其他权利，保障社会主义建设事业的顺利进行。 |

续表

| 修改前 | 修改后 |
| --- | --- |
| **第三条** 对刑事案件的侦查、拘留、执行逮捕、预审，由公安机关负责。检察、批准逮捕、检察机关直接受理的案件的侦查、提起公诉，由人民检察院负责。审判由人民法院负责。除法律特别规定的以外，其他任何机关、团体和个人都无权行使这些权力。<br>人民法院、人民检察院和公安机关进行刑事诉讼，必须严格遵守本法和其他法律的有关规定。 | **第三条** 对刑事案件的侦查、拘留、执行逮捕、预审，由公安机关负责。检察、批准逮捕、检察机关直接受理的案件的侦查、提起公诉，由人民检察院负责。审判由人民法院负责。除法律特别规定的以外，其他任何机关、团体和个人都无权行使这些权力。<br>人民法院、人民检察院和公安机关进行刑事诉讼，必须严格遵守本法和其他法律的有关规定。 |
| **第四条** 国家安全机关依照法律规定，办理危害国家安全的刑事案件，行使与公安机关相同的职权。 | **第四条** 国家安全机关依照法律规定，办理危害国家安全的刑事案件，行使与公安机关相同的职权。 |
| **第五条** 人民法院依照法律规定独立行使审判权，人民检察院依照法律规定独立行使检察权，不受行政机关、社会团体和个人的干涉。 | **第五条** 人民法院依照法律规定独立行使审判权，人民检察院依照法律规定独立行使检察权，不受行政机关、社会团体和个人的干涉。 |
| **第六条** 人民法院、人民检察院和公安机关进行刑事诉讼，必须依靠群众，必须以事实为根据，以法律为准绳。对于一切公民，在适用法律上一律平等，在法律面前，不允许有任何特权。 | **第六条** 人民法院、人民检察院和公安机关进行刑事诉讼，必须依靠群众，必须以事实为根据，以法律为准绳。对于一切公民，在适用法律上一律平等，在法律面前，不允许有任何特权。 |
| **第七条** 人民法院、人民检察院和公安机关进行刑事诉讼，应当分工负责，互相配合，互相制约，以保证准确有效地执行法律。 | **第七条** 人民法院、人民检察院和公安机关进行刑事诉讼，应当分工负责，互相配合，互相制约，以保证准确有效地执行法律。 |

续表

| 修改前 | 修改后 |
| --- | --- |
| **第八条** 人民检察院依法对刑事诉讼实行法律监督。 | **第八条** 人民检察院依法对刑事诉讼实行法律监督。 |
| **第九条** 各民族公民都有用本民族语言文字进行诉讼的权利。人民法院、人民检察院和公安机关对于不通晓当地通用的语言文字的诉讼参与人，应当为他们翻译。<br>在少数民族聚居或者多民族杂居的地区，应当用当地通用的语言进行审讯，用当地通用的文字发布判决书、布告和其他文件。 | **第九条** 各民族公民都有用本民族语言文字进行诉讼的权利。人民法院、人民检察院和公安机关对于不通晓当地通用的语言文字的诉讼参与人，应当为他们翻译。<br>在少数民族聚居或者多民族杂居的地区，应当用当地通用的语言进行审讯，用当地通用的文字发布判决书、布告和其他文件。 |
| **第十条** 人民法院审判案件，实行两审终审制。 | **第十条** 人民法院审判案件，实行两审终审制。 |
| **第十一条** 人民法院审判案件，除本法另有规定的以外，一律公开进行。被告人有权获得辩护，人民法院有义务保证被告人获得辩护。 | **第十一条** 人民法院审判案件，除本法另有规定的以外，一律公开进行。被告人有权获得辩护，人民法院有义务保证被告人获得辩护。 |
| **第十二条** 未经人民法院依法判决，对任何人都不得确定有罪。 | **第十二条** 未经人民法院依法判决，对任何人都不得确定有罪。 |
| **第十三条** 人民法院审判案件，依照本法实行人民陪审员陪审的制度。 | **第十三条** 人民法院审判案件，依照本法实行人民陪审员陪审的制度。 |
| **第十四条** 人民法院、人民检察院和公安机关应当保障诉讼参与人依法享有的诉讼权利。<br>对于不满十八岁的未成年人犯罪的案件，在讯问和审判时，可以通知犯罪嫌疑人、被告人的法定代理人到场。<br>诉讼参与人对于审判人员、检察人员和侦查人员侵犯公民诉讼权利和人身侮辱的行为，有权提出控告。<br>（删去第二款，相关内容移至新法第二百七十条） | **第十四条** 人民法院、人民检察院和公安机关应当保障**犯罪嫌疑人、被告人和其他**诉讼参与人依法享有的**辩护权和其他**诉讼权利。<br>诉讼参与人对于审判人员、检察人员和侦查人员侵犯公民诉讼权利和人身侮辱的行为，有权提出控告。 |

续表

| 修改前 | 修改后 |
|---|---|
| **第十五条** 有下列情形之一的，不追究刑事责任，已经追究的，应当撤销案件，或者不起诉，或者终止审理，或者宣告无罪：<br>（一）情节显著轻微、危害不大，不认为是犯罪的；<br>（二）犯罪已过追诉时效期限的；<br>（三）经特赦令免除刑罚的；<br>（四）依照刑法告诉才处理的犯罪，没有告诉或者撤回告诉的；<br>（五）犯罪嫌疑人、被告人死亡的；<br>（六）其他法律规定免予追究刑事责任的。 | **第十五条** 有下列情形之一的，不追究刑事责任，已经追究的，应当撤销案件，或者不起诉，或者终止审理，或者宣告无罪：<br>（一）情节显著轻微、危害不大，不认为是犯罪的；<br>（二）犯罪已过追诉时效期限的；<br>（三）经特赦令免除刑罚的；<br>（四）依照刑法告诉才处理的犯罪，没有告诉或者撤回告诉的；<br>（五）犯罪嫌疑人、被告人死亡的；<br>（六）其他法律规定免予追究刑事责任的。 |
| **第十六条** 对于外国人犯罪应当追究刑事责任的，适用本法的规定。<br>对于享有外交特权和豁免权的外国人犯罪应当追究刑事责任的，通过外交途径解决。 | **第十六条** 对于外国人犯罪应当追究刑事责任的，适用本法的规定。<br>对于享有外交特权和豁免权的外国人犯罪应当追究刑事责任的，通过外交途径解决。 |
| **第十七条** 根据中华人民共和国缔结或者参加的国际条约，或者按照互惠原则，我国司法机关和外国司法机关可以相互请求刑事司法协助。 | **第十七条** 根据中华人民共和国缔结或者参加的国际条约，或者按照互惠原则，我国司法机关和外国司法机关可以相互请求刑事司法协助。 |
| **第二章 管辖** | **第二章 管辖** |
| **第十八条** 刑事案件的侦查由公安机关进行，法律另有规定的除外。<br>贪污贿赂犯罪，国家工作人员的渎职犯罪，国家机关工作人员利用职权实施的非法拘禁、刑讯逼供、报复陷害、非法搜查的侵犯公民人身权利的犯罪以及侵犯公民民主权利的犯罪，由人民检察院立案侦查。对于国家机关工作人员利用职权实施的其他重大的犯罪案件，需要由人民检察院直接受理的时候，经省级以上人民检察院决定，可以由人民检察院立案侦查。<br>自诉案件，由人民法院直接受理。 | **第十八条** 刑事案件的侦查由公安机关进行，法律另有规定的除外。<br>贪污贿赂犯罪，国家工作人员的渎职犯罪，国家机关工作人员利用职权实施的非法拘禁、刑讯逼供、报复陷害、非法搜查的侵犯公民人身权利的犯罪以及侵犯公民民主权利的犯罪，由人民检察院立案侦查。对于国家机关工作人员利用职权实施的其他重大的犯罪案件，需要由人民检察院直接受理的时候，经省级以上人民检察院决定，可以由人民检察院立案侦查。<br>自诉案件，由人民法院直接受理。 |

续表

| 修改前 | 修改后 |
| --- | --- |
| **第十九条** 基层人民法院管辖第一审普通刑事案件，但是依照本法由上级人民法院管辖的除外。 | **第十九条** 基层人民法院管辖第一审普通刑事案件，但是依照本法由上级人民法院管辖的除外。 |
| **第二十条** 中级人民法院管辖下列第一审刑事案件：<br>（一）反革命案件、危害国家安全案件；<br>（二）可能判处无期徒刑、死刑的普通刑事案件；<br>（三）外国人犯罪的刑事案件。 | **第二十条** 中级人民法院管辖下列第一审刑事案件：<br>（一）危害国家安全、**恐怖活动**案件；<br>（二）可能判处无期徒刑、死刑的案件。 |
| **第二十一条** 高级人民法院管辖的第一审刑事案件，是全省（自治区、直辖市）性的重大刑事案件。 | **第二十一条** 高级人民法院管辖的第一审刑事案件，是全省（自治区、直辖市）性的重大刑事案件。 |
| **第二十二条** 最高人民法院管辖的第一审刑事案件，是全国性的重大刑事案件。 | **第二十二条** 最高人民法院管辖的第一审刑事案件，是全国性的重大刑事案件。 |
| **第二十三条** 上级人民法院在必要的时候，可以审判下级人民法院管辖的第一审刑事案件；下级人民法院认为案情重大、复杂需要由上级人民法院审判的第一审刑事案件，可以请求移送上一级人民法院审判。 | **第二十三条** 上级人民法院在必要的时候，可以审判下级人民法院管辖的第一审刑事案件；下级人民法院认为案情重大、复杂需要由上级人民法院审判的第一审刑事案件，可以请求移送上一级人民法院审判。 |
| **第二十四条** 刑事案件由犯罪地的人民法院管辖。如果由被告人居住地的人民法院审判更为适宜的，可以由被告人居住地的人民法院管辖。 | **第二十四条** 刑事案件由犯罪地的人民法院管辖。如果由被告人居住地的人民法院审判更为适宜的，可以由被告人居住地的人民法院管辖。 |

续表

| 修改前 | 修改后 |
| --- | --- |
| **第二十五条** 几个同级人民法院都有权管辖的案件，由最初受理的人民法院审判。在必要的时候，可以移送主要犯罪地的人民法院审判。 | **第二十五条** 几个同级人民法院都有权管辖的案件，由最初受理的人民法院审判。在必要的时候，可以移送主要犯罪地的人民法院审判。 |
| **第二十六条** 上级人民法院可以指定下级人民法院审判管辖不明的案件，也可以指定下级人民法院将案件移送其他人民法院审判。 | **第二十六条** 上级人民法院可以指定下级人民法院审判管辖不明的案件，也可以指定下级人民法院将案件移送其他人民法院审判。 |
| **第二十七条** 专门人民法院案件的管辖另行规定。 | **第二十七条** 专门人民法院案件的管辖另行规定。 |
| **第三章 回避** | **第三章 回避** |
| **第二十八条** 审判人员、检察人员、侦查人员有下列情形之一的，应当自行回避，当事人及其法定代理人也有权要求他们回避：<br>（一）是本案的当事人或者是当事人的近亲属的；<br>（二）本人或者他的近亲属和本案有利害关系的；<br>（三）担任过本案的证人、鉴定人、辩护人、诉讼代理人的；<br>（四）与本案当事人有其他关系，可能影响公正处理案件的。 | **第二十八条** 审判人员、检察人员、侦查人员有下列情形之一的，应当自行回避，当事人及其法定代理人也有权要求他们回避：<br>（一）是本案的当事人或者是当事人的近亲属的；<br>（二）本人或者他的近亲属和本案有利害关系的；<br>（三）担任过本案的证人、鉴定人、辩护人、诉讼代理人的；<br>（四）与本案当事人有其他关系，可能影响公正处理案件的。 |

续表

| 修改前 | 修改后 |
| --- | --- |
| **第二十九条** 审判人员、检察人员、侦查人员不得接受当事人及其委托的人的请客送礼，不得违反规定会见当事人及其委托的人。<br>审判人员、检察人员、侦查人员违反前款规定的，应当依法追究法律责任。当事人及其法定代理人有权要求他们回避。 | **第二十九条** 审判人员、检察人员、侦查人员不得接受当事人及其委托的人的请客送礼，不得违反规定会见当事人及其委托的人。<br>审判人员、检察人员、侦查人员违反前款规定的，应当依法追究法律责任。当事人及其法定代理人有权要求他们回避。 |
| **第三十条** 审判人员、检察人员、侦查人员的回避，应当分别由院长、检察长、公安机关负责人决定；院长的回避，由本院审判委员会决定；检察长和公安机关负责人的回避，由同级人民检察院检察委员会决定。<br>对侦查人员的回避作出决定前，侦查人员不能停止对案件的侦查。<br>对驳回申请回避的决定，当事人及其法定代理人可以申请复议一次。 | **第三十条** 审判人员、检察人员、侦查人员的回避，应当分别由院长、检察长、公安机关负责人决定；院长的回避，由本院审判委员会决定；检察长和公安机关负责人的回避，由同级人民检察院检察委员会决定。<br>对侦查人员的回避作出决定前，侦查人员不能停止对案件的侦查。<br>对驳回申请回避的决定，当事人及其法定代理人可以申请复议一次。 |
| **第三十一条** 本法第二十八条、第二十九条、第三十条的规定也适用于书记员、翻译人员和鉴定人。 | **第三十一条** 本章关于回避的规定适用于书记员、翻译人员和鉴定人。<br>**辩护人、诉讼代理人可以依照本章的规定要求回避、申请复议。** |
| **第四章　辩护与代理** | **第四章　辩护与代理** |
| **第三十二条** 犯罪嫌疑人、被告人除自己行使辩护权以外，还可以委托一至二人作为辩护人。下列的人可以被委托为辩护人：<br>（一）律师；<br>（二）人民团体或者犯罪嫌疑人、被告人所在单位推荐的人；<br>（三）犯罪嫌疑人、被告人的监护人、亲友。<br>正在被执行刑罚或者依法被剥夺、限制人身自由的人，不得担任辩护人。 | **第三十二条** 犯罪嫌疑人、被告人除自己行使辩护权以外，还可以委托一至二人作为辩护人。下列的人可以被委托为辩护人：<br>（一）律师；<br>（二）人民团体或者犯罪嫌疑人、被告人所在单位推荐的人；<br>（三）犯罪嫌疑人、被告人的监护人、亲友。<br>正在被执行刑罚或者依法被剥夺、限制人身自由的人，不得担任辩护人。 |

续表

| 修改前 | 修改后 |
| --- | --- |
| **第三十三条** 公诉案件自案件移送审查起诉之日起，犯罪嫌疑人有权委托辩护人。自诉案件的被告人有权随时委托辩护人。<br>人民检察院自收到移送审查起诉的案件材料之日起三日以内，应当告知犯罪嫌疑人有权委托辩护人。人民法院自受理自诉案件之日起三日以内，应当告知被告人有权委托辩护人。 | **第三十三条** **犯罪嫌疑人自被侦查机关第一次讯问或者采取强制措施之日起，有权委托辩护人；在侦查期间，只能委托律师作为辩护人。被告人有权随时委托辩护人。**<br>**侦查机关在第一次讯问犯罪嫌疑人或者对犯罪嫌疑人采取强制措施的时候，应当告知犯罪嫌疑人有权委托辩护人。**人民检察院自收到移送审查起诉的案件材料之日起三日以内，应当告知犯罪嫌疑人有权委托辩护人。人民法院自受理自诉案件之日起三日以内，应当告知被告人有权委托辩护人。**犯罪嫌疑人、被告人在押期间要求委托辩护人的，人民法院、人民检察院和公安机关应当及时转达要求。**<br>**犯罪嫌疑人、被告人在押的，也可以由其监护人、近亲属代为委托辩护人。**<br>**辩护人接受犯罪嫌疑人、被告人委托后，应当及时告知办理案件的机关。** |
| **第三十四条** 公诉人出庭公诉的案件，被告人因经济困难或者其他原因没有委托辩护人的，人民法院可以指定承担法律援助义务的律师为其提供辩护。<br>被告人是盲、聋、哑或者未成年人而没有委托辩护人的，人民法院应当指定承担法律援助义务的律师为其提供辩护。 | **第三十四条** **犯罪嫌疑人**、被告人因经济困难或者其他原因没有委托辩护人的，**本人及其近亲属可以向法律援助机构提出申请。对于符合法律援助条件的，**法律援助机构**应当指派**律师为其提供辩护。<br>**犯罪嫌疑人**、被告人是盲、聋、哑人，或者是**尚未完全丧失辨认或者控制自己行为能力的精神病人**，没有委托辩护人的，人民法院、**人民检察院** |

续表

| 修改前 | 修改后 |
| --- | --- |
| | **和公安机关**应当**通知**法律援助**机构指派**律师为其提供辩护。 |
| 被告人可能被判处死刑而没有委托辩护人的，人民法院应当指定承担法律援助义务的律师为其提供辩护。 | **犯罪嫌疑人**、被告人可能被判处**无期徒刑**、死刑，没有委托辩护人的，人民法院、**人民检察院和公安机关**应当**通知**法律援助**机构指派**律师为其提供辩护。 |
| **第三十五条** 辩护人的责任是根据事实和法律，提出证明犯罪嫌疑人、被告人无罪、罪轻或者减轻、免除其刑事责任的材料和意见，维护犯罪嫌疑人、被告人的合法权益。 | **第三十五条** 辩护人的责任是根据事实和法律，提出犯罪嫌疑人、被告人无罪、罪轻或者减轻、免除其刑事责任的材料和意见，维护犯罪嫌疑人、被告人的**诉讼权利和其他**合法权益。 |
| | **第三十六条 辩护律师在侦查期间可以为犯罪嫌疑人提供法律帮助；代理申诉、控告；申请变更强制措施；向侦查机关了解犯罪嫌疑人涉嫌的罪名和案件有关情况，提出意见。** |
| **第三十六条** 辩护律师自人民检察院对案件审查起诉之日起，可以查阅、摘抄、复制本案的诉讼文书、技术性鉴定材料，可以同在押的犯罪嫌疑人会见和通信。其他辩护人经人民检察院许可，也可以查阅、摘抄、复制上述材料，同在押的犯罪嫌疑人会见和通信。<br>辩护律师自人民法院受理案件之日起，可以查阅、摘抄、复制本案所指控的犯罪事实的材料，可以同在押的被告人会见和通信。其他辩护人经人民法院许可，也可以查阅、摘抄、复 | **第三十七条** 辩护律师可以同在押的犯罪嫌疑人、被告人会见和通信。其他辩护人经人民法院、人民检察院许可，也可以同在押的犯罪嫌疑人、被告人会见和通信。<br>**辩护律师持律师执业证书、律师事务所证明和委托书或者法律援助公函要求会见在押的犯罪嫌疑人、被告人的，看守所应当及时安排会见，至迟不得超过四十八小时。**<br>**危害国家安全犯罪案件、恐怖活动犯罪案件、特别重大贿赂犯罪案件，在侦查期间辩护律师会见在押的犯罪嫌** |

续表

| 修改前 | 修改后 |
| --- | --- |
| 制上述材料，同在押的被告人会见和通信。 | **疑人，应当经侦查机关许可。上述案件，侦查机关应当事先通知看守所。辩护律师会见在押的犯罪嫌疑人、被告人，可以了解案件有关情况，提供法律咨询等；自案件移送审查起诉之日起，可以向犯罪嫌疑人、被告人核实有关证据。辩护律师会见犯罪嫌疑人、被告人时不被监听。**<br>**辩护律师同被监视居住的犯罪嫌疑人、被告人会见、通信，适用第一款、第三款、第四款的规定。** |
| | **第三十八条** 辩护律师自人民检察院对案件审查起诉之日起，可以查阅、摘抄、复制本案的**案卷**材料。其他辩护人经人民法院、**人民检察院**许可，也可以查阅、摘抄、复制上述材料。 |
| | **第三十九条 辩护人认为在侦查、审查起诉期间公安机关、人民检察院收集的证明犯罪嫌疑人、被告人无罪或者罪轻的证据材料未提交的，有权申请人民检察院、人民法院调取。** |
| | **第四十条 辩护人收集的有关犯罪嫌疑人不在犯罪现场、未达到刑事责任年龄、属于依法不负刑事责任的精神病人的证据，应当及时告知公安机关、人民检察院。** |

续表

| 修改前 | 修改后 |
| --- | --- |
| **第三十七条**　辩护律师经证人或者其他有关单位和个人同意，可以向他们收集与本案有关的材料，也可以申请人民检察院、人民法院收集、调取证据，或者申请人民法院通知证人出庭作证。<br>辩护律师经人民检察院或者人民法院许可，并且经被害人或者其近亲属、被害人提供的证人同意，可以向他们收集与本案有关的材料。 | **第四十一条**　辩护律师经证人或者其他有关单位和个人同意，可以向他们收集与本案有关的材料，也可以申请人民检察院、人民法院收集、调取证据，或者申请人民法院通知证人出庭作证。<br>辩护律师经人民检察院或者人民法院许可，并且经被害人或者其近亲属、被害人提供的证人同意，可以向他们收集与本案有关的材料。 |
| **第三十八条**　辩护律师和其他辩护人，不得帮助犯罪嫌疑人、被告人隐匿、毁灭、伪造证据或者串供，不得威胁、引诱证人改变证言或者作伪证以及进行其他干扰司法机关诉讼活动的行为。<br>违反前款规定的，应当依法追究法律责任。 | **第四十二条**　辩护人或者其他任何人，不得帮助犯罪嫌疑人、被告人隐匿、毁灭、伪造证据或者串供，不得威胁、引诱证人作伪证以及进行其他干扰司法机关诉讼活动的行为。<br>违反前款规定的，应当依法追究法律责任，**辩护人涉嫌犯罪的，应当由办理辩护人所承办案件的侦查机关以外的侦查机关办理。辩护人是律师的，应当及时通知其所在的律师事务所或者所属的律师协会。** |
| **第三十九条**　在审判过程中，被告人可以拒绝辩护人继续为他辩护，也可以另行委托辩护人辩护。 | **第四十三条**　在审判过程中，被告人可以拒绝辩护人继续为他辩护，也可以另行委托辩护人辩护。 |
| **第四十条**　公诉案件的被害人及其法定代理人或者近亲属，附带民事诉讼的当事人及其法定代理人，自案件移送审查起诉之日起，有权委托诉讼代理人。自诉案件的自诉人及其法定代理人，附带民事诉讼的当事人及其法 | **第四十四条**　公诉案件的被害人及其法定代理人或者近亲属，附带民事诉讼的当事人及其法定代理人，自案件移送审查起诉之日起，有权委托诉讼代理人。自诉案件的自诉人及其法定代理人，附带民事诉讼的当事人及其 |

续表

| 修改前 | 修改后 |
| --- | --- |
| 定代理人，有权随时委托诉讼代理人。<br>人民检察院自收到移送审查起诉的案件材料之日起三日以内，应当告知被害人及其法定代理人或者其近亲属、附带民事诉讼的当事人及其法定代理人有权委托诉讼代理人。人民法院自受理自诉案件之日起三日以内，应当告知自诉人及其法定代理人、附带民事诉讼的当事人及其法定代理人有权委托诉讼代理人。 | 法定代理人，有权随时委托诉讼代理人。<br>人民检察院自收到移送审查起诉的案件材料之日起三日以内，应当告知被害人及其法定代理人或者其近亲属、附带民事诉讼的当事人及其法定代理人有权委托诉讼代理人。人民法院自受理自诉案件之日起三日以内，应当告知自诉人及其法定代理人、附带民事诉讼的当事人及其法定代理人有权委托诉讼代理人。 |
| **第四十一条**　委托诉讼代理人，参照本法第三十二条的规定执行。 | **第四十五条**　委托诉讼代理人，参照本法第三十二条的规定执行。 |
| | **第四十六条　辩护律师对在执业活动中知悉的委托人的有关情况和信息，有权予以保密。但是，辩护律师在执业活动中知悉委托人或者其他人，准备或者正在实施危害国家安全、公共安全以及严重危害他人人身安全的犯罪的，应当及时告知司法机关。** |
| | **第四十七条　辩护人、诉讼代理人认为公安机关、人民检察院、人民法院及其工作人员阻碍其依法行使诉讼权利的，有权向同级或者上一级人民检察院申诉或者控告。人民检察院对申诉或者控告应当及时进行审查，情况属实的，通知有关机关予以纠正。** |

续表

| 修改前 | 修改后 |
| --- | --- |
| **第五章　证据** | **第五章　证据** |
| **第四十二条**　证明案件真实情况的一切事实，都是证据。<br>证据有下列七种：<br>（一）物证、书证；<br>（二）证人证言；<br>（三）被害人陈述；<br>（四）犯罪嫌疑人、被告人供述和辩解；<br>（五）鉴定结论；<br>（六）勘验、检查笔录；<br>（七）视听资料。<br>以上证据必须经过查证属实，才能作为定案的根据。 | **第四十八条　可以用于证明案件事实的材料，**都是证据。<br>证据包括：<br>**（一）物证；**<br>**（二）书证；**<br>（三）证人证言；<br>（四）被害人陈述；<br>（五）犯罪嫌疑人、被告人供述和辩解；<br>（六）鉴定**意见**；<br>（七）勘验、检查、**辨认、侦查实验等**笔录；<br>（八）视听资料、**电子数据**。<br>证据必须经过查证属实，才能作为定案的根据。 |
| | **第四十九条　公诉案件中被告人有罪的举证责任由人民检察院承担，自诉案件中被告人有罪的举证责任由自诉人承担。** |
| **第四十三条**　审判人员、检察人员、侦查人员必须依照法定程序，收集能够证实犯罪嫌疑人、被告人有罪或者无罪、犯罪情节轻重的各种证据。严禁刑讯逼供和以威胁、引诱、欺骗以及其他非法的方法收集证据。必须保证一切与案件有关或者了解案情的公民，有客观地充分地提供证据的条件，除特殊情况外，并且可以吸收他们协助调查。 | **第五十条**　审判人员、检察人员、侦查人员必须依照法定程序，收集能够证实犯罪嫌疑人、被告人有罪或者无罪、犯罪情节轻重的各种证据。严禁刑讯逼供和以威胁、引诱、欺骗以及其他非法方法收集证据，**不得强迫任何人证实自己有罪。**必须保证一切与案件有关或者了解案情的公民，有客观地充分地提供证据的条件，除特殊情况外，并且可以吸收他们协助调查。 |

续表

| 修改前 | 修改后 |
| --- | --- |
| **第四十四条** 公安机关提请批准逮捕书、人民检察院起诉书、人民法院判决书，必须忠实于事实真相。故意隐瞒事实真相的，应当追究责任。 | **第五十一条** 公安机关提请批准逮捕书、人民检察院起诉书、人民法院判决书，必须忠实于事实真相。故意隐瞒事实真相的，应当追究责任。 |
| **第四十五条** 人民法院、人民检察院和公安机关有权向有关单位和个人收集、调取证据。有关单位和个人应当如实提供证据。<br>对于涉及国家秘密的证据，应当保密。<br>凡是伪造证据、隐匿证据或者毁灭证据的，无论属于何方，必须受法律追究。 | **第五十二条** 人民法院、人民检察院和公安机关有权向有关单位和个人收集、调取证据。有关单位和个人应当如实提供证据。<br>**行政机关在行政执法和查办案件过程中收集的物证、书证、视听资料、电子数据等证据材料，在刑事诉讼中可以作为证据使用。**<br>对涉及国家秘密、**商业秘密、个人隐私**的证据，应当保密。<br>凡是伪造证据、隐匿证据或者毁灭证据的，无论属于何方，必须受法律追究。 |
| **第四十六条** 对一切案件的判处都要重证据，重调查研究，不轻信口供。只有被告人供述，没有其他证据的，不能认定被告人有罪和处以刑罚；没有被告人供述，证据充分确实的，可以认定被告人有罪和处以刑罚。 | **第五十三条** 对一切案件的判处都要重证据，重调查研究，不轻信口供。只有被告人供述，没有其他证据的，不能认定被告人有罪和处以刑罚；没有被告人供述，证据**确实、充分**的，可以认定被告人有罪和处以刑罚。<br>**证据确实、充分，应当符合以下条件：**<br>**（一）定罪量刑的事实都有证据证明；**<br>**（二）据以定案的证据均经法定程序查证属实；**<br>**（三）综合全案证据，对所认定事实已排除合理怀疑。** |

续表

| 修改前 | 修改后 |
| --- | --- |
| | 第五十四条　采用刑讯逼供等非法方法收集的犯罪嫌疑人、被告人供述和采用暴力、威胁等非法方法收集的证人证言、被害人陈述，应当予以排除。收集物证、书证不符合法定程序，可能严重影响司法公正的，应当予以补正或者作出合理解释；不能补正或者作出合理解释的，对该证据应当予以排除。<br>在侦查、审查起诉、审判时发现有应当排除的证据的，应当依法予以排除，不得作为起诉意见、起诉决定和判决的依据。 |
| | 第五十五条　人民检察院接到报案、控告、举报或者发现侦查人员以非法方法收集证据的，应当进行调查核实。对于确有以非法方法收集证据情形的，应当提出纠正意见；构成犯罪的，依法追究刑事责任。 |
| | 第五十六条　法庭审理过程中，审判人员认为可能存在本法第五十四条规定的以非法方法收集证据的情形的，应当对证据收集的合法性进行法庭调查。<br>当事人及其辩护人、诉讼代理人有权申请人民法院对以非法方法收集的证据依法予以排除。申请排除以非法方法收集的证据的，应当提供相关线索或者材料。 |

续表

| 修改前 | 修改后 |
| --- | --- |
| | **第五十七条** 在对证据收集的合法性进行法庭调查的过程中，人民检察院应当对证据收集的合法性加以证明。<br>现有证据材料不能证明证据收集的合法性的，人民检察院可以提请人民法院通知有关侦查人员或者其他人员出庭说明情况；人民法院可以通知有关侦查人员或者其他人员出庭说明情况。有关侦查人员或者其他人员也可以要求出庭说明情况。经人民法院通知，有关人员应当出庭。 |
| | **第五十八条** 对于经过法庭审理，确认或者不能排除存在本法第五十四条规定的以非法方法收集证据情形的，对有关证据应当予以排除。 |
| **第四十七条** 证人证言必须在法庭上经过公诉人、被害人和被告人、辩护人双方讯问、质证，听取各方证人的证言并且经过查实以后，才能作为定案的根据。法庭查明证人有意作伪证或者隐匿罪证的时候，应当依法处理。 | **第五十九条** 证人证言必须在法庭上经过公诉人、被害人和被告人、辩护人双方**质证**并且查实以后，才能作为定案的根据。法庭查明证人有意作伪证或者隐匿罪证的时候，应当依法处理。 |
| **第四十八条** 凡是知道案件情况的人，都有作证的义务。<br>生理上、精神上有缺陷或者年幼，不能辨别是非、不能正确表达的人，不能作证人。 | **第六十条** 凡是知道案件情况的人，都有作证的义务。<br>生理上、精神上有缺陷或者年幼，不能辨别是非、不能正确表达的人，不能作证人。 |

续表

| 修改前 | 修改后 |
| --- | --- |
| **第四十九条**　人民法院、人民检察院和公安机关应当保障证人及其近亲属的安全。<br>对证人及其近亲属进行威胁、侮辱、殴打或者打击报复，构成犯罪的，依法追究刑事责任；尚不够刑事处罚的，依法给予治安管理处罚。 | **第六十一条**　人民法院、人民检察院和公安机关应当保障证人及其近亲属的安全。<br>对证人及其近亲属进行威胁、侮辱、殴打或者打击报复，构成犯罪的，依法追究刑事责任；尚不够刑事处罚的，依法给予治安管理处罚。 |
| | **第六十二条　对于危害国家安全犯罪、恐怖活动犯罪、黑社会性质的组织犯罪、毒品犯罪等案件，证人、鉴定人、被害人因在诉讼中作证，本人或者其近亲属的人身安全面临危险的，人民法院、人民检察院和公安机关应当采取以下一项或者多项保护措施：**<br>**（一）不公开真实姓名、住址和工作单位等个人信息；**<br>**（二）采取不暴露外貌、真实声音等出庭作证措施；**<br>**（三）禁止特定的人员接触证人、鉴定人、被害人及其近亲属；**<br>**（四）对人身和住宅采取专门性保护措施；**<br>**（五）其他必要的保护措施。**<br>**证人、鉴定人、被害人认为因在诉讼中作证，本人或者其近亲属的人身安全面临危险的，可以向人民法院、人民检察院、公安机关请求予以保护。**<br>**人民法院、人民检察院、公安机关依法采取保护措施，有关单位和个人应当配合。** |

续表

| 修改前 | 修改后 |
| --- | --- |
| | **第六十三条　证人因履行作证义务而支出的交通、住宿、就餐等费用，应当给予补助。证人作证的补助列入司法机关业务经费，由同级政府财政予以保障。**<br>**有工作单位的证人作证，所在单位不得克扣或者变相克扣其工资、奖金及其他福利待遇。** |
| **第六章　强制措施** | **第六章　强制措施** |
| **第五十条**　人民法院、人民检察院和公安机关根据案件情况，对犯罪嫌疑人、被告人可以拘传、取保候审或者监视居住。 | **第六十四条**　人民法院、人民检察院和公安机关根据案件情况，对犯罪嫌疑人、被告人可以拘传、取保候审或者监视居住。 |
| **第五十一条**　人民法院、人民检察院和公安机关对于有下列情形之一的犯罪嫌疑人、被告人，可以取保候审或者监视居住：<br>（一）可能判处管制、拘役或者独立适用附加刑的；<br>（二）可能判处有期徒刑以上刑罚，采取取保候审、监视居住不致发生社会危险性的。<br>取保候审、监视居住由公安机关执行。 | **第六十五条**　人民法院、人民检察院和公安机关对于有下列情形之一的犯罪嫌疑人、被告人，可以取保候审：<br>（一）可能判处管制、拘役或者独立适用附加刑的；<br>（二）可能判处有期徒刑以上刑罚，采取取保候审不致发生社会危险性的；<br>**（三）患有严重疾病、生活不能自理，怀孕或者正在哺乳自己婴儿的妇女，采取取保候审不致发生社会危险性的；**<br>**（四）羁押期限届满，案件尚未办结，需要采取取保候审的。**<br>取保候审由公安机关执行。 |

续表

| 修改前 | 修改后 |
| --- | --- |
| **第五十二条**　被羁押的犯罪嫌疑人、被告人及其法定代理人、近亲属有权申请取保候审。<br>（修改本条，相关内容移至新法第九十五条） | |
| **第五十三条**　人民法院、人民检察院和公安机关决定对犯罪嫌疑人、被告人取保候审，应当责令犯罪嫌疑人、被告人提出保证人或者交纳保证金。 | **第六十六条**　人民法院、人民检察院和公安机关决定对犯罪嫌疑人、被告人取保候审，应当责令犯罪嫌疑人、被告人提出保证人或者交纳保证金。 |
| **第五十四条**　保证人必须符合下列条件：<br>（一）与本案无牵连；<br>（二）有能力履行保证义务；<br>（三）享有政治权利，人身自由未受到限制；<br>（四）有固定的住处和收入。 | **第六十七条**　保证人必须符合下列条件：<br>（一）与本案无牵连；<br>（二）有能力履行保证义务；<br>（三）享有政治权利，人身自由未受到限制；<br>（四）有固定的住处和收入。 |
| **第五十五条**　保证人应当履行以下义务：<br>（一）监督被保证人遵守本法第五十六条的规定；<br>（二）发现被保证人可能发生或者已经发生违反本法第五十六条规定的行为的，应当及时向执行机关报告。<br>被保证人有违反本法第五十六条规定的行为，保证人未及时报告的，对保证人处以罚款，构成犯罪的，依法追究刑事责任。 | **第六十八条**　保证人应当履行以下义务：<br>（一）监督被保证人遵守本法第**六十九**条的规定；<br>（二）发现被保证人可能发生或者已经发生违反本法第**六十九**条规定的行为的，应当及时向执行机关报告。<br>被保证人有违反本法第**六十九**条规定的行为，保证人未**履行保证义务**的，对保证人处以罚款，构成犯罪的，依法追究刑事责任。 |

续表

| 修改前 | 修改后 |
| --- | --- |
| **第五十六条** 被取保候审的犯罪嫌疑人、被告人应当遵守以下规定：<br>（一）未经执行机关批准不得离开所居住的市、县；<br>（二）在传讯的时候及时到案；<br>（三）不得以任何形式干扰证人作证；<br>（四）不得毁灭、伪造证据或者串供。<br>被取保候审的犯罪嫌疑人、被告人违反前款规定，已交纳保证金的，没收保证金，并且区别情形，责令犯罪嫌疑人、被告人具结悔过，重新交纳保证金、提出保证人或者监视居住、予以逮捕。犯罪嫌疑人、被告人在取保候审期间未违反前款规定的，取保候审结束的时候，应当退还保证金。 | **第六十九条** 被取保候审的犯罪嫌疑人、被告人应当遵守以下规定：<br>（一）未经执行机关批准不得离开所居住的市、县；<br>（二）**住址、工作单位和联系方式发生变动的，在二十四小时以内向执行机关报告；**<br>（三）在传讯的时候及时到案；<br>（四）不得以任何形式干扰证人作证；<br>（五）不得毁灭、伪造证据或者串供。<br>**人民法院、人民检察院和公安机关可以根据案件情况，责令被取保候审的犯罪嫌疑人、被告人遵守以下一项或者多项规定：**<br>**（一）不得进入特定的场所；**<br>**（二）不得与特定的人员会见或者通信；**<br>**（三）不得从事特定的活动；**<br>**（四）将护照等出入境证件、驾驶证件交执行机关保存。**<br>被取保候审的犯罪嫌疑人、被告人违反前**两**款规定，已交纳保证金的，没收**部分或者全部**保证金，并且区别情形，责令犯罪嫌疑人、被告人具结悔过，重新交纳保证金、提出保证人，或者监视居住、予以逮捕。<br>**对于违反取保候审规定，需要予以逮捕的，可以对犯罪嫌疑人、被告人先行拘留。** |

续表

| 修改前 | 修改后 |
| --- | --- |
| | **第七十条　取保候审的决定机关应当综合考虑保证诉讼活动正常进行的需要，被取保候审人的社会危险性，案件的性质、情节，可能判处刑罚的轻重，被取保候审人的经济状况等情况，确定保证金的数额。**<br>**提供保证金的人应当将保证金存入执行机关指定银行的专门账户。** |
| | **第七十一条**　犯罪嫌疑人、被告人在取保候审期间未违反**本法第六十九条**规定的，取保候审结束的时候，**凭解除取保候审的通知或者有关法律文书到银行领取**退还的保证金。 |
| | **第七十二条　人民法院、人民检察院和公安机关对于符合逮捕条件，有下列情形之一的犯罪嫌疑人、被告人，可以监视居住：**<br>**（一）患有严重疾病、生活不能自理的；**<br>**（二）怀孕或者正在哺乳自己婴儿的妇女；**<br>**（三）系生活不能自理的人的唯一扶养人；**<br>**（四）因为案件的特殊情况或者办理案件的需要，采取监视居住措施更为适宜的；**<br>**（五）羁押期限届满，案件尚未办结，需要采取监视居住措施的。**<br>**对符合取保候审条件，但犯罪嫌疑人、被告人不能提出保证人，也不交纳保证金的，可以监视居住。**<br>**监视居住由公安机关执行。** |

续表

| 修改前 | 修改后 |
| --- | --- |
| | **第七十三条　监视居住应当在犯罪嫌疑人、被告人的住处执行；无固定住处的，可以在指定的居所执行。对于涉嫌危害国家安全犯罪、恐怖活动犯罪、特别重大贿赂犯罪，在住处执行可能有碍侦查的，经上一级人民检察院或者公安机关批准，也可以在指定的居所执行。但是，不得在羁押场所、专门的办案场所执行。<br>指定居所监视居住的，除无法通知的以外，应当在执行监视居住后二十四小时以内，通知被监视居住人的家属。<br>被监视居住的犯罪嫌疑人、被告人委托辩护人，适用本法第三十三条的规定。<br>人民检察院对指定居所监视居住的决定和执行是否合法实行监督。** |
| | **第七十四条　指定居所监视居住的期限应当折抵刑期。被判处管制的，监视居住一日折抵刑期一日；被判处拘役、有期徒刑的，监视居住二日折抵刑期一日。** |
| **第五十七条**　被监视居住的犯罪嫌疑人、被告人应当遵守以下规定：<br>（一）未经执行机关批准不得离开住处，无固定住处的，未经批准不得离开指定的居所； | **第七十五条**　被监视居住的犯罪嫌疑人、被告人应当遵守以下规定：<br>（一）未经执行机关批准不得离开**执行监视居住的处所；**<br>（二）未经执行机关批准不得会见他**人或者通信；**<br>（三）在传讯的时候及时到案； |

续表

| 修改前 | 修改后 |
| --- | --- |
| （二）未经执行机关批准不得会见他人；<br>（三）在传讯的时候及时到案；<br>（四）不得以任何形式干扰证人作证；<br>（五）不得毁灭、伪造证据或者串供。<br>被监视居住的犯罪嫌疑人、被告人违反前款规定，情节严重的，予以逮捕。 | （四）不得以任何形式干扰证人作证；<br>（五）不得毁灭、伪造证据或者串供；<br>**（六）将护照等出入境证件、身份证件、驾驶证件交执行机关保存。**<br>被监视居住的犯罪嫌疑人、被告人违反前款规定，情节严重的，**可以**予以逮捕**；需要予以逮捕的，可以对犯罪嫌疑人、被告人先行拘留。** |
| | **第七十六条　执行机关对被监视居住的犯罪嫌疑人、被告人，可以采取电子监控、不定期检查等监视方法对其遵守监视居住规定的情况进行监督；在侦查期间，可以对被监视居住的犯罪嫌疑人的通信进行监控。** |
| **第五十八条**　人民法院、人民检察院和公安机关对犯罪嫌疑人、被告人取保候审最长不得超过十二个月，监视居住最长不得超过六个月。<br>在取保候审、监视居住期间，不得中断对案件的侦查、起诉和审理。对于发现不应当追究刑事责任或者取保候审、监视居住期限届满的，应当及时解除取保候审、监视居住。解除取保候审、监视居住，应当及时通知被取保候审、监视居住人和有关单位。 | **第七十七条**　人民法院、人民检察院和公安机关对犯罪嫌疑人、被告人取保候审最长不得超过十二个月，监视居住最长不得超过六个月。<br>在取保候审、监视居住期间，不得中断对案件的侦查、起诉和审理。对于发现不应当追究刑事责任或者取保候审、监视居住期限届满的，应当及时解除取保候审、监视居住。解除取保候审、监视居住，应当及时通知被取保候审、监视居住人和有关单位。 |

续表

| 修改前 | 修改后 |
| --- | --- |
| **第五十九条** 逮捕犯罪嫌疑人、被告人，必须经过人民检察院批准或者人民法院决定，由公安机关执行。 | **第七十八条** 逮捕犯罪嫌疑人、被告人，必须经过人民检察院批准或者人民法院决定，由公安机关执行。 |
| **第六十条** 对有证据证明有犯罪事实，可能判处徒刑以上刑罚的犯罪嫌疑人、被告人，采取取保候审、监视居住等方法，尚不足以防止发生社会危险性，而有逮捕必要的，应即依法逮捕。<br>对应当逮捕的犯罪嫌疑人、被告人，如果患有严重疾病，或者是正在怀孕、哺乳自己婴儿的妇女，可以采用取保候审或者监视居住的办法。 | **第七十九条** 对有证据证明有犯罪事实，可能判处徒刑以上刑罚的犯罪嫌疑人、被告人，采取**取保候审**尚不足以防止发生**下列**社会危险性的，**应当予以逮捕**：<br>**（一）可能实施新的犯罪的；**<br>**（二）有危害国家安全、公共安全或者社会秩序的现实危险的；**<br>**（三）可能毁灭、伪造证据，干扰证人作证或者串供的；**<br>**（四）可能对被害人、举报人、控告人实施打击报复的；**<br>**（五）可能自杀或者逃跑的。**<br>**对有证据证明有犯罪事实，可能判处十年有期徒刑以上刑罚的，或者有证据证明有犯罪事实，可能判处徒刑以上刑罚，曾经故意犯罪或者身份不明的，应当予以逮捕。**<br>**被取保候审、监视居住的犯罪嫌疑人、被告人违反取保候审、监视居住规定，情节严重的，可以予以逮捕。** |

续表

| 修改前 | 修改后 |
| --- | --- |
| **第六十一条** 公安机关对于现行犯或者重大嫌疑分子，如果有下列情形之一的，可以先行拘留：<br>（一）正在预备犯罪、实行犯罪或者在犯罪后即时被发觉的；<br>（二）被害人或者在场亲眼看见的人指认他犯罪的；<br>（三）在身边或者住处发现有犯罪证据的；<br>（四）犯罪后企图自杀、逃跑或者在逃的；<br>（五）有毁灭、伪造证据或者串供可能的；<br>（六）不讲真实姓名、住址，身份不明的；<br>（七）有流窜作案、多次作案、结伙作案重大嫌疑的。 | **第八十条** 公安机关对于现行犯或者重大嫌疑分子，如果有下列情形之一的，可以先行拘留：<br>（一）正在预备犯罪、实行犯罪或者在犯罪后即时被发觉的；<br>（二）被害人或者在场亲眼看见的人指认他犯罪的；<br>（三）在身边或者住处发现有犯罪证据的；<br>（四）犯罪后企图自杀、逃跑或者在逃的；<br>（五）有毁灭、伪造证据或者串供可能的；<br>（六）不讲真实姓名、住址，身份不明的；<br>（七）有流窜作案、多次作案、结伙作案重大嫌疑的。 |
| **第六十二条** 公安机关在异地执行拘留、逮捕的时候，应当通知被拘留、逮捕人所在地的公安机关，被拘留、逮捕人所在地的公安机关应当予以配合。 | **第八十一条** 公安机关在异地执行拘留、逮捕的时候，应当通知被拘留、逮捕人所在地的公安机关，被拘留、逮捕人所在地的公安机关应当予以配合。 |
| **第六十三条** 对于有下列情形的人，任何公民都可以立即扭送公安机关、人民检察院或者人民法院处理：<br>（一）正在实行犯罪或者在犯罪后即时被发觉的；<br>（二）通缉在案的；<br>（三）越狱逃跑的；<br>（四）正在被追捕的。 | **第八十二条** 对于有下列情形的人，任何公民都可以立即扭送公安机关、人民检察院或者人民法院处理：<br>（一）正在实行犯罪或者在犯罪后即时被发觉的；<br>（二）通缉在案的；<br>（三）越狱逃跑的；<br>（四）正在被追捕的。 |

续表

| 修改前 | 修改后 |
|---|---|
| **第六十四条** 公安机关拘留人的时候，必须出示拘留证。<br>拘留后，除有碍侦查或者无法通知的情形以外，应当把拘留的原因和羁押的处所，在二十四小时以内，通知被拘留人的家属或者他的所在单位。 | **第八十三条** 公安机关拘留人的时候，必须出示拘留证。<br>拘留后，**应当立即将被拘留人送看守所羁押，至迟不得超过二十四小时。**除无法通知或者**涉嫌危害国家安全犯罪、恐怖活动犯罪通知可能**有碍侦查的情形以外，应当在**拘留后**二十四小时以内，通知被拘留人的家属。**有碍侦查的情形消失以后，应当立即通知被拘留人的家属。** |
| **第六十五条** 公安机关对于被拘留的人，应当在拘留后的二十四小时以内进行讯问。在发现不应当拘留的时候，必须立即释放，发给释放证明。对需要逮捕而证据还不充足的，可以取保候审或者监视居住。 | **第八十四条** 公安机关对被拘留的人，应当在拘留后的二十四小时以内进行讯问。在发现不应当拘留的时候，必须立即释放，发给释放证明。 |
| **第六十六条** 公安机关要求逮捕犯罪嫌疑人的时候，应当写出提请批准逮捕书，连同案卷材料、证据，一并移送同级人民检察院审查批准。必要的时候，人民检察院可以派人参加公安机关对于重大案件的讨论。 | **第八十五条** 公安机关要求逮捕犯罪嫌疑人的时候，应当写出提请批准逮捕书，连同案卷材料、证据，一并移送同级人民检察院审查批准。必要的时候，人民检察院可以派人参加公安机关对于重大案件的讨论。 |
| | **第八十六条 人民检察院审查批准逮捕，可以讯问犯罪嫌疑人；有下列情形之一的，应当讯问犯罪嫌疑人：**<br>**（一）对是否符合逮捕条件有疑问的；**<br>**（二）犯罪嫌疑人要求向检察人员当面陈述的；**<br>**（三）侦查活动可能有重大违法行为的。**<br>**人民检察院审查批准逮捕，可以询问证人等诉讼参与人，听取辩护律师的意见；辩护律师提出要求的，应当听取辩护律师的意见。** |

续表

| 修改前 | 修改后 |
| --- | --- |
| **第六十七条** 人民检察院审查批准逮捕犯罪嫌疑人由检察长决定。重大案件应当提交检察委员会讨论决定。 | **第八十七条** 人民检察院审查批准逮捕犯罪嫌疑人由检察长决定。重大案件应当提交检察委员会讨论决定。 |
| **第六十八条** 人民检察院对于公安机关提请批准逮捕的案件进行审查后，应当根据情况分别作出批准逮捕或者不批准逮捕的决定。对于批准逮捕的决定，公安机关应当立即执行，并且将执行情况及时通知人民检察院。对于不批准逮捕的，人民检察院应当说明理由，需要补充侦查的，应当同时通知公安机关。 | **第八十八条** 人民检察院对于公安机关提请批准逮捕的案件进行审查后，应当根据情况分别作出批准逮捕或者不批准逮捕的决定。对于批准逮捕的决定，公安机关应当立即执行，并且将执行情况及时通知人民检察院。对于不批准逮捕的，人民检察院应当说明理由，需要补充侦查的，应当同时通知公安机关。 |
| **第六十九条** 公安机关对被拘留的人，认为需要逮捕的，应当在拘留后的三日以内，提请人民检察院审查批准。在特殊情况下，提请审查批准的时间可以延长一日至四日。<br>对于流窜作案、多次作案、结伙作案的重大嫌疑分子，提请审查批准的时间可以延长至三十日。<br>人民检察院应当自接到公安机关提请批准逮捕书后的七日以内，作出批准逮捕或者不批准逮捕的决定。人民检察院不批准逮捕的，公安机关应当在接到通知后立即释放，并且将执行情况及时通知人民检察院。对于需要继续侦查，并且符合取保候审、监视居住条件的，依法取保候审或者监视居住。 | **第八十九条** 公安机关对被拘留的人，认为需要逮捕的，应当在拘留后的三日以内，提请人民检察院审查批准。在特殊情况下，提请审查批准的时间可以延长一日至四日。<br>对于流窜作案、多次作案、结伙作案的重大嫌疑分子，提请审查批准的时间可以延长至三十日。<br>人民检察院应当自接到公安机关提请批准逮捕书后的七日以内，作出批准逮捕或者不批准逮捕的决定。人民检察院不批准逮捕的，公安机关应当在接到通知后立即释放，并且将执行情况及时通知人民检察院。对于需要继续侦查，并且符合取保候审、监视居住条件的，依法取保候审或者监视居住。 |

续表

| 修改前 | 修改后 |
| --- | --- |
| **第七十条** 公安机关对人民检察院不批准逮捕的决定，认为有错误的时候，可以要求复议，但是必须将被拘留的人立即释放。如果意见不被接受，可以向上一级人民检察院提请复核。上级人民检察院应当立即复核，作出是否变更的决定，通知下级人民检察院和公安机关执行。 | **第九十条** 公安机关对人民检察院不批准逮捕的决定，认为有错误的时候，可以要求复议，但是必须将被拘留的人立即释放。如果意见不被接受，可以向上一级人民检察院提请复核。上级人民检察院应当立即复核，作出是否变更的决定，通知下级人民检察院和公安机关执行。 |
| **第七十一条** 公安机关逮捕人的时候，必须出示逮捕证。<br>逮捕后，除有碍侦查或者无法通知的情形以外，应当把逮捕的原因和羁押的处所，在二十四小时以内通知被逮捕人的家属或者他的所在单位。 | **第九十一条** 公安机关逮捕人的时候，必须出示逮捕证。<br>逮捕后，应当**立即将被逮捕人送看守所羁押**。除无法通知的以外，应当在**逮捕后**二十四小时以内，通知被逮捕人的家属。 |
| **第七十二条** 人民法院、人民检察院对于各自决定逮捕的人，公安机关对于经人民检察院批准逮捕的人，都必须在逮捕后的二十四小时以内进行讯问。在发现不应当逮捕的时候，必须立即释放，发给释放证明。 | **第九十二条** 人民法院、人民检察院对于各自决定逮捕的人，公安机关对于经人民检察院批准逮捕的人，都必须在逮捕后的二十四小时以内进行讯问。在发现不应当逮捕的时候，必须立即释放，发给释放证明。 |
| | **第九十三条 犯罪嫌疑人、被告人被逮捕后，人民检察院仍应当对羁押的必要性进行审查。对不需要继续羁押的，应当建议予以释放或者变更强制措施。有关机关应当在十日以内将处理情况通知人民检察院。** |

续表

| 修改前 | 修改后 |
| --- | --- |
| **第七十三条** 人民法院、人民检察院和公安机关如果发现对犯罪嫌疑人、被告人采取强制措施不当的，应当及时撤销或者变更。公安机关释放被逮捕的人或者变更逮捕措施的，应当通知原批准的人民检察院。 | **第九十四条** 人民法院、人民检察院和公安机关如果发现对犯罪嫌疑人、被告人采取强制措施不当的，应当及时撤销或者变更。公安机关释放被逮捕的人或者变更逮捕措施的，应当通知原批准的人民检察院。 |
| | **第九十五条** 犯罪嫌疑人、被告人及其法定代理人、近亲属或者**辩护人**有权申请**变更强制措施。人民法院、人民检察院和公安机关收到申请后，应当在三日以内作出决定；不同意变更强制措施的，应当告知申请人，并说明不同意的理由。** |
| **第七十四条** 犯罪嫌疑人、被告人被羁押的案件，不能在本法规定的侦查羁押、审查起诉、一审、二审期限内办结，需要继续查证、审理的，对犯罪嫌疑人、被告人可以取保候审或者监视居住。 | **第九十六条** 犯罪嫌疑人、被告人被羁押的案件，不能在本法规定的侦查羁押、审查起诉、一审、二审期限内办结**的，对犯罪嫌疑人、被告人应当予以释放**；需要继续查证、审理的，对犯罪嫌疑人、被告人可以取保候审或者监视居住。 |
| **第七十五条** 犯罪嫌疑人、被告人及其法定代理人、近亲属或者犯罪嫌疑人、被告人委托的律师及其他辩护人对于人民法院、人民检察院或者公安机关采取强制措施超过法定期限的，有权要求解除强制措施。人民法院、人民检察院或者公安机关对于被采取强制措施超过法定期限的犯罪嫌疑人、被告人应当予以释放、解除取保候审、监视居住或者依法变更强制措施。 | **第九十七条** 人民法院、人民检察院或者公安机关对被采取强制措施法定期限**届满**的犯罪嫌疑人、被告人，应当予以释放、解除取保候审、监视居住或者依法变更强制措施。犯罪嫌疑人、被告人及其法定代理人、近亲属或者辩护人对于人民法院、人民检察院或者公安机关采取强制措施法定期限**届满**的，有权要求解除强制措施。 |

续表

<table>
<tr><th>修改前</th><th>修改后</th></tr>
<tr><td>第七十六条　人民检察院在审查批准逮捕工作中，如果发现公安机关的侦查活动有违法情况，应当通知公安机关予以纠正，公安机关应当将纠正情况通知人民检察院。</td><td>第九十八条　人民检察院在审查批准逮捕工作中，如果发现公安机关的侦查活动有违法情况，应当通知公安机关予以纠正，公安机关应当将纠正情况通知人民检察院。</td></tr>
<tr><td>第七章　附带民事诉讼</td><td>第七章　附带民事诉讼</td></tr>
<tr><td rowspan="2">第七十七条　被害人由于被告人的犯罪行为而遭受物质损失的，在刑事诉讼过程中，有权提起附带民事诉讼。<br>如果是国家财产、集体财产遭受损失的，人民检察院在提起公诉的时候，可以提起附带民事诉讼。人民法院在必要的时候，可以查封或者扣押被告人的财产。</td><td>第九十九条　被害人由于被告人的犯罪行为而遭受物质损失的，在刑事诉讼过程中，有权提起附带民事诉讼。被害人死亡或者丧失行为能力的，被害人的法定代理人、近亲属有权提起附带民事诉讼。<br>如果是国家财产、集体财产遭受损失的，人民检察院在提起公诉的时候，可以提起附带民事诉讼。</td></tr>
<tr><td>第一百条　人民法院在必要的时候，可以采取保全措施，查封、扣押或者冻结被告人的财产。附带民事诉讼原告人或者人民检察院可以申请人民法院采取保全措施。人民法院采取保全措施，适用民事诉讼法的有关规定。</td></tr>
<tr><td></td><td>第一百零一条　人民法院审理附带民事诉讼案件，可以进行调解，或者根据物质损失情况作出判决、裁定。</td></tr>
<tr><td>第七十八条　附带民事诉讼应当同刑事案件一并审判，只有为了防止刑事案件审判的过分迟延，才可以在刑事案件审判后，由同一审判组织继续审理附带民事诉讼。</td><td>第一百零二条　附带民事诉讼应当同刑事案件一并审判，只有为了防止刑事案件审判的过分迟延，才可以在刑事案件审判后，由同一审判组织继续审理附带民事诉讼。</td></tr>
</table>

续表

| 修改前 | 修改后 |
|---|---|
| **第八章　期间、送达** | **第八章　期间、送达** |
| **第七十九条**　期间以时、日、月计算。<br>期间开始的时和日不算在期间以内。<br>法定期间不包括路途上的时间。上诉状或者其他文件在期满前已经交邮的，不算过期。 | **第一百零三条**　期间以时、日、月计算。<br>期间开始的时和日不算在期间以内。<br>法定期间不包括路途上的时间。上诉状或者其他文件在期满前已经交邮的，不算过期。<br>**期间的最后一日为节假日的，以节假日后的第一日为期满日期，但犯罪嫌疑人、被告人或者罪犯在押期间，应当至期满之日为止，不得因节假日而延长。** |
| **第八十条**　当事人由于不能抗拒的原因或者有其他正当理由而耽误期限的，在障碍消除后五日以内，可以申请继续进行应当在期满以前完成的诉讼活动。<br>前款申请是否准许，由人民法院裁定。 | **第一百零四条**　当事人由于不能抗拒的原因或者有其他正当理由而耽误期限的，在障碍消除后五日以内，可以申请继续进行应当在期满以前完成的诉讼活动。<br>前款申请是否准许，由人民法院裁定。 |
| **第八十一条**　送达传票、通知书和其他诉讼文件应当交给收件人本人；如果本人不在，可以交给他的成年家属或者所在单位的负责人员代收。<br>收件人本人或者代收人拒绝接收或者拒绝签名、盖章的时候，送达人可以邀请他的邻居或者其他见证人到场，说明情况，把文件留在他的住处，在送达证上记明拒绝的事由、送达的日期，由送达人签名，即认为已经送达。 | **第一百零五条**　送达传票、通知书和其他诉讼文件应当交给收件人本人；如果本人不在，可以交给他的成年家属或者所在单位的负责人员代收。<br>收件人本人或者代收人拒绝接收或者拒绝签名、盖章的时候，送达人可以邀请他的邻居或者其他见证人到场，说明情况，把文件留在他的住处，在送达证上记明拒绝的事由、送达的日期，由送达人签名，即认为已经送达。 |

续表

| 修改前 | 修改后 |
| --- | --- |
| **第九章　其他规定** | **第九章　其他规定** |
| **第八十二条**　本法下列用语的含意是：<br>（一）“侦查”是指公安机关、人民检察院在办理案件过程中，依照法律进行的专门调查工作和有关的强制性措施；<br>（二）“当事人”是指被害人、自诉人、犯罪嫌疑人、被告人、附带民事诉讼的原告人和被告人；<br>（三）“法定代理人”是指被代理人的父母、养父母、监护人和负有保护责任的机关、团体的代表；<br>（四）“诉讼参与人”是指当事人、法定代理人、诉讼代理人、辩护人、证人、鉴定人和翻译人员；<br>（五）“诉讼代理人”是指公诉案件的被害人及其法定代理人或者近亲属、自诉案件的自诉人及其法定代理人委托代为参加诉讼的人和附带民事诉讼的当事人及其法定代理人委托代为参加诉讼的人；<br>（六）“近亲属”是指夫、妻、父、母、子、女、同胞兄弟姊妹。 | **第一百零六条**　本法下列用语的含意是：<br>（一）“侦查”是指公安机关、人民检察院在办理案件过程中，依照法律进行的专门调查工作和有关的强制性措施；<br>（二）“当事人”是指被害人、自诉人、犯罪嫌疑人、被告人、附带民事诉讼的原告人和被告人；<br>（三）“法定代理人”是指被代理人的父母、养父母、监护人和负有保护责任的机关、团体的代表；<br>（四）“诉讼参与人”是指当事人、法定代理人、诉讼代理人、辩护人、证人、鉴定人和翻译人员；<br>（五）“诉讼代理人”是指公诉案件的被害人及其法定代理人或者近亲属、自诉案件的自诉人及其法定代理人委托代为参加诉讼的人和附带民事诉讼的当事人及其法定代理人委托代为参加诉讼的人；<br>（六）“近亲属”是指夫、妻、父、母、子、女、同胞兄弟姊妹。 |
| **第二编　立案、侦查和提起公诉** | **第二编　立案、侦查和提起公诉** |
| **第一章　立案** | **第一章　立案** |
| **第八十三条**　公安机关或者人民检察院发现犯罪事实或者犯罪嫌疑人，应当按照管辖范围，立案侦查。 | **第一百零七条**　公安机关或者人民检察院发现犯罪事实或者犯罪嫌疑人，应当按照管辖范围，立案侦查。 |

续表

| 修改前 | 修改后 |
| --- | --- |
| **第八十四条**　任何单位和个人发现有犯罪事实或者犯罪嫌疑人，有权利也有义务向公安机关、人民检察院或者人民法院报案或者举报。<br>被害人对侵犯其人身、财产权利的犯罪事实或者犯罪嫌疑人，有权向公安机关、人民检察院或者人民法院报案或者控告。<br>公安机关、人民检察院或者人民法院对于报案、控告、举报，都应当接受。对于不属于自己管辖的，应当移送主管机关处理，并且通知报案人、控告人、举报人；对于不属于自己管辖而又必须采取紧急措施的，应当先采取紧急措施，然后移送主管机关。<br>犯罪人向公安机关、人民检察院或者人民法院自首的，适用第三款规定。 | **第一百零八条**　任何单位和个人发现有犯罪事实或者犯罪嫌疑人，有权利也有义务向公安机关、人民检察院或者人民法院报案或者举报。<br>被害人对侵犯其人身、财产权利的犯罪事实或者犯罪嫌疑人，有权向公安机关、人民检察院或者人民法院报案或者控告。<br>公安机关、人民检察院或者人民法院对于报案、控告、举报，都应当接受。对于不属于自己管辖的，应当移送主管机关处理，并且通知报案人、控告人、举报人；对于不属于自己管辖而又必须采取紧急措施的，应当先采取紧急措施，然后移送主管机关。<br>犯罪人向公安机关、人民检察院或者人民法院自首的，适用第三款规定。 |
| **第八十五条**　报案、控告、举报可以用书面或者口头提出。接受口头报案、控告、举报的工作人员，应当写成笔录，经宣读无误后，由报案人、控告人、举报人签名或者盖章。<br>接受控告、举报的工作人员，应当向控告人、举报人说明诬告应负的法律责任。但是，只要不是捏造事实，伪造证据，即使控告、举报的事实有出入，甚至是错告的，也要和诬告严格加以区别。<br>公安机关、人民检察院或者人民法院应当保障报案人、控告人、举报人及其近亲属的安全。报案人、控告人、举报人如果不愿公开自己的姓名和报案、控告、举报的行为，应当为他保守秘密。 | **第一百零九条**　报案、控告、举报可以用书面或者口头提出。接受口头报案、控告、举报的工作人员，应当写成笔录，经宣读无误后，由报案人、控告人、举报人签名或者盖章。<br>接受控告、举报的工作人员，应当向控告人、举报人说明诬告应负的法律责任。但是，只要不是捏造事实，伪造证据，即使控告、举报的事实有出入，甚至是错告的，也要和诬告严格加以区别。<br>公安机关、人民检察院或者人民法院应当保障报案人、控告人、举报人及其近亲属的安全。报案人、控告人、举报人如果不愿公开自己的姓名和报案、控告、举报的行为，应当为他保守秘密。 |

续表

| 修改前 | 修改后 |
| --- | --- |
| **第八十六条** 人民法院、人民检察院或者公安机关对于报案、控告、举报和自首的材料，应当按照管辖范围，迅速进行审查，认为有犯罪事实需要追究刑事责任的时候，应当立案；认为没有犯罪事实，或者犯罪事实显著轻微，不需要追究刑事责任的时候，不予立案，并且将不立案的原因通知控告人。控告人如果不服，可以申请复议。 | **第一百一十条** 人民法院、人民检察院或者公安机关对于报案、控告、举报和自首的材料，应当按照管辖范围，迅速进行审查，认为有犯罪事实需要追究刑事责任的时候，应当立案；认为没有犯罪事实，或者犯罪事实显著轻微，不需要追究刑事责任的时候，不予立案，并且将不立案的原因通知控告人。控告人如果不服，可以申请复议。 |
| **第八十七条** 人民检察院认为公安机关对应当立案侦查的案件而不立案侦查的，或者被害人认为公安机关对应当立案侦查的案件而不立案侦查，向人民检察院提出的，人民检察院应当要求公安机关说明不立案的理由。人民检察院认为公安机关不立案理由不能成立的，应当通知公安机关立案，公安机关接到通知后应当立案。 | **第一百一十一条** 人民检察院认为公安机关对应当立案侦查的案件而不立案侦查的，或者被害人认为公安机关对应当立案侦查的案件而不立案侦查，向人民检察院提出的，人民检察院应当要求公安机关说明不立案的理由。人民检察院认为公安机关不立案理由不能成立的，应当通知公安机关立案，公安机关接到通知后应当立案。 |
| **第八十八条** 对于自诉案件，被害人有权向人民法院直接起诉。被害人死亡或者丧失行为能力的，被害人的法定代理人、近亲属有权向人民法院起诉。人民法院应当依法受理。 | **第一百一十二条** 对于自诉案件，被害人有权向人民法院直接起诉。被害人死亡或者丧失行为能力的，被害人的法定代理人、近亲属有权向人民法院起诉。人民法院应当依法受理。 |

续表

| 修改前 | 修改后 |
| --- | --- |
| **第二章　侦查** | **第二章　侦查** |
| **第一节　一般规定** | **第一节　一般规定** |
| **第八十九条**　公安机关对已经立案的刑事案件，应当进行侦查，收集、调取犯罪嫌疑人有罪或者无罪、罪轻或者罪重的证据材料。对现行犯或者重大嫌疑分子可以依法先行拘留，对符合逮捕条件的犯罪嫌疑人，应当依法逮捕。 | **第一百一十三条**　公安机关对已经立案的刑事案件，应当进行侦查，收集、调取犯罪嫌疑人有罪或者无罪、罪轻或者罪重的证据材料。对现行犯或者重大嫌疑分子可以依法先行拘留，对符合逮捕条件的犯罪嫌疑人，应当依法逮捕。 |
| **第九十条**　公安机关经过侦查，对有证据证明有犯罪事实的案件，应当进行预审，对收集、调取的证据材料予以核实。 | **第一百一十四条**　公安机关经过侦查，对有证据证明有犯罪事实的案件，应当进行预审，对收集、调取的证据材料予以核实。 |
|  | **第一百一十五条**　**当事人和辩护人、诉讼代理人、利害关系人对于司法机关及其工作人员有下列行为之一的，有权向该机关申诉或者控告：**<br>**（一）采取强制措施法定期限届满，不予以释放、解除或者变更的；**<br>**（二）应当退还取保候审保证金不退还的；**<br>**（三）对与案件无关的财物采取查封、扣押、冻结措施的；**<br>**（四）应当解除查封、扣押、冻结不解除的；**<br>**（五）贪污、挪用、私分、调换、违反规定使用查封、扣押、冻结的财物的。**<br>**受理申诉或者控告的机关应当及时处理。对处理不服的，可以向同级人民检察院申诉；人民检察院直接受理的案件，可以向上一级人民检察院申诉。人民检察院对申诉应当及时进行审查，情况属实的，通知有关机关予以纠正。** |

续表

| 修改前 | 修改后 |
| --- | --- |
| **第二节　讯问犯罪嫌疑人** | **第二节　讯问犯罪嫌疑人** |
| **第九十一条**　讯问犯罪嫌疑人必须由人民检察院或者公安机关的侦查人员负责进行。讯问的时候，侦查人员不得少于二人。 | **第一百一十六条**　讯问犯罪嫌疑人必须由人民检察院或者公安机关的侦查人员负责进行。讯问的时候，侦查人员不得少于二人。<br>**犯罪嫌疑人被送交看守所羁押以后，侦查人员对其进行讯问，应当在看守所内进行。** |
| **第九十二条**　对于不需要逮捕、拘留的犯罪嫌疑人，可以传唤到犯罪嫌疑人所在市、县内的指定地点或者到他的住处进行讯问，但是应当出示人民检察院或者公安机关的证明文件。<br>传唤、拘传持续的时间最长不得超过十二小时。不得以连续传唤、拘传的形式变相拘禁犯罪嫌疑人。 | **第一百一十七条**　对不需要逮捕、拘留的犯罪嫌疑人，可以传唤到犯罪嫌疑人所在市、县内的指定地点或者到他的住处进行讯问，但是应当出示人民检察院或者公安机关的证明文件。**对在现场发现的犯罪嫌疑人，经出示工作证件，可以口头传唤，但应当在讯问笔录中注明。**<br>传唤、拘传持续的时间不得超过十二小时；**案情特别重大、复杂，需要采取拘留、逮捕措施的，传唤、拘传持续的时间不得超过二十四小时。**<br>不得以连续传唤、拘传的形式变相拘禁犯罪嫌疑人。**传唤、拘传犯罪嫌疑人，应当保证犯罪嫌疑人的饮食和必要的休息时间。** |
| **第九十三条**　侦查人员在讯问犯罪嫌疑人的时候，应当首先讯问犯罪嫌疑人是否有犯罪行为，让他陈述有罪的情节或者无罪的辩解，然后向他提出问题。犯罪嫌疑人对侦查人员的提问，应当如实回答。但是对与本案无关的问题，有拒绝回答的权利。 | **第一百一十八条**　侦查人员在讯问犯罪嫌疑人的时候，应当首先讯问犯罪嫌疑人是否有犯罪行为，让他陈述有罪的情节或者无罪的辩解，然后向他提出问题。犯罪嫌疑人对侦查人员的提问，应当如实回答。但是对与本案无关的问题，有拒绝回答的权利。<br>**侦查人员在讯问犯罪嫌疑人的时候，应当告知犯罪嫌疑人如实供述自己罪行可以从宽处理的法律规定。** |

续表

| 修改前 | 修改后 |
| --- | --- |
| **第九十四条**　讯问聋、哑的犯罪嫌疑人，应当有通晓聋、哑手势的人参加，并且将这种情况记明笔录。 | **第一百一十九条**　讯问聋、哑的犯罪嫌疑人，应当有通晓聋、哑手势的人参加，并且将这种情况记明笔录。 |
| **第九十五条**　讯问笔录应当交犯罪嫌疑人核对，对于没有阅读能力的，应当向他宣读。如果记载有遗漏或者差错，犯罪嫌疑人可以提出补充或者改正。犯罪嫌疑人承认笔录没有错误后，应当签名或者盖章。侦查人员也应当在笔录上签名。犯罪嫌疑人请求自行书写供述的，应当准许。必要的时候，侦查人员也可以要犯罪嫌疑人亲笔书写供词。 | **第一百二十条**　讯问笔录应当交犯罪嫌疑人核对，对于没有阅读能力的，应当向他宣读。如果记载有遗漏或者差错，犯罪嫌疑人可以提出补充或者改正。犯罪嫌疑人承认笔录没有错误后，应当签名或者盖章。侦查人员也应当在笔录上签名。犯罪嫌疑人请求自行书写供述的，应当准许。必要的时候，侦查人员也可以要犯罪嫌疑人亲笔书写供词。 |
|  | **第一百二十一条　侦查人员在讯问犯罪嫌疑人的时候，可以对讯问过程进行录音或者录像；对于可能判处无期徒刑、死刑的案件或者其他重大犯罪案件，应当对讯问过程进行录音或者录像。**<br>**录音或者录像应当全程进行，保持完整性。** |
| **第九十六条**　犯罪嫌疑人在被侦查机关第一次讯问后或者采取强制措施之日起，可以聘请律师为其提供法律咨询、代理申诉、控告。犯罪嫌疑人被逮捕的，聘请的律师可以为其申请取保候审。涉及国家秘密的案件，犯罪嫌疑人聘请律师，应当经侦查机关批准。 |  |

续表

| 修改前 | 修改后 |
| --- | --- |
| 受委托的律师有权向侦查机关了解犯罪嫌疑人涉嫌的罪名，可以会见在押的犯罪嫌疑人，向犯罪嫌疑人了解有关案件情况。律师会见在押的犯罪嫌疑人，侦查机关根据案件情况和需要可以派员在场。涉及国家秘密的案件，律师会见在押的犯罪嫌疑人，应当经侦查机关批准。<br>（删去本条，相关内容移至新法第三十三条、第三十六条、第三十七条） | |
| **第三节 询问证人** | **第三节 询问证人** |
| **第九十七条** 侦查人员询问证人，可以到证人的所在单位或者住处进行，但是必须出示人民检察院或者公安机关的证明文件。在必要的时候，也可以通知证人到人民检察院或者公安机关提供证言。<br>询问证人应当个别进行。 | **第一百二十二条** 侦查人员询问证人，**可以在现场进行，也**可以到证人所在单位、住处或者**证人提出的地点**进行，在必要的时候，可以通知证人到人民检察院或者公安机关提供证言。**在现场询问证人，应当出示工作证件，到证人所在单位、住处或者证人提出的地点询问证人，应当出示人民检察院或者公安机关的证明文件。**<br>询问证人应当个别进行。 |
| **第九十八条** 询问证人，应当告知他应当如实地提供证据、证言和有意作伪证或者隐匿罪证要负的法律责任。<br>询问不满十八岁的证人，可以通知其法定代理人到场。<br>（删去第二款，相关内容移至新法第二百七十条） | **第一百二十三条** 询问证人，应当告知他应当如实地提供证据、证言和有意作伪证或者隐匿罪证要负的法律责任。 |

续表

| 修改前 | 修改后 |
|---|---|
| **第九十九条** 本法第九十五条的规定，也适用于询问证人。 | **第一百二十四条** 本法第一百二十条的规定，也适用于询问证人。 |
| **第一百条** 询问被害人，适用本节各条规定。 | **第一百二十五条** 询问被害人，适用本节各条规定。 |
| **第四节 勘验、检查** | **第四节 勘验、检查** |
| **第一百零一条** 侦查人员对于与犯罪有关的场所、物品、人身、尸体应当进行勘验或者检查。在必要的时候，可以指派或者聘请具有专门知识的人，在侦查人员的主持下进行勘验、检查。 | **第一百二十六条** 侦查人员对于与犯罪有关的场所、物品、人身、尸体应当进行勘验或者检查。在必要的时候，可以指派或者聘请具有专门知识的人，在侦查人员的主持下进行勘验、检查。 |
| **第一百零二条** 任何单位和个人，都有义务保护犯罪现场，并且立即通知公安机关派员勘验。 | **第一百二十七条** 任何单位和个人，都有义务保护犯罪现场，并且立即通知公安机关派员勘验。 |
| **第一百零三条** 侦查人员执行勘验、检查，必须持有人民检察院或者公安机关的证明文件。 | **第一百二十八条** 侦查人员执行勘验、检查，必须持有人民检察院或者公安机关的证明文件。 |
| **第一百零四条** 对于死因不明的尸体，公安机关有权决定解剖，并且通知死者家属到场。 | **第一百二十九条** 对于死因不明的尸体，公安机关有权决定解剖，并且通知死者家属到场。 |
| **第一百零五条** 为了确定被害人、犯罪嫌疑人的某些特征、伤害情况或者生理状态，可以对人身进行检查。<br>犯罪嫌疑人如果拒绝检查，侦查人员认为必要的时候，可以强制检查。<br>检查妇女的身体，应当由女工作人员或者医师进行。 | **第一百三十条** 为了确定被害人、犯罪嫌疑人的某些特征、伤害情况或者生理状态，可以对人身进行检查，**可以提取指纹信息，采集血液、尿液等生物样本。**<br>犯罪嫌疑人如果拒绝检查，侦查人员认为必要的时候，可以强制检查。<br>检查妇女的身体，应当由女工作人员或者医师进行。 |

续表

| 修改前 | 修改后 |
| --- | --- |
| **第一百零六条** 勘验、检查的情况应当写成笔录，由参加勘验、检查的人和见证人签名或者盖章。 | **第一百三十一条** 勘验、检查的情况应当写成笔录，由参加勘验、检查的人和见证人签名或者盖章。 |
| **第一百零七条** 人民检察院审查案件的时候，对公安机关的勘验、检查，认为需要复验、复查时，可以要求公安机关复验、复查，并且可以派检察人员参加。 | **第一百三十二条** 人民检察院审查案件的时候，对公安机关的勘验、检查，认为需要复验、复查时，可以要求公安机关复验、复查，并且可以派检察人员参加。 |
| **第一百零八条** 为了查明案情，在必要的时候，经公安局长批准，可以进行侦查实验。<br>侦查实验，禁止一切足以造成危险、侮辱人格或者有伤风化的行为。 | **第一百三十三条** 为了查明案情，在必要的时候，经公安**机关负责人批准**，可以进行侦查实验。<br>**侦查实验的情况应当写成笔录，由参加实验的人签名或者盖章**。<br>侦查实验，禁止一切足以造成危险、侮辱人格或者有伤风化的行为。 |
| **第五节　搜查** | **第五节　搜查** |
| **第一百零九条** 为了收集犯罪证据、查获犯罪人，侦查人员可以对犯罪嫌疑人以及可能隐藏罪犯或者犯罪证据的人的身体、物品、住处和其他有关的地方进行搜查。 | **第一百三十四条** 为了收集犯罪证据、查获犯罪人，侦查人员可以对犯罪嫌疑人以及可能隐藏罪犯或者犯罪证据的人的身体、物品、住处和其他有关的地方进行搜查。 |
| **第一百一十条** 任何单位和个人，有义务按照人民检察院和公安机关的要求，交出可以证明犯罪嫌疑人有罪或者无罪的物证、书证、视听资料。 | **第一百三十五条** 任何单位和个人，有义务按照人民检察院和公安机关的要求，交出可以证明犯罪嫌疑人有罪或者无罪的物证、书证、视听资料**等证据**。 |

续表

| 修改前 | 修改后 |
| --- | --- |
| **第一百一十一条** 进行搜查，必须向被搜查人出示搜查证。<br>在执行逮捕、拘留的时候，遇有紧急情况，不另用搜查证也可以进行搜查。 | **第一百三十六条** 进行搜查，必须向被搜查人出示搜查证。<br>在执行逮捕、拘留的时候，遇有紧急情况，不另用搜查证也可以进行搜查。 |
| **第一百一十二条** 在搜查的时候，应当有被搜查人或者他的家属，邻居或者其他见证人在场。<br>搜查妇女的身体，应当由女工作人员进行。 | **第一百三十七条** 在搜查的时候，应当有被搜查人或者他的家属，邻居或者其他见证人在场。<br>搜查妇女的身体，应当由女工作人员进行。 |
| **第一百一十三条** 搜查的情况应当写成笔录，由侦查人员和被搜查人或者他的家属，邻居或者其他见证人签名或者盖章。如果被搜查人或者他的家属在逃或者拒绝签名、盖章，应当在笔录上注明。 | **第一百三十八条** 搜查的情况应当写成笔录，由侦查人员和被搜查人或者他的家属，邻居或者其他见证人签名或者盖章。如果被搜查人或者他的家属在逃或者拒绝签名、盖章，应当在笔录上注明。 |
| **第六节　扣押物证、书证** | **第六节　查封、扣押物证、书证** |
| **第一百一十四条** 在勘验、搜查中发现的可用以证明犯罪嫌疑人有罪或者无罪的各种物品和文件，应当扣押；与案件无关的物品、文件，不得扣押。<br>对于扣押的物品、文件，要妥善保管或者封存，不得使用或者损毁。 | **第一百三十九条** 在**侦查活动**中发现的可用以证明犯罪嫌疑人有罪或者无罪的各种**财物**、文件，应当**查封**、扣押；与案件无关的**财物**、文件，不得查封、扣押。<br>对于**查封**、扣押的**财物**、文件，要妥善保管或者封存，不得使用、**调换**或者损毁。 |

续表

| 修改前 | 修改后 |
|---|---|
| **第一百一十五条** 对于扣押的物品和文件，应当会同在场见证人和被扣押物品持有人查点清楚，当场开列清单一式二份，由侦查人员、见证人和持有人签名或者盖章，一份交给持有人，另一份附卷备查。 | **第一百四十条** 对**查封**、扣押的**财物**、文件，应当会同在场见证人和被**查封**、扣押**财物、文件**持有人查点清楚，当场开列清单一式二份，由侦查人员、见证人和持有人签名或者盖章，一份交给持有人，另一份附卷备查。 |
| **第一百一十六条** 侦查人员认为需要扣押犯罪嫌疑人的邮件、电报的时候，经公安机关或者人民检察院批准，即可通知邮电机关将有关的邮件、电报检交扣押。<br>不需要继续扣押的时候，应即通知邮电机关。 | **第一百四十一条** 侦查人员认为需要扣押犯罪嫌疑人的邮件、电报的时候，经公安机关或者人民检察院批准，即可通知邮电机关将有关的邮件、电报检交扣押。<br>不需要继续扣押的时候，应即通知邮电机关。 |
| **第一百一十七条** 人民检察院、公安机关根据侦查犯罪的需要，可以依照规定查询、冻结犯罪嫌疑人的存款、汇款。<br>犯罪嫌疑人的存款、汇款已被冻结的，不得重复冻结。 | **第一百四十二条** 人民检察院、公安机关根据侦查犯罪的需要，可以依照规定查询、冻结犯罪嫌疑人的存款、汇款、**债券、股票、基金份额等财产。有关单位和个人应当配合。**<br>犯罪嫌疑人的存款、汇款、**债券、股票、基金份额等财产**已被冻结的，不得重复冻结。 |
| **第一百一十八条** 对于扣押的物品、文件、邮件、电报或者冻结的存款、汇款，经查明确实与案件无关的，应当在三日以内解除扣押、冻结，退还原主或者原邮电机关。 | **第一百四十三条** 对**查封**、扣押的**财物**、文件、邮件、电报或者冻结的存款、汇款、**债券、股票、基金份额等财产**，经查明确实与案件无关的，应当在三日以内解除**查封**、扣押、冻结，予以退还。 |

续表

| 修改前 | 修改后 |
| --- | --- |
| **第七节　鉴定** | **第七节　鉴定** |
| **第一百一十九条**　为了查明案情，需要解决案件中某些专门性问题的时候，应当指派、聘请有专门知识的人进行鉴定。 | **第一百四十四条**　为了查明案情，需要解决案件中某些专门性问题的时候，应当指派、聘请有专门知识的人进行鉴定。 |
| **第一百二十条**　鉴定人进行鉴定后，应当写出鉴定结论，并且签名。<br>对人身伤害的医学鉴定有争议需要重新鉴定或者对精神病的医学鉴定，由省级人民政府指定的医院进行。鉴定人进行鉴定后，应当写出鉴定结论，并且由鉴定人签名，医院加盖公章。<br>鉴定人故意作虚假鉴定的，应当承担法律责任。 | **第一百四十五条**　鉴定人进行鉴定后，应当写出鉴定**意见**，并且签名。<br>鉴定人故意作虚假鉴定的，应当承担法律责任。 |
| **第一百二十一条**　侦查机关应当将用作证据的鉴定结论告知犯罪嫌疑人、被害人。如果犯罪嫌疑人、被害人提出申请，可以补充鉴定或者重新鉴定。 | **第一百四十六条**　侦查机关应当将用作证据的鉴定**意见**告知犯罪嫌疑人、被害人。如果犯罪嫌疑人、被害人提出申请，可以补充鉴定或者重新鉴定。 |
| **第一百二十二条**　对犯罪嫌疑人作精神病鉴定的期间不计入办案期限。 | **第一百四十七条**　对犯罪嫌疑人作精神病鉴定的期间不计入办案期限。 |
|  | **第八节　技术侦查措施** |
|  | **第一百四十八条　公安机关在立案后，对于危害国家安全犯罪、恐怖活动犯罪、黑社会性质的组织犯罪、重大毒品犯罪或者其他严重危害社会的犯罪案件，根据侦查犯罪的需要，经过严格的批准手续，可以采取技术侦查措施。** |

续表

| 修改前 | 修改后 |
| --- | --- |
| | 人民检察院在立案后，对于重大的贪污、贿赂犯罪案件以及利用职权实施的严重侵犯公民人身权利的重大犯罪案件，根据侦查犯罪的需要，经过严格的批准手续，可以采取技术侦查措施，按照规定交有关机关执行。<br>追捕被通缉或者批准、决定逮捕的在逃的犯罪嫌疑人、被告人，经过批准，可以采取追捕所必需的技术侦查措施。 |
| | 第一百四十九条　批准决定应当根据侦查犯罪的需要，确定采取技术侦查措施的种类和适用对象。批准决定自签发之日起三个月以内有效。对于不需要继续采取技术侦查措施的，应当及时解除；对于复杂、疑难案件，期限届满仍有必要继续采取技术侦查措施的，经过批准，有效期可以延长，每次不得超过三个月。 |
| | 第一百五十条　采取技术侦查措施，必须严格按照批准的措施种类、适用对象和期限执行。<br>侦查人员对采取技术侦查措施过程中知悉的国家秘密、商业秘密和个人隐私，应当保密；对采取技术侦查措施获取的与案件无关的材料，必须及时销毁。<br>采取技术侦查措施获取的材料，只能用于对犯罪的侦查、起诉和审判，不得用于其他用途。<br>公安机关依法采取技术侦查措施，有关单位和个人应当配合，并对有关情况予以保密。 |

续表

| 修改前 | 修改后 |
| --- | --- |
| | **第一百五十一条　为了查明案情，在必要的时候，经公安机关负责人决定，可以由有关人员隐匿其身份实施侦查。但是，不得诱使他人犯罪，不得采用可能危害公共安全或者发生重大人身危险的方法。**<br>**对涉及给付毒品等违禁品或者财物的犯罪活动，公安机关根据侦查犯罪的需要，可以依照规定实施控制下交付。** |
| | **第一百五十二条　依照本节规定采取侦查措施收集的材料在刑事诉讼中可以作为证据使用。如果使用该证据可能危及有关人员的人身安全，或者可能产生其他严重后果的，应当采取不暴露有关人员身份、技术方法等保护措施，必要的时候，可以由审判人员在庭外对证据进行核实。** |
| **第八节　通缉** | **第九节　通缉** |
| **第一百二十三条**　应当逮捕的犯罪嫌疑人如果在逃，公安机关可以发布通缉令，采取有效措施，追捕归案。<br>各级公安机关在自己管辖的地区以内，可以直接发布通缉令；超出自己管辖的地区，应当报请有权决定的上级机关发布。 | **第一百五十三条**　应当逮捕的犯罪嫌疑人如果在逃，公安机关可以发布通缉令，采取有效措施，追捕归案。<br>各级公安机关在自己管辖的地区以内，可以直接发布通缉令；超出自己管辖的地区，应当报请有权决定的上级机关发布。 |
| **第九节　侦查终结** | **第十节　侦查终结** |
| **第一百二十四条**　对犯罪嫌疑人逮捕后的侦查羁押期限不得超过二个月。案情复杂、期限届满不能终结的案件，可以经上一级人民检察院批准延长一个月。 | **第一百五十四条**　对犯罪嫌疑人逮捕后的侦查羁押期限不得超过二个月。案情复杂、期限届满不能终结的案件，可以经上一级人民检察院批准延长一个月。 |

续表

| 修改前 | 修改后 |
| --- | --- |
| **第一百二十五条** 因为特殊原因，在较长时间内不宜交付审判的特别重大复杂的案件，由最高人民检察院报请全国人民代表大会常务委员会批准延期审理。 | **第一百五十五条** 因为特殊原因，在较长时间内不宜交付审判的特别重大复杂的案件，由最高人民检察院报请全国人民代表大会常务委员会批准延期审理。 |
| **第一百二十六条** 下列案件在本法第一百二十四条规定的期限届满不能侦查终结的，经省、自治区、直辖市人民检察院批准或者决定，可以延长二个月：<br>（一）交通十分不便的边远地区的重大复杂案件；<br>（二）重大的犯罪集团案件；<br>（三）流窜作案的重大复杂案件；<br>（四）犯罪涉及面广，取证困难的重大复杂案件。 | **第一百五十六条** 下列案件在本法第一百五十四条规定的期限届满不能侦查终结的，经省、自治区、直辖市人民检察院批准或者决定，可以延长二个月：<br>（一）交通十分不便的边远地区的重大复杂案件；<br>（二）重大的犯罪集团案件；<br>（三）流窜作案的重大复杂案件；<br>（四）犯罪涉及面广，取证困难的重大复杂案件。 |
| **第一百二十七条** 对犯罪嫌疑人可能判处十年有期徒刑以上刑罚，依照本法第一百二十六条规定延长期限届满，仍不能侦查终结的，经省、自治区、直辖市人民检察院批准或者决定，可以再延长二个月。 | **第一百五十七条** 对犯罪嫌疑人可能判处十年有期徒刑以上刑罚，依照本法第一百**五十六**条规定延长期限届满，仍不能侦查终结的，经省、自治区、直辖市人民检察院批准或者决定，可以再延长二个月。 |
| **第一百二十八条** 在侦查期间，发现犯罪嫌疑人另有重要罪行的，自发现之日起依照本法第一百二十四条的规定重新计算侦查羁押期限。<br>犯罪嫌疑人不讲真实姓名、住址，身份不明的，侦查羁押期限自查清其身份之日起计算，但是不得停止对其犯罪行为的侦查取证。对于犯罪事实清楚，证据确实、充分的，也可以按其自报的姓名移送人民检察院审查起诉。 | **第一百五十八条** 在侦查期间，发现犯罪嫌疑人另有重要罪行的，自发现之日起依照本法第一百**五十四**条的规定重新计算侦查羁押期限。<br>犯罪嫌疑人不讲真实姓名、住址，身份不明的，**应当对其身份进行调查，**侦查羁押期限自查清其身份之日起计算，但是不得停止对其犯罪行为的侦查取证。对于犯罪事实清楚，证据确实、充分，**确实无法查明其身份的，**也可以按其自报的姓名起诉、**审判**。 |

续表

| 修改前 | 修改后 |
|---|---|
| | **第一百五十九条　在案件侦查终结前，辩护律师提出要求的，侦查机关应当听取辩护律师的意见，并记录在案。辩护律师提出书面意见的，应当附卷。** |
| **第一百二十九条**　公安机关侦查终结的案件，应当做到犯罪事实清楚，证据确实、充分，并且写出起诉意见书，连同案卷材料、证据一并移送同级人民检察院审查决定。 | **第一百六十条**　公安机关侦查终结的案件，应当做到犯罪事实清楚，证据确实、充分，并且写出起诉意见书，连同案卷材料、证据一并移送同级人民检察院审查决定；**同时将案件移送情况告知犯罪嫌疑人及其辩护律师。** |
| **第一百三十条**　在侦查过程中，发现不应对犯罪嫌疑人追究刑事责任的，应当撤销案件；犯罪嫌疑人已被逮捕的，应当立即释放，发给释放证明，并且通知原批准逮捕的人民检察院。 | **第一百六十一条**　在侦查过程中，发现不应对犯罪嫌疑人追究刑事责任的，应当撤销案件；犯罪嫌疑人已被逮捕的，应当立即释放，发给释放证明，并且通知原批准逮捕的人民检察院。 |
| **第十节　人民检察院对直接受理的案件的侦查** | **第十一节　人民检察院对直接受理的案件的侦查** |
| **第一百三十一条**　人民检察院对直接受理的案件的侦查适用本章规定。 | **第一百六十二条**　人民检察院对直接受理的案件的侦查适用本章规定。 |
| **第一百三十二条**　人民检察院直接受理的案件中符合本法第六十条、第六十一条第四项、第五项规定情形，需要逮捕、拘留犯罪嫌疑人的，由人民检察院作出决定，由公安机关执行。 | **第一百六十三条**　人民检察院直接受理的案件中符合本法第**七十九**条、第**八十**条第四项、第五项规定情形，需要逮捕、拘留犯罪嫌疑人的，由人民检察院作出决定，由公安机关执行。 |

续表

| 修改前 | 修改后 |
| --- | --- |
| **第一百三十三条** 人民检察院对直接受理的案件中被拘留的人，应当在拘留后的二十四小时以内进行讯问。在发现不应当拘留的时候，必须立即释放，发给释放证明。对需要逮捕而证据还不充足的，可以取保候审或者监视居住。 | **第一百六十四条** 人民检察院对直接受理的案件中被拘留的人，应当在拘留后的二十四小时以内进行讯问。在发现不应当拘留的时候，必须立即释放，发给释放证明。 |
| **第一百三十四条** 人民检察院对直接受理的案件中被拘留的人，认为需要逮捕的，应当在十日以内作出决定。在特殊情况下，决定逮捕的时间可以延长一日至四日。对不需要逮捕的，应当立即释放；对于需要继续侦查，并且符合取保候审、监视居住条件的，依法取保候审或者监视居住。 | **第一百六十五条** 人民检察院对直接受理的案件中被拘留的人，认为需要逮捕的，应当在十**四**日以内作出决定。在特殊情况下，决定逮捕的时间可以延长一日至**三**日。对不需要逮捕的，应当立即释放；对需要继续侦查，并且符合取保候审、监视居住条件的，依法取保候审或者监视居住。 |
| **第一百三十五条** 人民检察院侦查终结的案件，应当作出提起公诉、不起诉或者撤销案件的决定。 | **第一百六十六条** 人民检察院侦查终结的案件，应当作出提起公诉、不起诉或者撤销案件的决定。 |
| **第三章 提起公诉** | **第三章 提起公诉** |
| **第一百三十六条** 凡需要提起公诉的案件，一律由人民检察院审查决定。 | **第一百六十七条** 凡需要提起公诉的案件，一律由人民检察院审查决定。 |
| **第一百三十七条** 人民检察院审查案件的时候，必须查明：<br>（一）犯罪事实、情节是否清楚，证据是否确实、充分，犯罪性质和罪名的认定是否正确；<br>（二）有无遗漏罪行和其他应当追究刑事责任的人；<br>（三）是否属于不应追究刑事责任的；<br>（四）有无附带民事诉讼；<br>（五）侦查活动是否合法。 | **第一百六十八条** 人民检察院审查案件的时候，必须查明：<br>（一）犯罪事实、情节是否清楚，证据是否确实、充分，犯罪性质和罪名的认定是否正确；<br>（二）有无遗漏罪行和其他应当追究刑事责任的人；<br>（三）是否属于不应追究刑事责任的；<br>（四）有无附带民事诉讼；<br>（五）侦查活动是否合法。 |

续表

| 修改前 | 修改后 |
| --- | --- |
| **第一百三十八条** 人民检察院对于公安机关移送起诉的案件，应当在一个月以内作出决定，重大、复杂的案件，可以延长半个月。人民检察院审查起诉的案件，改变管辖的，从改变后的人民检察院收到案件之日起计算审查起诉期限。 | **第一百六十九条** 人民检察院对于公安机关移送起诉的案件，应当在一个月以内作出决定，重大、复杂的案件，可以延长半个月。人民检察院审查起诉的案件，改变管辖的，从改变后的人民检察院收到案件之日起计算审查起诉期限。 |
| **第一百三十九条** 人民检察院审查案件，应当讯问犯罪嫌疑人，听取被害人和犯罪嫌疑人、被害人委托的人的意见。 | **第一百七十条** 人民检察院审查案件，应当讯问犯罪嫌疑人，听取**辩护人**、被害人**及其诉讼代理人**的意见，**并记录在案。辩护人、被害人及其诉讼代理人提出书面意见的，应当附卷。** |
| **第一百四十条** 人民检察院审查案件，可以要求公安机关提供法庭审判所必需的证据材料。<br>人民检察院审查案件，对于需要补充侦查的，可以退回公安机关补充侦查，也可以自行侦查。<br>对于补充侦查的案件，应当在一个月以内补充侦查完毕。补充侦查以二次为限。补充侦查完毕移送人民检察院后，人民检察院重新计算审查起诉期限。<br>对于补充侦查的案件，人民检察院仍然认为证据不足，不符合起诉条件的，可以作出不起诉的决定。 | **第一百七十一条** 人民检察院审查案件，可以要求公安机关提供法庭审判所必需的证据材料；**认为可能存在本法第五十四条规定的以非法方法收集证据情形的，可以要求其对证据收集的合法性作出说明。**<br>人民检察院审查案件，对于需要补充侦查的，可以退回公安机关补充侦查，也可以自行侦查。<br>对于补充侦查的案件，应当在一个月以内补充侦查完毕。补充侦查以二次为限。补充侦查完毕移送人民检察院后，人民检察院重新计算审查起诉期限。<br>对于**二次**补充侦查的案件，人民检察院仍然认为证据不足，不符合起诉条件的，**应当**作出不起诉的决定。 |

续表

| 修改前 | 修改后 |
| --- | --- |
| **第一百四十一条**　人民检察院认为犯罪嫌疑人的犯罪事实已经查清，证据确实、充分，依法应当追究刑事责任的，应当作出起诉决定，按照审判管辖的规定，向人民法院提起公诉。 | **第一百七十二条**　人民检察院认为犯罪嫌疑人的犯罪事实已经查清，证据确实、充分，依法应当追究刑事责任的，应当作出起诉决定，按照审判管辖的规定，向人民法院提起公诉，**并将案卷材料、证据移送人民法院**。 |
| **第一百四十二条**　犯罪嫌疑人有本法第十五条规定的情形之一的，人民检察院应当作出不起诉决定。<br>对于犯罪情节轻微，依照刑法规定不需要判处刑罚或者免除刑罚的，人民检察院可以作出不起诉决定。<br>人民检察院决定不起诉的案件，应当同时对侦查中扣押、冻结的财物解除扣押、冻结。对被不起诉人需要给予行政处罚、行政处分或者需要没收其违法所得的，人民检察院应当提出检察意见，移送有关主管机关处理。有关主管机关应当将处理结果及时通知人民检察院。 | **第一百七十三条**　犯罪嫌疑人**没有犯罪事实，或者**有本法第十五条规定的情形之一的，人民检察院应当作出不起诉决定。<br>对于犯罪情节轻微，依照刑法规定不需要判处刑罚或者免除刑罚的，人民检察院可以作出不起诉决定。<br>人民检察院决定不起诉的案件，应当同时对侦查中**查封**、扣押、冻结的财物解除**查封**、扣押、冻结。对被不起诉人需要给予行政处罚、行政处分或者需要没收其违法所得的，人民检察院应当提出检察意见，移送有关主管机关处理。有关主管机关应当将处理结果及时通知人民检察院。 |
| **第一百四十三条**　不起诉的决定，应当公开宣布，并且将不起诉决定书送达被不起诉人和他的所在单位。如果被不起诉人在押，应当立即释放。 | **第一百七十四条**　不起诉的决定，应当公开宣布，并且将不起诉决定书送达被不起诉人和他的所在单位。如果被不起诉人在押，应当立即释放。 |

续表

| 修改前 | 修改后 |
| --- | --- |
| **第一百四十四条**　对于公安机关移送起诉的案件，人民检察院决定不起诉的，应当将不起诉决定书送达公安机关。公安机关认为不起诉的决定有错误的时候，可以要求复议，如果意见不被接受，可以向上一级人民检察院提请复核。 | **第一百七十五条**　对于公安机关移送起诉的案件，人民检察院决定不起诉的，应当将不起诉决定书送达公安机关。公安机关认为不起诉的决定有错误的时候，可以要求复议，如果意见不被接受，可以向上一级人民检察院提请复核。 |
| **第一百四十五条**　对于有被害人的案件，决定不起诉的，人民检察院应当将不起诉决定书送达被害人。被害人如果不服，可以自收到决定书后七日以内向上一级人民检察院申诉，请求提起公诉。人民检察院应当将复查决定告知被害人。对人民检察院维持不起诉决定的，被害人可以向人民法院起诉。被害人也可以不经申诉，直接向人民法院起诉。人民法院受理案件后，人民检察院应当将有关案件材料移送人民法院。 | **第一百七十六条**　对于有被害人的案件，决定不起诉的，人民检察院应当将不起诉决定书送达被害人。被害人如果不服，可以自收到决定书后七日以内向上一级人民检察院申诉，请求提起公诉。人民检察院应当将复查决定告知被害人。对人民检察院维持不起诉决定的，被害人可以向人民法院起诉。被害人也可以不经申诉，直接向人民法院起诉。人民法院受理案件后，人民检察院应当将有关案件材料移送人民法院。 |
| **第一百四十六条**　对于人民检察院依照本法第一百四十二条第二款规定作出的不起诉决定，被不起诉人如果不服，可以自收到决定书后七日以内向人民检察院申诉。人民检察院应当作出复查决定，通知被不起诉的人，同时抄送公安机关。 | **第一百七十七条**　对于人民检察院依照本法第一百**七十三**条第二款规定作出的不起诉决定，被不起诉人如果不服，可以自收到决定书后七日以内向人民检察院申诉。人民检察院应当作出复查决定，通知被不起诉的人，同时抄送公安机关。 |

续表

| 修改前 | 修改后 |
| --- | --- |
| **第三编　审判** | **第三编　审判** |
| **第一章　审判组织** | **第一章　审判组织** |
| **第一百四十七条**　基层人民法院、中级人民法院审判第一审案件，应当由审判员三人或者由审判员和人民陪审员共三人组成合议庭进行，但是基层人民法院适用简易程序的案件可以由审判员一人独任审判。<br>高级人民法院、最高人民法院审判第一审案件，应当由审判员三人至七人或者由审判员和人民陪审员共三人至七人组成合议庭进行。<br>人民陪审员在人民法院执行职务，同审判员有同等的权利。<br>人民法院审判上诉和抗诉案件，由审判员三人至五人组成合议庭进行。<br>合议庭的成员人数应当是单数。<br>合议庭由院长或者庭长指定审判员一人担任审判长。院长或者庭长参加审判案件的时候，自己担任审判长。 | **第一百七十八条**　基层人民法院、中级人民法院审判第一审案件，应当由审判员三人或者由审判员和人民陪审员共三人组成合议庭进行，但是基层人民法院适用简易程序的案件可以由审判员一人独任审判。<br>高级人民法院、最高人民法院审判第一审案件，应当由审判员三人至七人或者由审判员和人民陪审员共三人至七人组成合议庭进行。<br>人民陪审员在人民法院执行职务，同审判员有同等的权利。<br>人民法院审判上诉和抗诉案件，由审判员三人至五人组成合议庭进行。<br>合议庭的成员人数应当是单数。<br>合议庭由院长或者庭长指定审判员一人担任审判长。院长或者庭长参加审判案件的时候，自己担任审判长。 |
| **第一百四十八条**　合议庭进行评议的时候，如果意见分歧，应当按多数人的意见作出决定，但是少数人的意见应当写入笔录。评议笔录由合议庭的组成人员签名。 | **第一百七十九条**　合议庭进行评议的时候，如果意见分歧，应当按多数人的意见作出决定，但是少数人的意见应当写入笔录。评议笔录由合议庭的组成人员签名。 |
| **第一百四十九条**　合议庭开庭审理并且评议后，应当作出判决。对于疑难、复杂、重大的案件，合议庭认为难以作出决定的，由合议庭提请院长决定提交审判委员会讨论决定。审判委员会的决定，合议庭应当执行。 | **第一百八十条**　合议庭开庭审理并且评议后，应当作出判决。对于疑难、复杂、重大的案件，合议庭认为难以作出决定的，由合议庭提请院长决定提交审判委员会讨论决定。审判委员会的决定，合议庭应当执行。 |

续表

| 修改前 | 修改后 |
| --- | --- |
| **第二章　第一审程序** | **第二章　第一审程序** |
| **第一节　公诉案件** | **第一节　公诉案件** |
| **第一百五十条**　人民法院对提起公诉的案件进行审查后，对于起诉书中有明确的指控犯罪事实并且附有证据目录、证人名单和主要证据复印件或者照片的，应当决定开庭审判。 | **第一百八十一条**　人民法院对提起公诉的案件进行审查后，对于起诉书中有明确的指控犯罪事实的，应当决定开庭审判。 |
| **第一百五十一条**　人民法院决定开庭审判后，应当进行下列工作：（一）确定合议庭的组成人员；（二）将人民检察院的起诉书副本至迟在开庭十日以前送达被告人。对于被告人未委托辩护人的，告知被告人可以委托辩护人，或者在必要的时候指定承担法律援助义务的律师为其提供辩护；（三）将开庭的时间、地点在开庭三日以前通知人民检察院；（四）传唤当事人，通知辩护人、诉讼代理人、证人、鉴定人和翻译人员，传票和通知书至迟在开庭三日以前送达；（五）公开审判的案件，在开庭三日以前先期公布案由、被告人姓名、开庭时间和地点。上述活动情形应当写入笔录，由审判人员和书记员签名。 | **第一百八十二条**　人民法院决定开庭审判后，应当确定合议庭的组成人员，将人民检察院的起诉书副本至迟在开庭十日以前送达被告人及其辩护人。<br>**在开庭以前，审判人员可以召集公诉人、当事人和辩护人、诉讼代理人，对回避、出庭证人名单、非法证据排除等与审判相关的问题，了解情况，听取意见。**<br>**人民法院确定开庭日期后，应当**将开庭的时间、地点通知人民检察院，传唤当事人，通知辩护人、诉讼代理人、证人、鉴定人和翻译人员，传票和通知书至迟在开庭三日以前送达。公开审判的案件，**应当**在开庭三日以前先期公布案由、被告人姓名、开庭时间和地点。<br>上述活动情形应当写入笔录，由审判人员和书记员签名。 |

续表

| 修改前 | 修改后 |
| --- | --- |
| **第一百五十二条** 人民法院审判第一审案件应当公开进行。但是有关国家秘密或者个人隐私的案件，不公开审理。十四岁以上不满十六岁未成年人犯罪的案件，一律不公开审理。十六岁以上不满十八岁未成年人犯罪的案件，一般也不公开审理。对于不公开审理的案件，应当当庭宣布不公开审理的理由。（修改本条，相关内容移至第一百八十三条或者移至新法第二百七十条） | **第一百八十三条** 人民法院审判第一审案件应当公开进行。但是有关国家秘密或者个人隐私的案件，不公开审理；**涉及商业秘密的案件，当事人申请不公开审理的，可以不公开审理**。不公开审理的案件，应当当庭宣布不公开审理的理由。 |
| **第一百五十三条** 人民法院审判公诉案件，人民检察院应当派员出席法庭支持公诉，但是依照本法第一百七十五条的规定适用简易程序的，人民检察院可以不派员出席法庭。 | **第一百八十四条** 人民法院审判公诉案件，人民检察院应当派员出席法庭支持公诉。 |
| **第一百五十四条** 开庭的时候，审判长查明当事人是否到庭，宣布案由；宣布合议庭的组成人员、书记员、公诉人、辩护人、诉讼代理人、鉴定人和翻译人员的名单；告知当事人有权对合议庭组成人员、书记员、公诉人、鉴定人和翻译人员申请回避；告知被告人享有辩护权利。 | **第一百八十五条** 开庭的时候，审判长查明当事人是否到庭，宣布案由；宣布合议庭的组成人员、书记员、公诉人、辩护人、诉讼代理人、鉴定人和翻译人员的名单；告知当事人有权对合议庭组成人员、书记员、公诉人、鉴定人和翻译人员申请回避；告知被告人享有辩护权利。 |

续表

| 修改前 | 修改后 |
| --- | --- |
| **第一百五十五条** 公诉人在法庭上宣读起诉书后，被告人、被害人可以就起诉书指控的犯罪进行陈述，公诉人可以讯问被告人。<br>被害人、附带民事诉讼的原告人和辩护人、诉讼代理人，经审判长许可，可以向被告人发问。<br>审判人员可以讯问被告人。 | **第一百八十六条** 公诉人在法庭上宣读起诉书后，被告人、被害人可以就起诉书指控的犯罪进行陈述，公诉人可以讯问被告人。<br>被害人、附带民事诉讼的原告人和辩护人、诉讼代理人，经审判长许可，可以向被告人发问。<br>审判人员可以讯问被告人。 |
| | **第一百八十七条 公诉人、当事人或者辩护人、诉讼代理人对证人证言有异议，且该证人证言对案件定罪量刑有重大影响，人民法院认为证人有必要出庭作证的，证人应当出庭作证。<br>人民警察就其执行职务时目击的犯罪情况作为证人出庭作证，适用前款规定。<br>公诉人、当事人或者辩护人、诉讼代理人对鉴定意见有异议，人民法院认为鉴定人有必要出庭的，鉴定人应当出庭作证。经人民法院通知，鉴定人拒不出庭作证的，鉴定意见不得作为定案的根据。** |
| | **第一百八十八条 经人民法院通知，证人没有正当理由不出庭作证的，人民法院可以强制其到庭，但是被告人的配偶、父母、子女除外。<br>证人没有正当理由拒绝出庭或者出庭后拒绝作证的，予以训诫，情节严重** |

续表

| 修改前 | 修改后 |
| --- | --- |
| | **的，经院长批准，处以十日以下的拘留。被处罚人对拘留决定不服的，可以向上一级人民法院申请复议。复议期间不停止执行。** |
| **第一百五十六条** 证人作证，审判人员应当告知他要如实地提供证言和有意作伪证或者隐匿罪证要负的法律责任。公诉人、当事人和辩护人、诉讼代理人经审判长许可，可以对证人、鉴定人发问。审判长认为发问的内容与案件无关的时候，应当制止。<br>审判人员可以询问证人、鉴定人。 | **第一百八十九条** 证人作证，审判人员应当告知他要如实地提供证言和有意作伪证或者隐匿罪证要负的法律责任。公诉人、当事人和辩护人、诉讼代理人经审判长许可，可以对证人、鉴定人发问。审判长认为发问的内容与案件无关的时候，应当制止。<br>审判人员可以询问证人、鉴定人。 |
| **第一百五十七条** 公诉人、辩护人应当向法庭出示物证，让当事人辨认，对未到庭的证人的证言笔录、鉴定人的鉴定结论、勘验笔录和其他作为证据的文书，应当当庭宣读。审判人员应当听取公诉人、当事人和辩护人、诉讼代理人的意见。 | **第一百九十条** 公诉人、辩护人应当向法庭出示物证，让当事人辨认，对未到庭的证人的证言笔录、鉴定人的鉴定**意见**、勘验笔录和其他作为证据的文书，应当当庭宣读。审判人员应当听取公诉人、当事人和辩护人、诉讼代理人的意见。 |
| **第一百五十八条** 法庭审理过程中，合议庭对证据有疑问的，可以宣布休庭，对证据进行调查核实。<br>人民法院调查核实证据，可以进行勘验、检查、扣押、鉴定和查询、冻结。 | **第一百九十一条** 法庭审理过程中，合议庭对证据有疑问的，可以宣布休庭，对证据进行调查核实。<br>人民法院调查核实证据，可以进行勘验、检查、扣押、鉴定和查询、冻结。 |

续表

| 修改前 | 修改后 |
| --- | --- |
| **第一百五十九条**　法庭审理过程中，当事人和辩护人、诉讼代理人有权申请通知新的证人到庭，调取新的物证，申请重新鉴定或者勘验。<br>法庭对于上述申请，应当作出是否同意的决定。 | **第一百九十二条**　法庭审理过程中，当事人和辩护人、诉讼代理人有权申请通知新的证人到庭，调取新的物证，申请重新鉴定或者勘验。<br>**公诉人、当事人和辩护人、诉讼代理人可以申请法庭通知有专门知识的人出庭，就鉴定人作出的鉴定意见提出意见。**<br>法庭对于上述申请，应当作出是否同意的决定。<br>**第二款规定的有专门知识的人出庭，适用鉴定人的有关规定。** |
| **第一百六十条**　经审判长许可，公诉人、当事人和辩护人、诉讼代理人可以对证据和案件情况发表意见并且可以互相辩论。<br>审判长在宣布辩论终结后，被告人有最后陈述的权利。 | **第一百九十三条**　**法庭审理过程中，对与定罪、量刑有关的事实、证据都应当进行调查、辩论。**<br>经审判长许可，公诉人、当事人和辩护人、诉讼代理人可以对证据和案件情况发表意见并且可以互相辩论。<br>审判长在宣布辩论终结后，被告人有最后陈述的权利。 |
| **第一百六十一条**　在法庭审判过程中，如果诉讼参与人或者旁听人员违反法庭秩序，审判长应当警告制止。对不听制止的，可以强行带出法庭；情节严重的，处以一千元以下的罚款或者十五日以下的拘留。罚款、拘留必须经院长批准。被处罚人对罚款、拘留的决定不服的，可以向上一级人民法院申请复议。复议期间不停止执行。 | **第一百九十四条**　在法庭审判过程中，如果诉讼参与人或者旁听人员违反法庭秩序，审判长应当警告制止。对不听制止的，可以强行带出法庭；情节严重的，处以一千元以下的罚款或者十五日以下的拘留。罚款、拘留必须经院长批准。被处罚人对罚款、拘留的决定不服的，可以向上一级人民法院申请复议。复议期间不停止执行。 |

续表

| 修改前 | 修改后 |
| --- | --- |
| 对聚众哄闹、冲击法庭或者侮辱、诽谤、威胁、殴打司法工作人员或者诉讼参与人，严重扰乱法庭秩序，构成犯罪的，依法追究刑事责任。 | 对聚众哄闹、冲击法庭或者侮辱、诽谤、威胁、殴打司法工作人员或者诉讼参与人，严重扰乱法庭秩序，构成犯罪的，依法追究刑事责任。 |
| **第一百六十二条**　在被告人最后陈述后，审判长宣布休庭，合议庭进行评议，根据已经查明的事实、证据和有关的法律规定，分别作出以下判决：<br>（一）案件事实清楚，证据确实、充分，依据法律认定被告人有罪的，应当作出有罪判决；<br>（二）依据法律认定被告人无罪的，应当作出无罪判决；<br>（三）证据不足，不能认定被告人有罪的，应当作出证据不足、指控的犯罪不能成立的无罪判决。 | **第一百九十五条**　在被告人最后陈述后，审判长宣布休庭，合议庭进行评议，根据已经查明的事实、证据和有关的法律规定，分别作出以下判决：<br>（一）案件事实清楚，证据确实、充分，依据法律认定被告人有罪的，应当作出有罪判决；<br>（二）依据法律认定被告人无罪的，应当作出无罪判决；<br>（三）证据不足，不能认定被告人有罪的，应当作出证据不足、指控的犯罪不能成立的无罪判决。 |
| **第一百六十三条**　宣告判决，一律公开进行。<br>当庭宣告判决的，应当在五日以内将判决书送达当事人和提起公诉的人民检察院；定期宣告判决的，应当在宣告后立即将判决书送达当事人和提起公诉的人民检察院。 | **第一百九十六条**　宣告判决，一律公开进行。<br>当庭宣告判决的，应当在五日以内将判决书送达当事人和提起公诉的人民检察院；定期宣告判决的，应当在宣告后立即将判决书送达当事人和提起公诉的人民检察院。**判决书应当同时送达辩护人、诉讼代理人。** |

续表

| 修改前 | 修改后 |
| --- | --- |
| **第一百六十四条** 判决书应当由合议庭的组成人员和书记员署名，并且写明上诉的期限和上诉的法院。 | **第一百九十七条** 判决书应当由**审判人员**和书记员署名，并且写明上诉的期限和上诉的法院。 |
| **第一百六十五条** 在法庭审判过程中，遇有下列情形之一，影响审判进行的，可以延期审理：<br>（一）需要通知新的证人到庭，调取新的物证，重新鉴定或者勘验的；<br>（二）检察人员发现提起公诉的案件需要补充侦查，提出建议的；<br>（三）由于当事人申请回避而不能进行审判的。 | **第一百九十八条** 在法庭审判过程中，遇有下列情形之一，影响审判进行的，可以延期审理：<br>（一）需要通知新的证人到庭，调取新的物证，重新鉴定或者勘验的；<br>（二）检察人员发现提起公诉的案件需要补充侦查，提出建议的；<br>（三）由于申请回避而不能进行审判的。 |
| **第一百六十六条** 依照本法第一百六十五条第二项的规定延期审理的案件，人民检察院应当在一个月以内补充侦查完毕。 | **第一百九十九条** 依照本法第一百九十八条第二项的规定延期审理的案件，人民检察院应当在一个月以内补充侦查完毕。 |
|  | **第二百条　在审判过程中，有下列情形之一，致使案件在较长时间内无法继续审理的，可以中止审理：<br>（一）被告人患有严重疾病，无法出庭的；<br>（二）被告人脱逃的；<br>（三）自诉人患有严重疾病，无法出庭，未委托诉讼代理人出庭的；<br>（四）由于不能抗拒的原因。<br>中止审理的原因消失后，应当恢复审理。中止审理的期间不计入审理期限。** |

续表

| 修改前 | 修改后 |
| --- | --- |
| **第一百六十七条** 法庭审判的全部活动，应当由书记员写成笔录，经审判长审阅后，由审判长和书记员签名。<br>法庭笔录中的证人证言部分，应当当庭宣读或者交给证人阅读。证人在承认没有错误后，应当签名或者盖章。<br>法庭笔录应当交给当事人阅读或者向他宣读。当事人认为记载有遗漏或者差错的，可以请求补充或者改正。当事人承认没有错误后，应当签名或者盖章。 | **第二百零一条** 法庭审判的全部活动，应当由书记员写成笔录，经审判长审阅后，由审判长和书记员签名。<br>法庭笔录中的证人证言部分，应当当庭宣读或者交给证人阅读。证人在承认没有错误后，应当签名或者盖章。<br>法庭笔录应当交给当事人阅读或者向他宣读。当事人认为记载有遗漏或者差错的，可以请求补充或者改正。当事人承认没有错误后，应当签名或者盖章。 |
| **第一百六十八条** 人民法院审理公诉案件，应当在受理后一个月以内宣判，至迟不得超过一个半月。有本法第一百二十六条规定情形之一的，经省、自治区、直辖市高级人民法院批准或者决定，可以再延长一个月。<br>人民法院改变管辖的案件，从改变后的人民法院收到案件之日起计算审理期限。<br>人民检察院补充侦查的案件，补充侦查完毕移送人民法院后，人民法院重新计算审理期限。 | **第二百零二条** 人民法院审理公诉案件，应当在受理后**二个月**以内宣判，至迟不得超过**三个月。对于可能判处死刑的案件或者附带民事诉讼的案件，以及**有本法第一百**五十六**条规定情形之一的，经**上一级人民法院**批准，可以延长**三个月；因特殊情况还需要延长的，报请最高人民法院批准。**<br>人民法院改变管辖的案件，从改变后的人民法院收到案件之日起计算审理期限。<br>人民检察院补充侦查的案件，补充侦查完毕移送人民法院后，人民法院重新计算审理期限。 |

续表

| 修改前 | 修改后 |
| --- | --- |
| **第一百六十九条** 人民检察院发现人民法院审理案件违反法律规定的诉讼程序，有权向人民法院提出纠正意见。 | **第二百零三条** 人民检察院发现人民法院审理案件违反法律规定的诉讼程序，有权向人民法院提出纠正意见。 |
| **第二节 自诉案件** | **第二节 自诉案件** |
| **第一百七十条** 自诉案件包括下列案件：<br>（一）告诉才处理的案件；<br>（二）被害人有证据证明的轻微刑事案件；<br>（三）被害人有证据证明对被告人侵犯自己人身、财产权利的行为应当依法追究刑事责任，而公安机关或者人民检察院不予追究被告人刑事责任的案件。 | **第二百零四条** 自诉案件包括下列案件：<br>（一）告诉才处理的案件；<br>（二）被害人有证据证明的轻微刑事案件；<br>（三）被害人有证据证明对被告人侵犯自己人身、财产权利的行为应当依法追究刑事责任，而公安机关或者人民检察院不予追究被告人刑事责任的案件。 |
| **第一百七十一条** 人民法院对于自诉案件进行审查后，按照下列情形分别处理：<br>（一）犯罪事实清楚，有足够证据的案件，应当开庭审判；<br>（二）缺乏罪证的自诉案件，如果自诉人提不出补充证据，应当说服自诉人撤回自诉，或者裁定驳回。<br>自诉人经两次依法传唤，无正当理由拒不到庭的，或者未经法庭许可中途退庭的，按撤诉处理。<br>法庭审理过程中，审判人员对证据有疑问，需要调查核实的，适用本法第一百五十八条的规定。 | **第二百零五条** 人民法院对于自诉案件进行审查后，按照下列情形分别处理：<br>（一）犯罪事实清楚，有足够证据的案件，应当开庭审判；<br>（二）缺乏罪证的自诉案件，如果自诉人提不出补充证据，应当说服自诉人撤回自诉，或者裁定驳回。<br>自诉人经两次依法传唤，无正当理由拒不到庭的，或者未经法庭许可中途退庭的，按撤诉处理。<br>法庭审理过程中，审判人员对证据有疑问，需要调查核实的，适用本法第一百**九十一**条的规定。 |

续表

| 修改前 | 修改后 |
| --- | --- |
| **第一百七十二条** 人民法院对自诉案件，可以进行调解；自诉人在宣告判决前，可以同被告人自行和解或者撤回自诉。本法第一百七十条第三项规定的案件不适用调解。 | **第二百零六条** 人民法院对自诉案件，可以进行调解；自诉人在宣告判决前，可以同被告人自行和解或者撤回自诉。本法第**二百零四**条第三项规定的案件不适用调解。<br>**人民法院审理自诉案件的期限，被告人被羁押的，适用本法第二百零二条第一款、第二款的规定；未被羁押的，应当在受理后六个月以内宣判。** |
| **第一百七十三条** 自诉案件的被告人在诉讼过程中，可以对自诉人提起反诉。反诉适用自诉的规定。 | **第二百零七条** 自诉案件的被告人在诉讼过程中，可以对自诉人提起反诉。反诉适用自诉的规定。 |
| **第三节 简易程序** | **第三节 简易程序** |
| **第一百七十四条** 人民法院对于下列案件，可以适用简易程序，由审判员一人独任审判：<br>（一）对依法可能判处三年以下有期徒刑、拘役、管制、单处罚金的公诉案件，事实清楚、证据充分，人民检察院建议或者同意适用简易程序的；<br>（二）告诉才处理的案件；<br>（三）被害人起诉的有证据证明的轻微刑事案件。 | **第二百零八条 基层人民法院管辖**的案件，符合下列条件的，可以适用简易程序审判：<br>（一）案件事实清楚、证据充分的；<br>**（二）被告人承认自己所犯罪行，对指控的犯罪事实没有异议的；**<br>**（三）被告人对适用简易程序没有异议的**。<br>人民检察院**在提起公诉的时候**，可以建议人民法院适用简易程序。 |

续表

| 修改前 | 修改后 |
| --- | --- |
| | **第二百零九条　有下列情形之一的，不适用简易程序：**<br>**（一）被告人是盲、聋、哑人，或者是尚未完全丧失辨认或者控制自己行为能力的精神病人的；**<br>**（二）有重大社会影响的；**<br>**（三）共同犯罪案件中部分被告人不认罪或者对适用简易程序有异议的；**<br>**（四）其他不宜适用简易程序审理的。** |
| **第一百七十五条**　适用简易程序审理公诉案件，人民检察院可以不派员出席法庭。被告人可以就起诉书指控的犯罪进行陈述和辩护。人民检察院派员出席法庭的，经审判人员许可，被告人及其辩护人可以同公诉人互相辩论。 | **第二百一十条　适用简易程序审理案件，对可能判处三年有期徒刑以下刑罚的，可以组成合议庭进行审判，也可以由审判员一人独任审判；对可能判处的有期徒刑超过三年的，应当组成合议庭进行审判。**<br>适用简易程序审理公诉案件，人民检察院**应当**派员出席法庭。 |
| | **第二百一十一条　适用简易程序审理案件，审判人员应当询问被告人对指控的犯罪事实的意见，告知被告人适用简易程序审理的法律规定，确认被告人是否同意适用简易程序审理。** |
| **第一百七十六条**　适用简易程序审理自诉案件，宣读起诉书后，经审判人员许可，被告人及其辩护人可以同自诉人及其诉讼代理人互相辩论。 | **第二百一十二条**　适用简易程序审理案件，经审判人员许可，被告人及其辩护人可以同**公诉人**、自诉人及其诉讼代理人互相辩论。 |

续表

| 修改前 | 修改后 |
| --- | --- |
| **第一百七十七条** 适用简易程序审理案件，不受本章第一节关于讯问被告人、询问证人、鉴定人、出示证据、法庭辩论程序规定的限制。但在判决宣告前应当听取被告人的最后陈述意见。 | **第二百一十三条** 适用简易程序审理案件，不受本章第一节关于**送达期限**、讯问被告人、询问证人、鉴定人、出示证据、法庭辩论程序规定的限制。但在判决宣告前应当听取被告人的最后陈述意见。 |
| **第一百七十八条** 适用简易程序审理案件，人民法院应当在受理后二十日以内审结。 | **第二百一十四条** 适用简易程序审理案件，人民法院应当在受理后二十日以内审结；**对可能判处的有期徒刑超过三年的，可以延长至一个半月。** |
| **第一百七十九条** 人民法院在审理过程中，发现不宜适用简易程序的，应当按照本章第一节或者第二节的规定重新审理。 | **第二百一十五条** 人民法院在审理过程中，发现不宜适用简易程序的，应当按照本章第一节或者第二节的规定重新审理。 |
| **第三章 第二审程序** | **第三章 第二审程序** |
| **第一百八十条** 被告人、自诉人和他们的法定代理人，不服地方各级人民法院第一审的判决、裁定，有权用书状或者口头向上一级人民法院上诉。被告人的辩护人和近亲属，经被告人同意，可以提出上诉。<br>附带民事诉讼的当事人和他们的法定代理人，可以对地方各级人民法院第一审的判决、裁定中的附带民事诉讼部分，提出上诉。<br>对被告人的上诉权，不得以任何借口加以剥夺。 | **第二百一十六条** 被告人、自诉人和他们的法定代理人，不服地方各级人民法院第一审的判决、裁定，有权用书状或者口头向上一级人民法院上诉。被告人的辩护人和近亲属，经被告人同意，可以提出上诉。<br>附带民事诉讼的当事人和他们的法定代理人，可以对地方各级人民法院第一审的判决、裁定中的附带民事诉讼部分，提出上诉。<br>对被告人的上诉权，不得以任何借口加以剥夺。 |

续表

| 修改前 | 修改后 |
| --- | --- |
| **第一百八十一条** 地方各级人民检察院认为本级人民法院第一审的判决、裁定确有错误的时候，应当向上一级人民法院提出抗诉。 | **第二百一十七条** 地方各级人民检察院认为本级人民法院第一审的判决、裁定确有错误的时候，应当向上一级人民法院提出抗诉。 |
| **第一百八十二条** 被害人及其法定代理人不服地方各级人民法院第一审的判决的，自收到判决书后五日以内，有权请求人民检察院提出抗诉。人民检察院自收到被害人及其法定代理人的请求后五日以内，应当作出是否抗诉的决定并且答复请求人。 | **第二百一十八条** 被害人及其法定代理人不服地方各级人民法院第一审的判决的，自收到判决书后五日以内，有权请求人民检察院提出抗诉。人民检察院自收到被害人及其法定代理人的请求后五日以内，应当作出是否抗诉的决定并且答复请求人。 |
| **第一百八十三条** 不服判决的上诉和抗诉的期限为十日，不服裁定的上诉和抗诉的期限为五日，从接到判决书、裁定书的第二日起算。 | **第二百一十九条** 不服判决的上诉和抗诉的期限为十日，不服裁定的上诉和抗诉的期限为五日，从接到判决书、裁定书的第二日起算。 |
| **第一百八十四条** 被告人、自诉人、附带民事诉讼的原告人和被告人通过原审人民法院提出上诉的，原审人民法院应当在三日以内将上诉状连同案卷、证据移送上一级人民法院，同时将上诉状副本送交同级人民检察院和对方当事人。<br>被告人、自诉人、附带民事诉讼的原告人和被告人直接向第二审人民法院提出上诉的，第二审人民法院应当在三日以内将上诉状交原审人民法院送交同级人民检察院和对方当事人。 | **第二百二十条** 被告人、自诉人、附带民事诉讼的原告人和被告人通过原审人民法院提出上诉的，原审人民法院应当在三日以内将上诉状连同案卷、证据移送上一级人民法院，同时将上诉状副本送交同级人民检察院和对方当事人。<br>被告人、自诉人、附带民事诉讼的原告人和被告人直接向第二审人民法院提出上诉的，第二审人民法院应当在三日以内将上诉状交原审人民法院送交同级人民检察院和对方当事人。 |

续表

| 修改前 | 修改后 |
| --- | --- |
| **第一百八十五条** 地方各级人民检察院对同级人民法院第一审判决、裁定的抗诉，应当通过原审人民法院提出抗诉书，并且将抗诉书抄送上一级人民检察院。原审人民法院应当将抗诉书连同案卷、证据移送上一级人民法院，并且将抗诉书副本送交当事人。<br>上级人民检察院如果认为抗诉不当，可以向同级人民法院撤回抗诉，并且通知下级人民检察院。 | **第二百二十一条** 地方各级人民检察院对同级人民法院第一审判决、裁定的抗诉，应当通过原审人民法院提出抗诉书，并且将抗诉书抄送上一级人民检察院。原审人民法院应当将抗诉书连同案卷、证据移送上一级人民法院，并且将抗诉书副本送交当事人。<br>上级人民检察院如果认为抗诉不当，可以向同级人民法院撤回抗诉，并且通知下级人民检察院。 |
| **第一百八十六条** 第二审人民法院应当就第一审判决认定的事实和适用法律进行全面审查，不受上诉或者抗诉范围的限制。<br>共同犯罪的案件只有部分被告人上诉的，应当对全案进行审查，一并处理。 | **第二百二十二条** 第二审人民法院应当就第一审判决认定的事实和适用法律进行全面审查，不受上诉或者抗诉范围的限制。<br>共同犯罪的案件只有部分被告人上诉的，应当对全案进行审查，一并处理。 |
| **第一百八十七条** 第二审人民法院对上诉案件，应当组成合议庭，开庭审理。合议庭经过阅卷，讯问被告人、听取其他当事人、辩护人、诉讼代理人的意见，对事实清楚的，可以不开庭审理。对人民检察院抗诉的案件，第二审人民法院应当开庭审理。<br>第二审人民法院开庭审理上诉、抗诉案件，可以到案件发生地或者原审人民法院所在地进行。 | **第二百二十三条** 第二审人民法院对**于下列**案件，应当组成合议庭，开庭审理：<br>**（一）被告人、自诉人及其法定代理人对第一审认定的事实、证据提出异议，可能影响定罪量刑的上诉案件；**<br>**（二）被告人被判处死刑的上诉案件；**<br>**（三）**人民检察院抗诉的案件；<br>**（四）其他应当开庭审理的案件。**<br>**第二审人民法院决定不开庭审理的，应当**讯问被告人，听取其他当事人、辩护人、诉讼代理人的意见。 |

续表

| 修改前 | 修改后 |
| --- | --- |
| | 第二审人民法院开庭审理上诉、抗诉案件，可以到案件发生地或者原审人民法院所在地进行。 |
| **第一百八十八条**　人民检察院提出抗诉的案件或者第二审人民法院开庭审理的公诉案件，同级人民检察院都应当派员出庭。第二审人民法院必须在开庭十日以前通知人民检察院查阅案卷。 | **第二百二十四条**　人民检察院提出抗诉的案件或者第二审人民法院开庭审理的公诉案件，同级人民检察院都应当派员出席法庭。第二审人民法院**应当在决定开庭审理后及时**通知人民检察院查阅案卷。**人民检察院应当在一个月以内查阅完毕。人民检察院查阅案卷的时间不计入审理期限。** |
| **第一百八十九条**　第二审人民法院对不服第一审判决的上诉、抗诉案件，经过审理后，应当按照下列情形分别处理：<br>（一）原判决认定事实和适用法律正确、量刑适当的，应当裁定驳回上诉或者抗诉，维持原判；<br>（二）原判决认定事实没有错误，但适用法律有错误，或者量刑不当的，应当改判；<br>（三）原判决事实不清楚或者证据不足的，可以在查清事实后改判；也可以裁定撤销原判，发回原审人民法院重新审判。 | **第二百二十五条**　第二审人民法院对不服第一审判决的上诉、抗诉案件，经过审理后，应当按照下列情形分别处理：<br>（一）原判决认定事实和适用法律正确、量刑适当的，应当裁定驳回上诉或者抗诉，维持原判；<br>（二）原判决认定事实没有错误，但适用法律有错误，或者量刑不当的，应当改判；<br>（三）原判决事实不清楚或者证据不足的，可以在查清事实后改判；也可以裁定撤销原判，发回原审人民法院重新审判。<br>**原审人民法院对于依照前款第三项规定发回重新审判的案件作出判决后，被告人提出上诉或者人民检察院提出抗诉的，第二审人民法院应当依法作出判决或者裁定，不得再发回原审人民法院重新审判。** |

续表

| 修改前 | 修改后 |
| --- | --- |
| **第一百九十条** 第二审人民法院审判被告人或者他的法定代理人、辩护人、近亲属上诉的案件，不得加重被告人的刑罚。<br>人民检察院提出抗诉或者自诉人提出上诉的，不受前款规定的限制。 | **第二百二十六条** 第二审人民法院审理被告人或者他的法定代理人、辩护人、近亲属上诉的案件，不得加重被告人的刑罚。**第二审人民法院发回原审人民法院重新审判的案件，除有新的犯罪事实，人民检察院补充起诉的以外，原审人民法院也不得加重被告人的刑罚**。<br>人民检察院提出抗诉或者自诉人提出上诉的，不受前款规定的限制。 |
| **第一百九十一条** 第二审人民法院发现第一审人民法院的审理有下列违反法律规定的诉讼程序的情形之一的，应当裁定撤销原判，发回原审人民法院重新审判：<br>（一）违反本法有关公开审判的规定的；<br>（二）违反回避制度的；<br>（三）剥夺或者限制了当事人的法定诉讼权利，可能影响公正审判的；<br>（四）审判组织的组成不合法的；<br>（五）其他违反法律规定的诉讼程序，可能影响公正审判的。 | **第二百二十七条** 第二审人民法院发现第一审人民法院的审理有下列违反法律规定的诉讼程序的情形之一的，应当裁定撤销原判，发回原审人民法院重新审判：<br>（一）违反本法有关公开审判的规定的；<br>（二）违反回避制度的；<br>（三）剥夺或者限制了当事人的法定诉讼权利，可能影响公正审判的；<br>（四）审判组织的组成不合法的；<br>（五）其他违反法律规定的诉讼程序，可能影响公正审判的。 |
| **第一百九十二条** 原审人民法院对于发回重新审判的案件，应当另行组成合议庭，依照第一审程序进行审判。对于重新审判后的判决，依照本法第一百八十条、第一百八十一条、第一百八十二条的规定可以上诉、抗诉。 | **第二百二十八条** 原审人民法院对于发回重新审判的案件，应当另行组成合议庭，依照第一审程序进行审判。对于重新审判后的判决，依照本法第**二百一十六**条、第**二百一十七**条、第**二百一十八**条的规定可以上诉、抗诉。 |

续表

| 修改前 | 修改后 |
| --- | --- |
| **第一百九十三条** 第二审人民法院对不服第一审裁定的上诉或者抗诉，经过审查后，应当参照本法第一百八十九条、第一百九十一条和第一百九十二条的规定，分别情形用裁定驳回上诉、抗诉，或者撤销、变更原裁定。 | **第二百二十九条** 第二审人民法院对不服第一审裁定的上诉或者抗诉，经过审查后，应当参照本法第**二百二十五**条、第**二百二十七**条和第**二百二十八**条的规定，分别情形用裁定驳回上诉、抗诉，或者撤销、变更原裁定。 |
| **第一百九十四条** 第二审人民法院发回原审人民法院重新审判的案件，原审人民法院从收到发回的案件之日起，重新计算审理期限。 | **第二百三十条** 第二审人民法院发回原审人民法院重新审判的案件，原审人民法院从收到发回的案件之日起，重新计算审理期限。 |
| **第一百九十五条** 第二审人民法院审判上诉或者抗诉案件的程序，除本章已有规定的以外，参照第一审程序的规定进行。 | **第二百三十一条** 第二审人民法院审判上诉或者抗诉案件的程序，除本章已有规定的以外，参照第一审程序的规定进行。 |
| **第一百九十六条** 第二审人民法院受理上诉、抗诉案件，应当在一个月以内审结，至迟不得超过一个半月。有本法第一百二十六条规定情形之一的，经省、自治区、直辖市高级人民法院批准或者决定，可以再延长一个月，但是最高人民法院受理的上诉、抗诉案件，由最高人民法院决定。 | **第二百三十二条** 第二审人民法院受理上诉、抗诉案件，应当在二个月以内审结。**对于可能判处死刑的案件或者附带民事诉讼的案件，**以及有本法第一百**五十六**条规定情形之一的，经省、自治区、直辖市高级人民法院批准或者决定，可以延长二个月；**因特殊情况还需要延长的，报请最高人民法院批准**。<br>最高人民法院受理上诉、抗诉案件的**审理期限**，由最高人民法院决定。 |

续表

| 修改前 | 修改后 |
| --- | --- |
| **第一百九十七条** 第二审的判决、裁定和最高人民法院的判决、裁定，都是终审的判决、裁定。 | **第二百三十三条** 第二审的判决、裁定和最高人民法院的判决、裁定，都是终审的判决、裁定。 |
| **第一百九十八条** 公安机关、人民检察院和人民法院对于扣押、冻结犯罪嫌疑人、被告人的财物及其孳息，应当妥善保管，以供核查。任何单位和个人不得挪用或者自行处理。对被害人的合法财产，应当及时返还。对违禁品或者不宜长期保存的物品，应当依照国家有关规定处理。<br>对作为证据使用的实物应当随案移送，对不宜移送的，应当将其清单、照片或者其他证明文件随案移送。<br>人民法院作出的判决生效以后，对被扣押、冻结的赃款赃物及其孳息，除依法返还被害人的以外，一律没收，上缴国库。<br>司法工作人员贪污、挪用或者私自处理被扣押、冻结的赃款赃物及其孳息的，依法追究刑事责任；不构成犯罪的，给予处分。 | **第二百三十四条** 公安机关、人民检察院和人民法院对**查封**、扣押、冻结的犯罪嫌疑人、被告人的财物及其孳息，应当妥善保管，以供核查，**并制作清单，随案移送**。任何单位和个人不得挪用或者自行处理。对被害人的合法财产，应当及时返还。对违禁品或者不宜长期保存的物品，应当依照国家有关规定处理。<br>对作为证据使用的实物应当随案移送，对不宜移送的，应当将其清单、照片或者其他证明文件随案移送。<br>**人民法院作出的判决，应当对查封、扣押、冻结的财物及其孳息作出处理。**<br>人民法院作出的判决生效以后，**有关机关应当根据判决对查封、扣押、冻结的财物及其孳息进行处理**。对**查封**、扣押、冻结的赃款赃物及其孳息，除依法返还被害人的以外，一律上缴国库。<br>司法工作人员贪污、挪用或者私自处理**查封**、扣押、冻结的财物及其孳息的，依法追究刑事责任；不构成犯罪的，给予处分。 |
| **第四章　死刑复核程序** | **第四章　死刑复核程序** |
| **第一百九十九条** 死刑由最高人民法院核准。 | **第二百三十五条** 死刑由最高人民法院核准。 |

续表

| 修改前 | 修改后 |
| --- | --- |
| **第二百条** 中级人民法院判处死刑的第一审案件，被告人不上诉的，应当由高级人民法院复核后，报请最高人民法院核准。高级人民法院不同意判处死刑的，可以提审或者发回重新审判。<br>高级人民法院判处死刑的第一审案件被告人不上诉的，和判处死刑的第二审案件，都应当报请最高人民法院核准。 | **第二百三十六条** 中级人民法院判处死刑的第一审案件，被告人不上诉的，应当由高级人民法院复核后，报请最高人民法院核准。高级人民法院不同意判处死刑的，可以提审或者发回重新审判。<br>高级人民法院判处死刑的第一审案件被告人不上诉的，和判处死刑的第二审案件，都应当报请最高人民法院核准。 |
| **第二百零一条** 中级人民法院判处死刑缓期二年执行的案件，由高级人民法院核准。 | **第二百三十七条** 中级人民法院判处死刑缓期二年执行的案件，由高级人民法院核准。 |
| **第二百零二条** 最高人民法院复核死刑案件，高级人民法院复核死刑缓期执行的案件，应当由审判员三人组成合议庭进行。 | **第二百三十八条** 最高人民法院复核死刑案件，高级人民法院复核死刑缓期执行的案件，应当由审判员三人组成合议庭进行。 |
| | **第二百三十九条 最高人民法院复核死刑案件，应当作出核准或者不核准死刑的裁定。对于不核准死刑的，最高人民法院可以发回重新审判或者予以改判。** |
| | **第二百四十条 最高人民法院复核死刑案件，应当讯问被告人，辩护律师提出要求的，应当听取辩护律师的意见。<br>在复核死刑案件过程中，最高人民检察院可以向最高人民法院提出意见。最高人民法院应当将死刑复核结果通报最高人民检察院。** |

续表

| 修改前 | 修改后 |
| --- | --- |
| **第五章　审判监督程序** | **第五章　审判监督程序** |
| **第二百零三条**　当事人及其法定代理人、近亲属，对已经发生法律效力的判决、裁定，可以向人民法院或者人民检察院提出申诉，但是不能停止判决、裁定的执行。 | **第二百四十一条**　当事人及其法定代理人、近亲属，对已经发生法律效力的判决、裁定，可以向人民法院或者人民检察院提出申诉，但是不能停止判决、裁定的执行。 |
| **第二百零四条**　当事人及其法定代理人、近亲属的申诉符合下列情形之一的，人民法院应当重新审判：<br>（一）有新的证据证明原判决、裁定认定的事实确有错误的；<br>（二）据以定罪量刑的证据不确实、不充分或者证明案件事实的主要证据之间存在矛盾的；<br>（三）原判决、裁定适用法律确有错误的；<br>（四）审判人员在审理该案件的时候，有贪污受贿，徇私舞弊，枉法裁判行为的。 | **第二百四十二条**　当事人及其法定代理人、近亲属的申诉符合下列情形之一的，人民法院应当重新审判：<br>（一）有新的证据证明原判决、裁定认定的事实确有错误，**可能影响定罪量刑的**；<br>（二）据以定罪量刑的证据不确实、不充分、**依法应当予以排除**，或者证明案件事实的主要证据之间存在矛盾的；<br>（三）原判决、裁定适用法律确有错误的；<br>（四）**违反法律规定的诉讼程序，可能影响公正审判的**；<br>（五）审判人员在审理该案件的时候，有贪污受贿，徇私舞弊，枉法裁判行为的。 |
| **第二百零五条**　各级人民法院院长对本院已经发生法律效力的判决和裁定，如果发现在认定事实上或者在适用法律上确有错误，必须提交审判委员会处理。<br>最高人民法院对各级人民法院已经发生法律效力的判决和裁定，上级人民 | **第二百四十三条**　各级人民法院院长对本院已经发生法律效力的判决和裁定，如果发现在认定事实上或者在适用法律上确有错误，必须提交审判委员会处理。<br>最高人民法院对各级人民法院已经发生法律效力的判决和裁定，上级人民 |

续表

| 修改前 | 修改后 |
| --- | --- |
| 法院对下级人民法院已经发生法律效力的判决和裁定，如果发现确有错误，有权提审或者指令下级人民法院再审。<br>最高人民检察院对各级人民法院已经发生法律效力的判决和裁定，上级人民检察院对下级人民法院已经发生法律效力的判决和裁定，如果发现确有错误，有权按照审判监督程序向同级人民法院提出抗诉。<br>人民检察院抗诉的案件，接受抗诉的人民法院应当组成合议庭重新审理，对于原判决事实不清楚或者证据不足的，可以指令下级人民法院再审。 | 法院对下级人民法院已经发生法律效力的判决和裁定，如果发现确有错误，有权提审或者指令下级人民法院再审。<br>最高人民检察院对各级人民法院已经发生法律效力的判决和裁定，上级人民检察院对下级人民法院已经发生法律效力的判决和裁定，如果发现确有错误，有权按照审判监督程序向同级人民法院提出抗诉。<br>人民检察院抗诉的案件，接受抗诉的人民法院应当组成合议庭重新审理，对于原判决事实不清楚或者证据不足的，可以指令下级人民法院再审。 |
|  | **第二百四十四条　上级人民法院指令下级人民法院再审的，应当指令原审人民法院以外的下级人民法院审理；由原审人民法院审理更为适宜的，也可以指令原审人民法院审理。** |
| **第二百零六条**　人民法院按照审判监督程序重新审判的案件，应当另行组成合议庭进行。如果原来是第一审案件，应当依照第一审程序进行审判，所作的判决、裁定，可以上诉、抗诉；如果原来是第二审案件，或者是上级人民法院提审的案件，应当依照第二审程序进行审判，所作的判决、裁定，是终审的判决、裁定。 | **第二百四十五条**　人民法院按照审判监督程序重新审判的案件，**由原审人民法院审理的，**应当另行组成合议庭进行。如果原来是第一审案件，应当依照第一审程序进行审判，所作的判决、裁定，可以上诉、抗诉；如果原来是第二审案件，或者是上级人民法院提审的案件，应当依照第二审程序进行审判，所作的判决、裁定，是终审的判决、裁定。<br>**人民法院开庭审理的再审案件，同级人民检察院应当派员出席法庭。** |

续表

| 修改前 | 修改后 |
| --- | --- |
| | **第二百四十六条　人民法院决定再审的案件，需要对被告人采取强制措施的，由人民法院依法决定；人民检察院提出抗诉的再审案件，需要对被告人采取强制措施的，由人民检察院依法决定。**<br>**人民法院按照审判监督程序审判的案件，可以决定中止原判决、裁定的执行。** |
| **第二百零七条**　人民法院按照审判监督程序重新审判的案件，应当在作出提审、再审决定之日起三个月以内审结，需要延长期限的，不得超过六个月。<br>接受抗诉的人民法院按照审判监督程序审判抗诉的案件，审理期限适用前款规定；对需要指令下级人民法院再审的，应当自接受抗诉之日起一个月以内作出决定，下级人民法院审理案件的期限适用前款规定。 | **第二百四十七条**　人民法院按照审判监督程序重新审判的案件，应当在作出提审、再审决定之日起三个月以内审结，需要延长期限的，不得超过六个月。<br>接受抗诉的人民法院按照审判监督程序审判抗诉的案件，审理期限适用前款规定；对需要指令下级人民法院再审的，应当自接受抗诉之日起一个月以内作出决定，下级人民法院审理案件的期限适用前款规定。 |
| **第四编　执行** | **第四编　执行** |
| **第二百零八条**　判决和裁定在发生法律效力后执行。<br>下列判决和裁定是发生法律效力的判决和裁定：<br>（一）已过法定期限没有上诉、抗诉的判决和裁定；<br>（二）终审的判决和裁定；<br>（三）最高人民法院核准的死刑的判决和高级人民法院核准的死刑缓期二年执行的判决。 | **第二百四十八条**　判决和裁定在发生法律效力后执行。<br>下列判决和裁定是发生法律效力的判决和裁定：<br>（一）已过法定期限没有上诉、抗诉的判决和裁定；<br>（二）终审的判决和裁定；<br>（三）最高人民法院核准的死刑的判决和高级人民法院核准的死刑缓期二年执行的判决。 |

续表

| 修改前 | 修改后 |
| --- | --- |
| **第二百零九条** 第一审人民法院判决被告人无罪、免除刑事处罚的，如果被告人在押，在宣判后应当立即释放。 | **第二百四十九条** 第一审人民法院判决被告人无罪、免除刑事处罚的，如果被告人在押，在宣判后应当立即释放。 |
| **第二百一十条** 最高人民法院判处和核准的死刑立即执行的判决，应当由最高人民法院院长签发执行死刑的命令。<br>被判处死刑缓期二年执行的罪犯，在死刑缓期执行期间，如果没有故意犯罪，死刑缓期执行期满，应当予以减刑，由执行机关提出书面意见，报请高级人民法院裁定；如果故意犯罪，查证属实，应当执行死刑，由高级人民法院报请最高人民法院核准。 | **第二百五十条** 最高人民法院判处和核准的死刑立即执行的判决，应当由最高人民法院院长签发执行死刑的命令。<br>被判处死刑缓期二年执行的罪犯，在死刑缓期执行期间，如果没有故意犯罪，死刑缓期执行期满，应当予以减刑，由执行机关提出书面意见，报请高级人民法院裁定；如果故意犯罪，查证属实，应当执行死刑，由高级人民法院报请最高人民法院核准。 |
| **第二百一十一条** 下级人民法院接到最高人民法院执行死刑的命令后，应当在七日以内交付执行。但是发现有下列情形之一的，应当停止执行，并且立即报告最高人民法院，由最高人民法院作出裁定：<br>（一）在执行前发现判决可能有错误的；<br>（二）在执行前罪犯揭发重大犯罪事实或者有其他重大立功表现，可能需要改判的；<br>（三）罪犯正在怀孕。<br>前款第一项、第二项停止执行的原因消失后，必须报请最高人民法院院长再签发执行死刑的命令才能执行；由于前款第三项原因停止执行的，应当报请最高人民法院依法改判。 | **第二百五十一条** 下级人民法院接到最高人民法院执行死刑的命令后，应当在七日以内交付执行。但是发现有下列情形之一的，应当停止执行，并且立即报告最高人民法院，由最高人民法院作出裁定：<br>（一）在执行前发现判决可能有错误的；<br>（二）在执行前罪犯揭发重大犯罪事实或者有其他重大立功表现，可能需要改判的；<br>（三）罪犯正在怀孕。<br>前款第一项、第二项停止执行的原因消失后，必须报请最高人民法院院长再签发执行死刑的命令才能执行；由于前款第三项原因停止执行的，应当报请最高人民法院依法改判。 |

续表

| 修改前 | 修改后 |
| --- | --- |
| **第二百一十二条**　人民法院在交付执行死刑前，应当通知同级人民检察院派员临场监督。<br>死刑采用枪决或者注射等方法执行。<br>死刑可以在刑场或者指定的羁押场所内执行。<br>指挥执行的审判人员，对罪犯应当验明正身，讯问有无遗言、信札，然后交付执行人员执行死刑。在执行前，如果发现可能有错误，应当暂停执行，报请最高人民法院裁定。<br>执行死刑应当公布，不应示众。<br>执行死刑后，在场书记员应当写成笔录。交付执行的人民法院应当将执行死刑情况报告最高人民法院。<br>执行死刑后，交付执行的人民法院应当通知罪犯家属。 | **第二百五十二条**　人民法院在交付执行死刑前，应当通知同级人民检察院派员临场监督。<br>死刑采用枪决或者注射等方法执行。<br>死刑可以在刑场或者指定的羁押场所内执行。<br>指挥执行的审判人员，对罪犯应当验明正身，讯问有无遗言、信札，然后交付执行人员执行死刑。在执行前，如果发现可能有错误，应当暂停执行，报请最高人民法院裁定。<br>执行死刑应当公布，不应示众。<br>执行死刑后，在场书记员应当写成笔录。交付执行的人民法院应当将执行死刑情况报告最高人民法院。<br>执行死刑后，交付执行的人民法院应当通知罪犯家属。 |
| **第二百一十三条**　罪犯被交付执行刑罚的时候，应当由交付执行的人民法院将有关的法律文书送达监狱或者其他执行机关。<br>对于被判处死刑缓期二年执行、无期徒刑、有期徒刑的罪犯，由公安机关依法将该罪犯送交监狱执行刑罚。对于被判处有期徒刑的罪犯，在被交付执行刑罚前，剩余刑期在一年以下的，由看守所代为执行。对于被判处拘役的罪犯，由公安机关执行。<br>对未成年犯应当在未成年犯管教所执行刑罚。<br>执行机关应当将罪犯及时收押，并且通知罪犯家属。<br>判处有期徒刑、拘役的罪犯，执行期满，应当由执行机关发给释放证明书。 | **第二百五十三条**　罪犯被交付执行刑罚的时候，应当由交付执行的人民法院**在判决生效后十日以内**将有关的法律文书送达**公安机关**、监狱或者其他执行机关。<br>对被判处死刑缓期二年执行、无期徒刑、有期徒刑的罪犯，由公安机关依法将该罪犯送交监狱执行刑罚。对被判处有期徒刑的罪犯，在被交付执行刑罚前，剩余刑期在**三个月**以下的，由看守所代为执行。对被判处拘役的罪犯，由公安机关执行。<br>对未成年犯应当在未成年犯管教所执行刑罚。<br>执行机关应当将罪犯及时收押，并且通知罪犯家属。<br>判处有期徒刑、拘役的罪犯，执行期满，应当由执行机关发给释放证明书。 |

续表

| 修改前 | 修改后 |
| --- | --- |
| **第二百一十四条** 对于被判处有期徒刑或者拘役的罪犯，有下列情形之一的，可以暂予监外执行：<br>（一）有严重疾病需要保外就医的；<br>（二）怀孕或者正在哺乳自己婴儿的妇女。<br>对于适用保外就医可能有社会危险性的罪犯，或者自伤自残的罪犯，不得保外就医。<br>对于罪犯确有严重疾病，必须保外就医的，由省级人民政府指定的医院开具证明文件，依照法律规定的程序审批。<br>发现被保外就医的罪犯不符合保外就医条件的，或者严重违反有关保外就医的规定的，应当及时收监。<br>对于被判处有期徒刑、拘役，生活不能自理，适用暂予监外执行不致危害社会的罪犯，可以暂予监外执行。<br>对于暂予监外执行的罪犯，由居住地公安机关执行，执行机关应当对其严格管理监督，基层组织或者罪犯的原所在单位协助进行监督。 | **第二百五十四条** 对被判处有期徒刑或者拘役的罪犯，有下列情形之一的，可以暂予监外执行：<br>（一）有严重疾病需要保外就医的；<br>（二）怀孕或者正在哺乳自己婴儿的妇女；<br>**（三）生活不能自理，适用暂予监外执行不致危害社会的。**<br>**对被判处无期徒刑的罪犯，有前款第二项规定情形的，可以暂予监外执行。**<br>对适用保外就医可能有社会危险性的罪犯，或者自伤自残的罪犯，不得保外就医。<br>对罪犯确有严重疾病，必须保外就医的，由省级人民政府指定的医院**诊断并**开具证明文件。<br>**在交付执行前，暂予监外执行由交付执行的人民法院决定；在交付执行后，暂予监外执行由监狱或者看守所提出书面意见，报省级以上监狱管理机关或者设区的市一级以上公安机关批准。** |
|  | **第二百五十五条 监狱、看守所提出暂予监外执行的书面意见的，应当将书面意见的副本抄送人民检察院。人民检察院可以向决定或者批准机关提出书面意见。** |

续表

| 修改前 | 修改后 |
| --- | --- |
| **第二百一十五条** 批准暂予监外执行的机关应当将批准的决定抄送人民检察院。人民检察院认为暂予监外执行不当的，应当自接到通知之日起一个月以内将书面意见送交批准暂予监外执行的机关，批准暂予监外执行的机关接到人民检察院的书面意见后，应当立即对该决定进行重新核查。 | **第二百五十六条** **决定或者**批准暂予监外执行的机关应当将**暂予监外执行决定**抄送人民检察院。人民检察院认为暂予监外执行不当的，应当自接到通知之日起一个月以内将书面意见送交**决定或者**批准暂予监外执行的机关，**决定或者批准**暂予监外执行的机关接到人民检察院的书面意见后，应当立即对该决定进行重新核查。 |
| **第二百一十六条** 暂予监外执行的情形消失后，罪犯刑期未满的，应当及时收监。罪犯在暂予监外执行期间死亡的，应当及时通知监狱。 | **第二百五十七条** **对暂予监外执行的罪犯，有下列情形之一的，**应当及时收监：<br>**（一）发现不符合暂予监外执行条件的；**<br>**（二）严重违反有关暂予监外执行监督管理规定的；**<br>（三）暂予监外执行的情形消失后，罪犯刑期未满的。<br>**对于人民法院决定暂予监外执行的罪犯应当予以收监的，由人民法院作出决定，将有关的法律文书送达公安机关、监狱或者其他执行机关。**<br>**不符合暂予监外执行条件的罪犯通过贿赂等非法手段被暂予监外执行的，在监外执行的期间不计入执行刑期。罪犯在暂予监外执行期间脱逃的，脱逃的期间不计入执行刑期。**<br>罪犯在暂予监外执行期间死亡的，**执行机关**应当及时通知监狱**或者看守所**。 |

续表

| 修改前 | 修改后 |
| --- | --- |
| **第二百一十七条**　对于被判处徒刑缓刑的罪犯，由公安机关交所在单位或者基层组织予以考察。对于被假释的罪犯，在假释考验期限内，由公安机关予以监督。 | **第二百五十八条**　对被判处**管制、宣**告缓刑、假释**或者暂予监外执行**的罪犯，**依法实行社区矫正，由社区矫正机构负责执行**。 |
| **第二百一十八条**　对于被判处管制、剥夺政治权利的罪犯，由公安机关执行。执行期满，应当由执行机关通知本人，并向有关群众公开宣布解除管制或者恢复政治权利。 | **第二百五十九条**　对被判处剥夺政治权利的罪犯，由公安机关执行。执行期满，应当由执行机关书面通知本人**及其所在单位、居住地基层组织**。 |
| **第二百一十九条**　被判处罚金的罪犯，期满不缴纳的，人民法院应当强制缴纳；如果由于遭遇不能抗拒的灾祸缴纳确实有困难的，可以裁定减少或者免除。 | **第二百六十条**　被判处罚金的罪犯，期满不缴纳的，人民法院应当强制缴纳；如果由于遭遇不能抗拒的灾祸缴纳确实有困难的，可以裁定减少或者免除。 |
| **第二百二十条**　没收财产的判决，无论附加适用或者独立适用，都由人民法院执行；在必要的时候，可以会同公安机关执行。 | **第二百六十一条**　没收财产的判决，无论附加适用或者独立适用，都由人民法院执行；在必要的时候，可以会同公安机关执行。 |
| **第二百二十一条**　罪犯在服刑期间又犯罪的，或者发现了判决的时候所没有发现的罪行，由执行机关移送人民检察院处理。<br>被判处管制、拘役、有期徒刑或者无期徒刑的罪犯，在执行期间确有悔改或者立功表现，应当依法予以减刑、假释的时候，由执行机关提出建议书，报请人民法院审核裁定。 | **第二百六十二条**　罪犯在服刑期间又犯罪的，或者发现了判决的时候所没有发现的罪行，由执行机关移送人民检察院处理。<br>被判处管制、拘役、有期徒刑或者无期徒刑的罪犯，在执行期间确有悔改或者立功表现，应当依法予以减刑、假释的时候，由执行机关提出建议书，报请人民法院审核裁定，**并将建议书副本抄送人民检察院。人民检察院可以向人民法院提出书面意见**。 |

续表

| 修改前 | 修改后 |
| --- | --- |
| **第二百二十二条** 人民检察院认为人民法院减刑、假释的裁定不当，应当在收到裁定书副本后二十日以内，向人民法院提出书面纠正意见。人民法院应当在收到纠正意见后一个月以内重新组成合议庭进行审理，作出最终裁定。 | **第二百六十三条** 人民检察院认为人民法院减刑、假释的裁定不当，应当在收到裁定书副本后二十日以内，向人民法院提出书面纠正意见。人民法院应当在收到纠正意见后一个月以内重新组成合议庭进行审理，作出最终裁定。 |
| **第二百二十三条** 监狱和其他执行机关在刑罚执行中，如果认为判决有错误或者罪犯提出申诉，应当转请人民检察院或者原判人民法院处理。 | **第二百六十四条** 监狱和其他执行机关在刑罚执行中，如果认为判决有错误或者罪犯提出申诉，应当转请人民检察院或者原判人民法院处理。 |
| **第二百二十四条** 人民检察院对执行机关执行刑罚的活动是否合法实行监督。如果发现有违法的情况，应当通知执行机关纠正。 | **第二百六十五条** 人民检察院对执行机关执行刑罚的活动是否合法实行监督。如果发现有违法的情况，应当通知执行机关纠正。 |
| | **第五编 特别程序** |
| | **第一章 未成年人犯罪案件诉讼程序** |
| | **第二百六十六条 对犯罪的未成年人实行教育、感化、挽救的方针，坚持教育为主、惩罚为辅的原则。<br>人民法院、人民检察院和公安机关办理未成年人刑事案件，应当保障未成年人行使其诉讼权利，保障未成年人得到法律帮助，并由熟悉未成年人身心特点的审判人员、检察人员、侦查人员承办。** |
| | **第二百六十七条 未成年犯罪嫌疑人、被告人没有委托辩护人的，人民法院、人民检察院、公安机关应当通知法律援助机构指派律师为其提供辩护。** |

续表

| 修改前 | 修改后 |
| --- | --- |
| | 第二百六十八条　公安机关、人民检察院、人民法院办理未成年人刑事案件，根据情况可以对未成年犯罪嫌疑人、被告人的成长经历、犯罪原因、监护教育等情况进行调查。 |
| | 第二百六十九条　对未成年犯罪嫌疑人、被告人应当严格限制适用逮捕措施。人民检察院审查批准逮捕和人民法院决定逮捕，应当讯问未成年犯罪嫌疑人、被告人，听取辩护律师的意见。<br>对被拘留、逮捕和执行刑罚的未成年人与成年人应当分别关押、分别管理、分别教育。 |
| | 第二百七十条　对于未成年人刑事案件，在讯问和审判的时候，应当通知未成年犯罪嫌疑人、被告人的法定代理人到场。无法通知、法定代理人不能到场或者法定代理人是共犯的，也可以通知未成年犯罪嫌疑人、被告人的其他成年亲属，所在学校、单位、居住地基层组织或者未成年人保护组织的代表到场，并将有关情况记录在案。到场的法定代理人可以代为行使未成年犯罪嫌疑人、被告人的诉讼权利。<br>到场的法定代理人或者其他人员认为办案人员在讯问、审判中侵犯未成年人合法权益的，可以提出意见。讯问笔录、法庭笔录应当交给到场的法定 |

续表

| 修改前 | 修改后 |
| --- | --- |
| | 代理人或者其他人员阅读或者向他宣读。<br>讯问女性未成年犯罪嫌疑人，应当有女工作人员在场。<br>审判未成年人刑事案件，未成年被告人最后陈述后，其法定代理人可以进行补充陈述。<br>询问未成年被害人、证人，适用第一款、第二款、第三款的规定。 |
| | 第二百七十一条　对于未成年人涉嫌刑法分则第四章、第五章、第六章规定的犯罪，可能判处一年有期徒刑以下刑罚，符合起诉条件，但有悔罪表现的，人民检察院可以作出附条件不起诉的决定。人民检察院在作出附条件不起诉的决定以前，应当听取公安机关、被害人的意见。<br>对附条件不起诉的决定，公安机关要求复议、提请复核或者被害人申诉的，适用本法第一百七十五条、第一百七十六条的规定。<br>未成年犯罪嫌疑人及其法定代理人对人民检察院决定附条件不起诉有异议的，人民检察院应当作出起诉的决定。 |
| | 第二百七十二条　在附条件不起诉的考验期内，由人民检察院对被附条件不起诉的未成年犯罪嫌疑人进行监督考察。未成年犯罪嫌疑人的监护人，应当对未成年犯罪嫌疑人加强管教， |

续表

| 修改前 | 修改后 |
| --- | --- |
| | 配合人民检察院做好监督考察工作。<br>附条件不起诉的考验期为六个月以上一年以下，从人民检察院作出附条件不起诉的决定之日起计算。<br>被附条件不起诉的未成年犯罪嫌疑人，应当遵守下列规定：<br>（一）遵守法律法规，服从监督；<br>（二）按照考察机关的规定报告自己的活动情况；<br>（三）离开所居住的市、县或者迁居，应当报经考察机关批准；<br>（四）按照考察机关的要求接受矫治和教育。 |
| | 第二百七十三条　被附条件不起诉的未成年犯罪嫌疑人，在考验期内有下列情形之一的，人民检察院应当撤销附条件不起诉的决定，提起公诉：<br>（一）实施新的犯罪或者发现决定附条件不起诉以前还有其他犯罪需要追诉的；<br>（二）违反治安管理规定或者考察机关有关附条件不起诉的监督管理规定，情节严重的。<br>被附条件不起诉的未成年犯罪嫌疑人，在考验期内没有上述情形，考验期满的，人民检察院应当作出不起诉的决定。 |

续表

| 修改前 | 修改后 |
| --- | --- |
| | 第二百七十四条　审判的时候被告人不满十八周岁的案件，不公开审理。但是，经未成年被告人及其法定代理人同意，未成年被告人所在学校和未成年人保护组织可以派代表到场。 |
| | 第二百七十五条　犯罪的时候不满十八周岁，被判处五年有期徒刑以下刑罚的，应当对相关犯罪记录予以封存。<br>犯罪记录被封存的，不得向任何单位和个人提供，但司法机关为办案需要或者有关单位根据国家规定进行查询的除外。依法进行查询的单位，应当对被封存的犯罪记录的情况予以保密。 |
| | 第二百七十六条　办理未成年人刑事案件，除本章已有规定的以外，按照本法的其他规定进行。 |
| | 第二章　当事人和解的<br>公诉案件诉讼程序 |
| | 第二百七十七条　下列公诉案件，犯罪嫌疑人、被告人真诚悔罪，通过向被害人赔偿损失、赔礼道歉等方式获得被害人谅解，被害人自愿和解的，双方当事人可以和解：<br>（一）因民间纠纷引起，涉嫌刑法分则第四章、第五章规定的犯罪案件，可能判处三年有期徒刑以下刑罚的； |

续表

| 修改前 | 修改后 |
| --- | --- |
| | （二）除渎职犯罪以外的可能判处七年有期徒刑以下刑罚的过失犯罪案件。<br>犯罪嫌疑人、被告人在五年以内曾经故意犯罪的，不适用本章规定的程序。 |
| | 第二百七十八条　双方当事人和解的，公安机关、人民检察院、人民法院应当听取当事人和其他有关人员的意见，对和解的自愿性、合法性进行审查，并主持制作和解协议书。 |
| | 第二百七十九条　对于达成和解协议的案件，公安机关可以向人民检察院提出从宽处理的建议。人民检察院可以向人民法院提出从宽处罚的建议；对于犯罪情节轻微，不需要判处刑罚的，可以作出不起诉的决定。人民法院可以依法对被告人从宽处罚。 |
| | 第三章　犯罪嫌疑人、被告人逃匿、死亡案件违法所得的没收程序 |
| | 第二百八十条　对于贪污贿赂犯罪、恐怖活动犯罪等重大犯罪案件，犯罪嫌疑人、被告人逃匿，在通缉一年后不能到案，或者犯罪嫌疑人、被告人死亡，依照刑法规定应当追缴其违法所得及其他涉案财产的，人民检察院可以向人民法院提出没收违法所得的申请。<br>公安机关认为有前款规定情形的，应 |

续表

| 修改前 | 修改后 |
| --- | --- |
|  | 当写出没收违法所得意见书，移送人民检察院。<br>没收违法所得的申请应当提供与犯罪事实、违法所得相关的证据材料，并列明财产的种类、数量、所在地及查封、扣押、冻结的情况。<br>人民法院在必要的时候，可以查封、扣押、冻结申请没收的财产。 |
|  | 第二百八十一条　没收违法所得的申请，由犯罪地或者犯罪嫌疑人、被告人居住地的中级人民法院组成合议庭进行审理。<br>人民法院受理没收违法所得的申请后，应当发出公告。公告期间为六个月。犯罪嫌疑人、被告人的近亲属和其他利害关系人有权申请参加诉讼，也可以委托诉讼代理人参加诉讼。<br>人民法院在公告期满后对没收违法所得的申请进行审理。利害关系人参加诉讼的，人民法院应当开庭审理。 |
|  | 第二百八十二条　人民法院经审理，对经查证属于违法所得及其他涉案财产，除依法返还被害人的以外，应当裁定予以没收；对不属于应当追缴的财产的，应当裁定驳回申请，解除查封、扣押、冻结措施。<br>对于人民法院依照前款规定作出的裁定，犯罪嫌疑人、被告人的近亲属和其他利害关系人或者人民检察院可以提出上诉、抗诉。 |

续表

| 修改前 | 修改后 |
| --- | --- |
| | 第二百八十三条　在审理过程中，在逃的犯罪嫌疑人、被告人自动投案或者被抓获的，人民法院应当终止审理。<br>没收犯罪嫌疑人、被告人财产确有错误的，应当予以返还、赔偿。 |
| | 第四章　依法不负刑事责任的精神病人的强制医疗程序 |
| | 第二百八十四条　实施暴力行为，危害公共安全或者严重危害公民人身安全，经法定程序鉴定依法不负刑事责任的精神病人，有继续危害社会可能的，可以予以强制医疗。 |
| | 第二百八十五条　根据本章规定对精神病人强制医疗的，由人民法院决定。<br>公安机关发现精神病人符合强制医疗条件的，应当写出强制医疗意见书，移送人民检察院。对于公安机关移送的或者在审查起诉过程中发现的精神病人符合强制医疗条件的，人民检察院应当向人民法院提出强制医疗的申请。人民法院在审理案件过程中发现被告人符合强制医疗条件的，可以作出强制医疗的决定。<br>对实施暴力行为的精神病人，在人民法院决定强制医疗前，公安机关可以采取临时的保护性约束措施。 |

续表

| 修改前 | 修改后 |
| --- | --- |
| | 第二百八十六条　人民法院受理强制医疗的申请后，应当组成合议庭进行审理。<br>人民法院审理强制医疗案件，应当通知被申请人或者被告人的法定代理人到场。被申请人或者被告人没有委托诉讼代理人的，人民法院应当通知法律援助机构指派律师为其提供法律帮助。 |
| | 第二百八十七条　人民法院经审理，对于被申请人或者被告人符合强制医疗条件的，应当在一个月以内作出强制医疗的决定。<br>被决定强制医疗的人、被害人及其法定代理人、近亲属对强制医疗决定不服的，可以向上一级人民法院申请复议。 |
| | 第二百八十八条　强制医疗机构应当定期对被强制医疗的人进行诊断评估。对于已不具有人身危险性，不需要继续强制医疗的，应当及时提出解除意见，报决定强制医疗的人民法院批准。<br>被强制医疗的人及其近亲属有权申请解除强制医疗。 |
| | 第二百八十九条　人民检察院对强制医疗的决定和执行实行监督。 |

续表

| 修改前 | 修改后 |
|---|---|
| **附则** | **附则** |
| **第二百二十五条** 军队保卫部门对军队内部发生的刑事案件行使侦查权。对罪犯在监狱内犯罪的案件由监狱进行侦查。军队保卫部门、监狱办理刑事案件，适用本法的有关规定。 | **第二百九十条** 军队保卫部门对军队内部发生的刑事案件行使侦查权。对罪犯在监狱内犯罪的案件由监狱进行侦查。军队保卫部门、监狱办理刑事案件，适用本法的有关规定。 |

# 第三部分　关于实施刑事诉讼法若干问题的规定（节选）

（最高人民法院　最高人民检察院　公安部　国家安全部
司法部　全国人大常委会法制工作委员会）

## 一、管辖

1. 公安机关侦查刑事案件涉及人民检察院管辖的贪污贿赂案件时，应当将贪污贿赂案件移送人民检察院；人民检察院侦查贪污贿赂案件涉及公安机关管辖的刑事案件，应当将属于公安机关管辖的刑事案件移送公安机关。在上述情况中，如果涉嫌主罪属于公安机关管辖，由公安机关为主侦查，人民检察院予以配合；如果涉嫌主罪属于人民检察院管辖，由人民检察院为主侦查，公安机关予以配合。

2. 刑事诉讼法第二十四条中规定："刑事案件由犯罪地的人民法院管辖。"刑事诉讼法规定的"犯罪地"，包括犯罪的行为发生地和结果发生地。

3. 具有下列情形之一的，人民法院、人民检察院、公安机关可以在其职责范围内并案处理：

（一）一人犯数罪的；

（二）共同犯罪的；

（三）共同犯罪的犯罪嫌疑人、被告人还实施其他犯罪的；

（四）多个犯罪嫌疑人、被告人实施的犯罪存在关联，并案处理有利于查明案件事实的。

…………

## 三、证据

11. 刑事诉讼法第五十六条第一款规定：“法庭审理过程中，审判人员认为可能存在本法第五十四条规定的以非法方法收集证据情形的，应当对证据收集的合法性进行法庭调查。”法庭经对当事人及其辩护人、诉讼代理人提供的相关线索或者材料进行审查后，认为可能存在刑事诉讼法第五十四条规定的以非法方法收集证据情形的，应当对证据收集的合法性进行法庭调查。法庭调查的顺序由法庭根据案件审理情况确定。

12. 刑事诉讼法第六十二条规定，对证人、鉴定人、被害人可以采取“不公开真实姓名、住址和工作单位等个人信息”的保护措施。人民法院、人民检察院和公安机关依法决定不公开证人、鉴定人、被害人的真实姓名、住址和工作单位等个人信息的，可以在判决书、裁定书、起诉书、询问笔录等法律文书、证据材料中使用化名等代替证人、鉴定人、被害人的个人信息。但是，应当书面说明使用化名的情况并标明密级，单独成卷。辩护律师经法庭许可，查阅对证人、鉴定人、被害人使用化名情况的，应当签署保密承诺书。

…………

本规定自2013年1月1日起施行。1998年1月19日发布的《最高人民法院、最高人民检察院、公安部、国家安全部、司法部、全国人大常委会法制工作委员会关于刑事诉讼法实施中若干问题的规定》同时废止。

# 第四部分　最高人民法院关于适用《中华人民共和国刑事诉讼法》的解释（节选）

法释〔2012〕21号

2012年3月14日，第十一届全国人民代表大会第五次会议通过了《关于修改〈中华人民共和国刑事诉讼法〉的决定》。为正确理解和适用修改后的刑事诉讼法，结合人民法院审判工作实际，制定本解释。

## 第一章　管　辖

**第一条**　人民法院直接受理的自诉案件包括：

（一）告诉才处理的案件：

1. 侮辱、诽谤案（刑法第二百四十六条规定的，但严重危害社会秩序和国家利益的除外）；

2. 暴力干涉婚姻自由案（刑法第二百五十七条第一款规定的）；

3. 虐待案（刑法第二百六十条第一款规定的）；

4. 侵占案（刑法第二百七十条规定的）。

（二）人民检察院没有提起公诉，被害人有证据证明的轻微刑事案件：

1. 故意伤害案（刑法第二百三十四条第一款规定的）；

2. 非法侵入住宅案（刑法第二百四十五条规定的）；

3. 侵犯通信自由案（刑法第二百五十二条规定的）；

4. 重婚案（刑法第二百五十八条规定的）；

5. 遗弃案（刑法第二百六十一条规定的）；

6. 生产、销售伪劣商品案（刑法分则第三章第一节规定的，但严重危害社会秩序和国家利益的除外）；

7. 侵犯知识产权案（刑法分则第三章第七节规定的，但严重危害社会秩序和国家利益的除外）；

8. 刑法分则第四章、第五章规定的，对被告人可能判处三年有期徒刑以下刑罚的案件。

本项规定的案件，被害人直接向人民法院起诉的，人民法院应当依法受理。对其中证据不足、可以由公安机关受理的，或者认为对被告人可能判处三年有期徒刑以上刑罚的，应当告知被害人向公安机关报案，或者移送公安机关立案侦查。

（三）被害人有证据证明对被告人侵犯自己人身、财产权利的行为应当依法追究刑事责任，且有证据证明曾经提出控告，而公安机关或者人民检察院不予追究被告人刑事责任的案件。

**第二条** 犯罪地包括犯罪行为发生地和犯罪结果发生地。

针对或者利用计算机网络实施的犯罪，犯罪地包括犯罪行为发生地的网站服务器所在地，网络接入地，网站建立者、管理者所在地，被侵害的计算机信息系统及其管理者所在地，被告人、被害人使用的计算机信息系统所在地，以及被害人财产遭受损失地。

**第三条** 被告人的户籍地为其居住地。经常居住地与户籍地不一致的，经常居住地为其居住地。经常居住地为被告人被追诉前已连续居住一年以上的地方，但住院就医的除外。

被告单位登记的住所地为其居住地。主要营业地或者主要办事机构所在地与登记的住所地不一致的，主要营业地或者主要办事机构所在地为其居住地。

**第四条** 在中华人民共和国领域外的中国船舶内的犯罪，由该船舶最初停泊的中国口岸所在地的人民法院管辖。

**第五条** 在中华人民共和国领域外的中国航空器内的犯罪，由该航空器在中国最初降落地的人民法院管辖。

**第六条** 在国际列车上的犯罪，根据我国与相关国家签订的协定确定管辖；没有协定的，由该列车最初停靠的中国车站所在地或者目的地的铁路运输法院管辖。

**第七条** 中国公民在中国驻外使、领馆内的犯罪，由其主管单位所在地或者原户籍地的人民法院管辖。

**第八条** 中国公民在中华人民共和国领域外的犯罪，由其入境地或者离境前居住地的人民法院管辖；被害人是中国公民的，也可由被害人离境前居住地的人民法院管辖。

**第九条** 外国人在中华人民共和国领域外对中华人民共和国国家或者公民犯罪，根据《中华人民共和国刑法》应当受处罚的，由该外国人入境地、入境后居住地或者被害中国公民离境前居住地的人民法院管辖。

**第十条** 对中华人民共和国缔结或者参加的国际条约所规定的罪行，中华人民共和国在所承担条约义务的范围内，行使刑事管辖权的，由被告人被抓获地的人民法院管辖。

**第十一条** 正在服刑的罪犯在判决宣告前还有其他罪没有判决的，由原审地人民法院管辖；由罪犯服刑地或者犯罪地的人民法院审判更为适宜的，可以由罪犯服刑地或者犯罪地的人民法院管辖。

罪犯在服刑期间又犯罪的，由服刑地的人民法院管辖。

罪犯在脱逃期间犯罪的，由服刑地的人民法院管辖。但是，在犯罪地抓获罪犯并发现其在脱逃期间的犯罪的，由犯罪地的人民法院管辖。

**第十二条** 人民检察院认为可能判处无期徒刑、死刑，向中级人民法院提起公诉的案件，中级人民法院受理后，认为不需要判处无期徒刑、死刑的，应当依法审判，不再交基层人民法院审判。

**第十三条** 一人犯数罪、共同犯罪和其他需要并案审理的案件，其中一人或者一罪属于上级人民法院管辖的，全案由上级人民法院管辖。

**第十四条** 上级人民法院决定审判下级人民法院管辖的第一审刑事案件的，应当向下级人民法院下达改变管辖决定书，并书面通知同级人民检察院。

**第十五条** 基层人民法院对可能判处无期徒刑、死刑的第一审刑事案件，应当移送中级人民法院审判。

基层人民法院对下列第一审刑事案件，可以请求移送中级人民法院审判：

（一）重大、复杂案件；

（二）新类型的疑难案件；

（三）在法律适用上具有普遍指导意义的案件。

需要将案件移送中级人民法院审判的，应当在报请院长决定后，至迟于案件审理期限届满十五日前书面请求移送。中级人民法院应当在接到申请后十日内作出决定。不同意移送的，应当下达不同意移送决定书，由请求移送的人民法院依法审判；同意移送的，应当下达同意移送决定书，并书面通知同级人民检察院。

**第十六条** 有管辖权的人民法院因案件涉及本院院长需要回避等原因，不宜行使管辖权的，可以请求移送上一级人民法院管辖。上一级人民法院可以管辖，也可以指定与提出请求的人民法院同级的其他人民法院管辖。

**第十七条** 两个以上同级人民法院都有管辖权的案件，由最初受理的人民法院审判。必要时，可以移送被告人主要犯罪地的人民法院审判。

管辖权发生争议的，应当在审理期限内协商解决；协商不成的，由争议的人民法院分别层报共同的上级人民法院指定管辖。

**第十八条** 上级人民法院在必要时，可以指定下级人民法院将其管辖的案件移送其他下级人民法院审判。

**第十九条** 上级人民法院指定管辖，应当将指定管辖决定书分别送达被指定管辖的人民法院和其他有关的人民法院。

**第二十条** 原受理案件的人民法院在收到上级人民法院改变管辖决定书、同意移送决定书或者指定其他人民法院管辖决定书后，对公诉案件，应当书面通知同级人民检察院，并将案卷材料退回，同时书面通知当事人；对自诉案件，应当将案卷材料移送被指定管辖的人民法院，并书面通知当事人。

**第二十一条** 第二审人民法院发回重新审判的案件，人民检察院撤回起诉后，又向原第一审人民法院的下级人民法院重新提起公诉的，下级人民法院应当将有关情况层报原第二审人民法院。原第二审人民法院根据具体情况，可以决定将案件移送原第一审人民法院或者其他人民法院审判。

**第二十二条** 军队和地方互涉刑事案件，按照有关规定确定管辖。

…………

## 第四章　证　据

### 第一节　一般规定

**第六十一条** 认定案件事实，必须以证据为根据。

**第六十二条** 审判人员应当依照法定程序收集、审查、核实、认定证据。

**第六十三条** 证据未经当庭出示、辨认、质证等法庭调查程序查证属实，不得作为定案的根据，但法律和本解释另有规定的除外。

**第六十四条** 应当运用证据证明的案件事实包括：

（一）被告人、被害人的身份；

（二）被指控的犯罪是否存在；

（三）被指控的犯罪是否为被告人所实施；

（四）被告人有无刑事责任能力，有无罪过，实施犯罪的动机、目的；

（五）实施犯罪的时间、地点、手段、后果以及案件起因等；

（六）被告人在共同犯罪中的地位、作用；

（七）被告人有无从重、从轻、减轻、免除处罚情节；

（八）有关附带民事诉讼、涉案财物处理的事实；

（九）有关管辖、回避、延期审理等的程序事实；

（十）与定罪量刑有关的其他事实。

认定被告人有罪和对被告人从重处罚，应当适用证据确实、充分的证明标准。

**第六十五条** 行政机关在行政执法和查办案件过程中收集的物证、书证、视听资料、电子数据等证据材料，在刑事诉讼中可以作为证据使用；经法庭查证属实，且收集程序符合有关法律、行政法规规定的，可以作为定案的根据。

根据法律、行政法规规定行使国家行政管理职权的组织，在行政执法和查办案件过程中收集的证据材料，视为行政机关收集的证据材料。

**第六十六条** 人民法院依照刑事诉讼法第一百九十一条的规定调查核实证据，必要时，可以通知检察人员、辩护人、自诉人及其法定代理人到场。上述人员未到场的，应当记录在案。

人民法院调查核实证据时，发现对定罪量刑有重大影响的新的证据材料的，应当告知检察人员、辩护人、自诉人及其法定代理人。必要时，也可以直接提取，并及时通知检察人员、辩护人、自诉人及其法定代理人查阅、摘抄、复制。

**第六十七条**　下列人员不得担任刑事诉讼活动的见证人：

（一）生理上、精神上有缺陷或者年幼，不具有相应辨别能力或者不能正确表达的人；

（二）与案件有利害关系，可能影响案件公正处理的人；

（三）行使勘验、检查、搜查、扣押等刑事诉讼职权的公安、司法机关的工作人员或者其聘用的人员。

由于客观原因无法由符合条件的人员担任见证人的，应当在笔录材料中注明情况，并对相关活动进行录像。

**第六十八条**　公开审理案件时，公诉人、诉讼参与人提出涉及国家秘密、商业秘密或者个人隐私的证据的，法庭应当制止。有关证据确与本案有关的，可以根据具体情况，决定将案件转为不公开审理，或者对相关证据的法庭调查不公开进行。

## 第二节　物证、书证的审查与认定

**第六十九条**　对物证、书证应当着重审查以下内容：

（一）物证、书证是否为原物、原件，是否经过辨认、鉴定；物证的照片、录像、复制品或者书证的副本、复制件是否与原物、原件相符，是否由二人以上制作，有无制作人关于制作过程以及原物、原件存放于何处的文字说明和签名；

（二）物证、书证的收集程序、方式是否符合法律、有关规定；经勘验、检查、搜查提取、扣押的物证、书证，是否附有相关笔录、清单，笔录、清单是否经侦查人员、物品持有人、见证人签名，没有物品持有人签名的，是否注明原因；物品的名称、特征、数量、质量等是否注明清楚；

（三）物证、书证在收集、保管、鉴定过程中是否受损或者改变；

（四）物证、书证与案件事实有无关联；对现场遗留与犯罪有关的具备鉴定条件的血迹、体液、毛发、指纹等生物样本、痕迹、物品，是否已作DNA鉴定、指纹鉴定等，并与被告人或者被害人的相应生物检材、生物特征、物品等比对；

（五）与案件事实有关联的物证、书证是否全面收集。

**第七十条** 据以定案的物证应当是原物。原物不便搬运，不易保存，依法应当由有关部门保管、处理，或者依法应当返还的，可以拍摄、制作足以反映原物外形和特征的照片、录像、复制品。

物证的照片、录像、复制品，不能反映原物的外形和特征的，不得作为定案的根据。

物证的照片、录像、复制品，经与原物核对无误、经鉴定为真实或者以其他方式确认为真实的，可以作为定案的根据。

**第七十一条** 据以定案的书证应当是原件。取得原件确有困难的，可以使用副本、复制件。

书证有更改或者更改迹象不能作出合理解释，或者书证的副本、复制件不能反映原件及其内容的，不得作为定案的根据。

书证的副本、复制件，经与原件核对无误、经鉴定为真实或者以其他方式确认为真实的，可以作为定案的根据。

**第七十二条** 对与案件事实可能有关联的血迹、体液、毛发、人体组织、指纹、足迹、字迹等生物样本、痕迹和物品，应当提取而没有提取，应当检验而没有检验，导致案件事实存疑的，人民法院应当向人民检察院说明情况，由人民检察院依法补充收集、调取证据或者作出合理说明。

**第七十三条** 在勘验、检查、搜查过程中提取、扣押的物证、书证，未附笔录或者清单，不能证明物证、书证来源的，不得作为定案的根据。

物证、书证的收集程序、方式有下列瑕疵，经补正或者作出合理解释的，可以采用：

（一）勘验、检查、搜查、提取笔录或者扣押清单上没有侦查人员、物品持有人、见证人签名，或者对物品的名称、特征、数量、质量等注明不详的；

（二）物证的照片、录像、复制品，书证的副本、复制件未注明与原件核对无异，无复制时间，或者无被收集、调取人签名、盖章的；

（三）物证的照片、录像、复制品，书证的副本、复制件没有制作人关于制作过程和原物、原件存放地点的说明，或者说明中无签名的；

（四）有其他瑕疵的。

对物证、书证的来源、收集程序有疑问，不能作出合理解释的，该物证、书证不得作为定案的根据。

### 第三节 证人证言、被害人陈述的审查与认定

**第七十四条** 对证人证言应当着重审查以下内容：

（一）证言的内容是否为证人直接感知；

（二）证人作证时的年龄，认知、记忆和表达能力，生理和精神状态是否影响作证；

（三）证人与案件当事人、案件处理结果有无利害关系；

（四）询问证人是否个别进行；

（五）询问笔录的制作、修改是否符合法律、有关规定，是

否注明询问的起止时间和地点，首次询问时是否告知证人有关作证的权利义务和法律责任，证人对询问笔录是否核对确认；

（六）询问未成年证人时，是否通知其法定代理人或者有关人员到场，其法定代理人或者有关人员是否到场；

（七）证人证言有无以暴力、威胁等非法方法收集的情形；

（八）证言之间以及与其他证据之间能否相互印证，有无矛盾。

**第七十五条** 处于明显醉酒、中毒或者麻醉等状态，不能正常感知或者正确表达的证人所提供的证言，不得作为证据使用。

证人的猜测性、评论性、推断性的证言，不得作为证据使用，但根据一般生活经验判断符合事实的除外。

**第七十六条** 证人证言具有下列情形之一的，不得作为定案的根据：

（一）询问证人没有个别进行的；

（二）书面证言没有经证人核对确认的；

（三）询问聋、哑人，应当提供通晓聋、哑手势的人员而未提供的；

（四）询问不通晓当地通用语言、文字的证人，应当提供翻译人员而未提供的。

**第七十七条** 证人证言的收集程序、方式有下列瑕疵，经补正或者作出合理解释的，可以采用；不能补正或者作出合理解释的，不得作为定案的根据：

（一）询问笔录没有填写询问人、记录人、法定代理人姓名以及询问的起止时间、地点的；

（二）询问地点不符合规定的；

（三）询问笔录没有记录告知证人有关作证的权利义务和法律责任的；

（四）询问笔录反映出在同一时段，同一询问人员询问不同证人的。

**第七十八条** 证人当庭作出的证言，经控辩双方质证、法庭查证属实的，应当作为定案的根据。

证人当庭作出的证言与其庭前证言矛盾，证人能够作出合理解释，并有相关证据印证的，应当采信其庭审证言；不能作出合理解释，而其庭前证言有相关证据印证的，可以采信其庭前证言。

经人民法院通知，证人没有正当理由拒绝出庭或者出庭后拒绝作证，法庭对其证言的真实性无法确认的，该证人证言不得作为定案的根据。

**第七十九条** 对被害人陈述的审查与认定，参照适用本节的有关规定。

## 第四节 被告人供述和辩解的审查与认定

**第八十条** 对被告人供述和辩解应当着重审查以下内容：

（一）讯问的时间、地点，讯问人的身份、人数以及讯问方式等是否符合法律、有关规定；

（二）讯问笔录的制作、修改是否符合法律、有关规定，是否注明讯问的具体起止时间和地点，首次讯问时是否告知被告人相关权利和法律规定，被告人是否核对确认；

（三）讯问未成年被告人时，是否通知其法定代理人或者有关人员到场，其法定代理人或者有关人员是否到场；

（四）被告人的供述有无以刑讯逼供等非法方法收集的情形；

（五）被告人的供述是否前后一致，有无反复以及出现反复的原因；被告人的所有供述和辩解是否均已随案移送；

（六）被告人的辩解内容是否符合案情和常理，有无矛盾；

（七）被告人的供述和辩解与同案被告人的供述和辩解以及其他证据能否相互印证，有无矛盾。

必要时，可以调取讯问过程的录音录像、被告人进出看守所的健康检查记录、笔录，并结合录音录像、记录、笔录对上述内容进行审查。

**第八十一条** 被告人供述具有下列情形之一的，不得作为定案的根据：

（一）讯问笔录没有经被告人核对确认的；

（二）讯问聋、哑人，应当提供通晓聋、哑手势的人员而未提供的；

（三）讯问不通晓当地通用语言、文字的被告人，应当提供翻译人员而未提供的。

**第八十二条** 讯问笔录有下列瑕疵，经补正或者作出合理解释的，可以采用；不能补正或者作出合理解释的，不得作为定案的根据：

（一）讯问笔录填写的讯问时间、讯问人、记录人、法定代理人等有误或者存在矛盾的；

（二）讯问人没有签名的；

（三）首次讯问笔录没有记录告知被讯问人相关权利和法律规定的。

**第八十三条** 审查被告人供述和辩解，应当结合控辩双方提供的所有证据以及被告人的全部供述和辩解进行。

被告人庭审中翻供，但不能合理说明翻供原因或者其辩解与全案证据矛盾，而其庭前供述与其他证据相互印证的，可以采信其庭前供述。

被告人庭前供述和辩解存在反复，但庭审中供认，且与其他证据相互印证的，可以采信其庭审供述；被告人庭前供述和辩解存在反复，庭审中不供认，且无其他证据与庭前供述印证的，不得采信其庭前供述。

## 第五节　鉴定意见的审查与认定

**第八十四条**　对鉴定意见应当着重审查以下内容：

（一）鉴定机构和鉴定人是否具有法定资质；

（二）鉴定人是否存在应当回避的情形；

（三）检材的来源、取得、保管、送检是否符合法律、有关规定，与相关提取笔录、扣押物品清单等记载的内容是否相符，检材是否充足、可靠；

（四）鉴定意见的形式要件是否完备，是否注明提起鉴定的事由、鉴定委托人、鉴定机构、鉴定要求、鉴定过程、鉴定方法、鉴定日期等相关内容，是否由鉴定机构加盖司法鉴定专用章并由鉴定人签名、盖章；

（五）鉴定程序是否符合法律、有关规定；

（六）鉴定的过程和方法是否符合相关专业的规范要求；

（七）鉴定意见是否明确；

（八）鉴定意见与案件待证事实有无关联；

（九）鉴定意见与勘验、检查笔录及相关照片等其他证据是否矛盾；

（十）鉴定意见是否依法及时告知相关人员，当事人对鉴定意见有无异议。

**第八十五条**　鉴定意见具有下列情形之一的，不得作为定案的根据：

（一）鉴定机构不具备法定资质，或者鉴定事项超出该鉴定机构业务范围、技术条件的；

（二）鉴定人不具备法定资质，不具有相关专业技术或者职称，或者违反回避规定的；

（三）送检材料、样本来源不明，或者因污染不具备鉴定条件的；

（四）鉴定对象与送检材料、样本不一致的；

（五）鉴定程序违反规定的；

（六）鉴定过程和方法不符合相关专业的规范要求的；

（七）鉴定文书缺少签名、盖章的；

（八）鉴定意见与案件待证事实没有关联的；

（九）违反有关规定的其他情形。

**第八十六条** 经人民法院通知，鉴定人拒不出庭作证的，鉴定意见不得作为定案的根据。

鉴定人由于不能抗拒的原因或者有其他正当理由无法出庭的，人民法院可以根据情况决定延期审理或者重新鉴定。

对没有正当理由拒不出庭作证的鉴定人，人民法院应当通报司法行政机关或者有关部门。

**第八十七条** 对案件中的专门性问题需要鉴定，但没有法定司法鉴定机构，或者法律、司法解释规定可以进行检验的，可以指派、聘请有专门知识的人进行检验，检验报告可以作为定罪量刑的参考。

对检验报告的审查与认定，参照适用本节的有关规定。

经人民法院通知，检验人拒不出庭作证的，检验报告不得作为定罪量刑的参考。

## 第六节 勘验、检查、辨认、侦查实验等笔录的审查与认定

**第八十八条** 对勘验、检查笔录应当着重审查以下内容：

（一）勘验、检查是否依法进行，笔录的制作是否符合法律、

有关规定，勘验、检查人员和见证人是否签名或者盖章；

（二）勘验、检查笔录是否记录了提起勘验、检查的事由，勘验、检查的时间、地点，在场人员、现场方位、周围环境等，现场的物品、人身、尸体等的位置、特征等情况，以及勘验、检查、搜查的过程；文字记录与实物或者绘图、照片、录像是否相符；现场、物品、痕迹等是否伪造、有无破坏；人身特征、伤害情况、生理状态有无伪装或者变化等；

（三）补充进行勘验、检查的，是否说明了再次勘验、检查的原由，前后勘验、检查的情况是否矛盾。

**第八十九条**　勘验、检查笔录存在明显不符合法律、有关规定的情形，不能作出合理解释或者说明的，不得作为定案的根据。

**第九十条**　对辨认笔录应当着重审查辨认的过程、方法，以及辨认笔录的制作是否符合有关规定。

辨认笔录具有下列情形之一的，不得作为定案的根据：

（一）辨认不是在侦查人员主持下进行的。

（二）辨认前使辨认人见到辨认对象的。

（三）辨认活动没有个别进行的。

（四）辨认对象没有混杂在具有类似特征的其他对象中，或者供辨认的对象数量不符合规定的。

（五）辨认中给辨认人明显暗示或者明显有指认嫌疑的。

（六）违反有关规定、不能确定辨认笔录真实性的其他情形。

**第九十一条**　对侦查实验笔录应当着重审查实验的过程、方法，以及笔录的制作是否符合有关规定。

侦查实验的条件与事件发生时的条件有明显差异，或者存在影响实验结论科学性的其他情形的，侦查实验笔录不得作为定案的根据。

## 第七节　视听资料、电子数据的审查与认定

**第九十二条**　对视听资料应当着重审查以下内容：

（一）是否附有提取过程的说明，来源是否合法；

（二）是否为原件，有无复制及复制份数；是复制件的，是否附有无法调取原件的原因、复制件制作过程和原件存放地点的说明，制作人、原视听资料持有人是否签名或者盖章；

（三）制作过程中是否存在威胁、引诱当事人等违反法律、有关规定的情形；

（四）是否写明制作人、持有人的身份，制作的时间、地点、条件和方法；

（五）内容和制作过程是否真实，有无剪辑、增加、删改等情形；

（六）内容与案件事实有无关联。

对视听资料有疑问的，应当进行鉴定。

**第九十三条**　对电子邮件、电子数据交换、网上聊天记录、博客、微博客、手机短信、电子签名、域名等电子数据，应当着重审查以下内容：

（一）是否随原始存储介质移送；在原始存储介质无法封存、不便移动或者依法应当由有关部门保管、处理、返还时，提取、复制电子数据是否由二人以上进行，是否足以保证电子数据的完整性，有无提取、复制过程及原始存储介质存放地点的文字说明和签名；

（二）收集程序、方式是否符合法律及有关技术规范；经勘验、检查、搜查等侦查活动收集的电子数据，是否附有笔录、清单，并经侦查人员、电子数据持有人、见证人签名；没有持有人签名的，是否注明原因；远程调取境外或者异地的电子数据的，

是否注明相关情况；对电子数据的规格、类别、文件格式等注明是否清楚；

（三）电子数据内容是否真实，有无删除、修改、增加等情形；

（四）电子数据与案件事实有无关联；

（五）与案件事实有关联的电子数据是否全面收集；

对电子数据有疑问的，应当进行鉴定或者检验。

**第九十四条** 视听资料、电子数据具有下列情形之一的，不得作为定案的根据：

（一）经审查无法确定真伪的；

（二）制作、取得的时间、地点、方式等有疑问，不能提供必要证明或者作出合理解释的。

## 第八节 非法证据排除

**第九十五条** 使用肉刑或者变相肉刑，或者采用其他使被告人在肉体上或者精神上遭受剧烈疼痛或者痛苦的方法，迫使被告人违背意愿供述的，应当认定为刑事诉讼法第五十四条规定的“刑讯逼供等非法方法”。

认定刑事诉讼法第五十四条规定的“可能严重影响司法公正”，应当综合考虑收集物证、书证违反法定程序以及所造成后果的严重程度等情况。

**第九十六条** 当事人及其辩护人、诉讼代理人申请人民法院排除以非法方法收集的证据的，应当提供涉嫌非法取证的人员、时间、地点、方式、内容等相关线索或者材料。

**第九十七条** 人民法院向被告人及其辩护人送达起诉书副本时，应当告知其申请排除非法证据的，应当在开庭审理前提出，但在庭审期间才发现相关线索或者材料的除外。

**第九十八条** 开庭审理前，当事人及其辩护人、诉讼代理人申请人民法院排除非法证据的，人民法院应当在开庭前及时将申请书或者申请笔录及相关线索、材料的复制件送交人民检察院。

**第九十九条** 开庭审理前，当事人及其辩护人、诉讼代理人申请排除非法证据，人民法院经审查，对证据收集的合法性有疑问的，应当依照刑事诉讼法第一百八十二条第二款的规定召开庭前会议，就非法证据排除等问题了解情况，听取意见。人民检察院可以通过出示有关证据材料等方式，对证据收集的合法性加以说明。

**第一百条** 法庭审理过程中，当事人及其辩护人、诉讼代理人申请排除非法证据的，法庭应当进行审查。经审查，对证据收集的合法性有疑问的，应当进行调查；没有疑问的，应当当庭说明情况和理由，继续法庭审理。当事人及其辩护人、诉讼代理人以相同理由再次申请排除非法证据的，法庭不再进行审查。

对证据收集合法性的调查，根据具体情况，可以在当事人及其辩护人、诉讼代理人提出排除非法证据的申请后进行，也可以在法庭调查结束前一并进行。

法庭审理过程中，当事人及其辩护人、诉讼代理人申请排除非法证据，人民法院经审查，不符合本解释第九十七条规定的，应当在法庭调查结束前一并进行审查，并决定是否进行证据收集合法性的调查。

**第一百零一条** 法庭决定对证据收集的合法性进行调查的，可以由公诉人通过出示、宣读讯问笔录或者其他证据，有针对性地播放讯问过程的录音录像，提请法庭通知有关侦查人员或者其他人员出庭说明情况等方式，证明证据收集的合法性。

公诉人提交的取证过程合法的说明材料，应当经有关侦查人员签名，并加盖公章。未经有关侦查人员签名的，不得作为证据使用。上述说明材料不能单独作为证明取证过程合法的根据。

**第一百零二条** 经审理，确认或者不能排除存在刑事诉讼法第五十四条规定的以非法方法收集证据情形的，对有关证据应当排除。

人民法院对证据收集的合法性进行调查后，应当将调查结论告知公诉人、当事人和辩护人、诉讼代理人。

**第一百零三条** 具有下列情形之一的，第二审人民法院应当对证据收集的合法性进行审查，并根据刑事诉讼法和本解释的有关规定作出处理：

（一）第一审人民法院对当事人及其辩护人、诉讼代理人排除非法证据的申请没有审查，且以该证据作为定案根据的；

（二）人民检察院或者被告人、自诉人及其法定代理人不服第一审人民法院作出的有关证据收集合法性的调查结论，提出抗诉、上诉的；

（三）当事人及其辩护人、诉讼代理人在第一审结束后才发现相关线索或者材料，申请人民法院排除非法证据的。

## 第九节　证据的综合审查与运用

**第一百零四条** 对证据的真实性，应当综合全案证据进行审查。

对证据的证明力，应当根据具体情况，从证据与待证事实的关联程度、证据之间的联系等方面进行审查判断。

证据之间具有内在联系，共同指向同一待证事实，不存在无法排除的矛盾和无法解释的疑问的，才能作为定案的根据。

**第一百零五条** 没有直接证据，但间接证据同时符合下列条件的，可以认定被告人有罪：

（一）证据已经查证属实；

（二）证据之间相互印证，不存在无法排除的矛盾和无法解释的疑问；

（三）全案证据已经形成完整的证明体系；

（四）根据证据认定案件事实足以排除合理怀疑，结论具有唯一性；

（五）运用证据进行的推理符合逻辑和经验。

**第一百零六条** 根据被告人的供述、指认提取到了隐蔽性很强的物证、书证，且被告人的供述与其他证明犯罪事实发生的证据相互印证，并排除串供、逼供、诱供等可能性的，可以认定被告人有罪。

**第一百零七条** 采取技术侦查措施收集的证据材料，经当庭出示、辨认、质证等法庭调查程序查证属实的，可以作为定案的根据。

使用前款规定的证据可能危及有关人员的人身安全，或者可能产生其他严重后果的，法庭应当采取不暴露有关人员身份、技术方法等保护措施，必要时，审判人员可以在庭外核实。

**第一百零八条** 对侦查机关出具的被告人到案经过、抓获经过等材料，应当审查是否有出具该说明材料的办案人、办案机关的签名、盖章。

对到案经过、抓获经过或者确定被告人有重大嫌疑的根据有疑问的，应当要求侦查机关补充说明。

**第一百零九条** 下列证据应当慎重使用，有其他证据印证的，可以采信：

（一）生理上、精神上有缺陷，对案件事实的认知和表达存在一定困难，但尚未丧失正确认知、表达能力的被害人、证人和被告人所作的陈述、证言和供述；

（二）与被告人有亲属关系或者其他密切关系的证人所作的有利被告人的证言，或者与被告人有利害冲突的证人所作的不利被告人的证言。

**第一百一十条** 证明被告人自首、坦白、立功的证据材料，没有加盖接受被告人投案、坦白、检举揭发等的单位的印章，或者接受人员没有签名的，不得作为定案的根据。

对被告人及其辩护人提出有自首、坦白、立功的事实和理由，有关机关未予认定，或者有关机关提出被告人有自首、坦白、立功表现，但证据材料不全的，人民法院应当要求有关机关提供证明材料，或者要求相关人员作证，并结合其他证据作出认定。

**第一百一十一条** 证明被告人构成累犯、毒品再犯的证据材料，应当包括前罪的裁判文书、释放证明等材料；材料不全的，应当要求有关机关提供。

**第一百一十二条** 审查被告人实施被指控的犯罪时或者审判时是否达到相应法定责任年龄，应当根据户籍证明、出生证明文件、学籍卡、人口普查登记、无利害关系人的证言等证据综合判断。

证明被告人已满十四周岁、十六周岁、十八周岁或者不满七十五周岁的证据不足的，应当认定被告人不满十四周岁、不满十六周岁、不满十八周岁或者已满七十五周岁。

…………

**第五百四十八条** 本解释自2013年1月1日起施行，最高人民法院1998年9月2日公布的《关于执行〈中华人民共和国刑事诉讼法〉若干问题的解释》同时废止；最高人民法院以前发布的司法解释和规范性文件，与本解释不一致的，以本解释为准。

# 第五部分　人民检察院刑事诉讼规则（试行）（节选）

高检发释字〔2012〕2号

（1997年1月15日最高人民检察院第八届检察委员会第六十九次会议通过　1998年12月16日最高人民检察院第九届检察委员会第二十一次会议第一次修订　2012年10月16日最高人民检察院第十一届检察委员会第八十次会议第二次修订）

## 第一章　通　则

**第一条**　为保证人民检察院在刑事诉讼中严格依照法定程序办案，正确履行职权，实现惩罚犯罪与保障人权的统一，根据《中华人民共和国刑事诉讼法》、《中华人民共和国人民检察院组织法》和有关法律规定，结合人民检察院工作实际，制定本规则。

**第二条**　人民检察院在刑事诉讼中的任务，是立案侦查直接受理的案件、批准或者决定逮捕、审查起诉和提起公诉、对刑事诉讼实行法律监督，保证准确、及时地查明犯罪事实，正确应用法律，惩罚犯罪分子，保障无罪的人不受刑事追究，保障国家刑事法律的统一正确实施，维护社会主义法制，尊重和保障人权，保护公民的人身权利、财产权利、民主权利和其他权利，保障社会主义建设事业的顺利进行。

**第三条**　人民检察院办理刑事案件，应当严格遵守《中华人民共和国刑事诉讼法》规定的各项基本原则和程序以及其他法律的有关规定。

**第四条** 人民检察院办理刑事案件，由检察人员承办，办案部门负责人审核，检察长或者检察委员会决定。

**第五条** 人民检察院按照法律规定设置内部机构，在刑事诉讼中实行案件受理、立案侦查、侦查监督、公诉、控告、申诉、监所检察等业务分工，各司其职，互相制约，保证办案质量。

**第六条** 在刑事诉讼中，最高人民检察院领导地方各级人民检察院和专门人民检察院的工作，上级人民检察院领导下级人民检察院的工作。检察长统一领导检察院的工作。

**第七条** 在刑事诉讼中，上级人民检察院对下级人民检察院作出的决定，有权予以撤销或者变更；发现下级人民检察院办理的案件有错误的，有权指令下级人民检察院予以纠正。

下级人民检察院对上级人民检察院的决定应当执行，如果认为有错误的，应当在执行的同时向上级人民检察院报告。

## 第二章 管 辖

**第八条** 人民检察院立案侦查贪污贿赂犯罪、国家工作人员的渎职犯罪、国家机关工作人员利用职权实施的非法拘禁、刑讯逼供、报复陷害、非法搜查的侵犯公民人身权利的犯罪以及侵犯公民民主权利的犯罪案件。

贪污贿赂犯罪是指刑法分则第八章规定的贪污贿赂犯罪及其他章中明确规定依照第八章相关条文定罪处罚的犯罪案件。

国家工作人员的渎职犯罪是指刑法分则第九章规定的渎职犯罪案件。

国家机关工作人员利用职权实施的侵犯公民人身权利和民主权利的犯罪案件包括：

（一）非法拘禁案（刑法第二百三十八条）；

（二）非法搜查案（刑法第二百四十五条）；

（三）刑讯逼供案（刑法第二百四十七条）；

（四）暴力取证案（刑法第二百四十七条）；

（五）虐待被监管人案（刑法第二百四十八条）；

（六）报复陷害案（刑法第二百五十四条）；

（七）破坏选举案（刑法第二百五十六条）。

**第九条** 国家机关工作人员利用职权实施的其他重大犯罪案件，需要由人民检察院直接受理的时候，经省级以上人民检察院决定，可以由人民检察院立案侦查。

**第十条** 对本规则第九条规定的案件，基层人民检察院或者分、州、市人民检察院需要直接立案侦查的，应当层报省级人民检察院决定。分、州、市人民检察院对于基层人民检察院层报省级人民检察院的案件，应当进行审查，提出是否需要立案侦查的意见，报请省级人民检察院决定。

报请省级人民检察院决定立案侦查的案件，应当制作提请批准直接受理书，写明案件情况以及需要由人民检察院立案侦查的理由，并附有关材料。

省级人民检察院应当在收到提请批准直接受理书后的十日以内作出是否立案侦查的决定。省级人民检察院可以决定由下级人民检察院直接立案侦查，也可以决定直接立案侦查。

**第十一条** 对于根据本规则第九条规定立案侦查的案件，应当根据案件性质，由人民检察院负责侦查的部门进行侦查。

报送案件的具体手续由发现案件线索的业务部门办理。

**第十二条** 人民检察院侦查直接受理的刑事案件涉及公安机关管辖的刑事案件，应当将属于公安机关管辖的刑事案件移送公安机关。在上述情况中，如果涉嫌主罪属于公安机关管辖，由公安机关为主侦查，人民检察院予以配合；如果涉嫌主罪属于人民检察院管辖，由人民检察院为主侦查，公安机关予以配合。

对于一人犯数罪、共同犯罪、多个犯罪嫌疑人实施的犯罪相互关联，并案处理有利于查明案件事实和诉讼进行的，人民检察院可以对相关犯罪案件并案处理。

**第十三条** 人民检察院对直接受理的案件实行分级立案侦查的制度。

最高人民检察院立案侦查全国性的重大犯罪案件；省、自治区、直辖市人民检察院立案侦查全省（自治区、直辖市）性的重大犯罪案件；分、州、市人民检察院立案侦查本辖区的重大犯罪案件；基层人民检察院立案侦查本辖区的犯罪案件。

**第十四条** 上级人民检察院在必要的时候，可以直接立案侦查或者组织、指挥、参与侦查下级人民检察院管辖的案件，也可以将本院管辖的案件指定下级人民检察院立案侦查；下级人民检察院认为案情重大、复杂，需要由上级人民检察院立案侦查的案件，可以请求移送上级人民检察院立案侦查。

**第十五条** 国家工作人员职务犯罪案件，由犯罪嫌疑人工作单位所在地的人民检察院管辖；如果由其他人民检察院管辖更为适宜的，可以由其他人民检察院管辖。

**第十六条** 对管辖不明确的案件，可以由有关人民检察院协商确定管辖。对管辖有争议的或者情况特殊的案件，由共同的上级人民检察院指定管辖。

**第十七条** 几个人民检察院都有权管辖的案件，由最初受理的人民检察院管辖。必要时，可以由主要犯罪地的人民检察院管辖。

**第十八条** 上级人民检察院可以指定下级人民检察院立案侦查管辖不明或者需要改变管辖的案件。

人民检察院在立案侦查中指定异地管辖，需要在异地起诉、审判的，应当在移送审查起诉前与人民法院协商指定管辖的相关事宜。

分、州、市人民检察院办理直接立案侦查的案件，需要将属于本院管辖的案件指定下级人民检察院管辖的，应当报请上一级人民检察院批准。

**第十九条** 军事检察院、铁路运输检察院等专门人民检察院的管辖以及军队、武装警察与地方互涉刑事案件的管辖，按照有关规定执行。

…………

## 第五章 证 据

**第六十一条** 人民检察院在立案侦查、审查逮捕、审查起诉等办案活动中认定案件事实，应当以证据为根据。

公诉案件中被告人有罪的举证责任由人民检察院承担。人民检察院在提起公诉指控犯罪时，应当提出确实、充分的证据，并运用证据加以证明。

人民检察院提起公诉，应当遵循客观公正原则，对被告人有罪、罪重、罪轻的证据都应当向人民法院提出。

**第六十二条** 证据的审查认定，应当结合案件的具体情况，从证据与待证事实的关联程度、各证据之间的联系、是否依照法定程序收集等方面进行综合审查判断。

**第六十三条** 人民检察院侦查终结或者提起公诉的案件，证据应当确实、充分。证据确实、充分，应当符合以下条件：

（一）定罪量刑的事实都有证据证明；

（二）据以定案的证据均经法定程序查证属实；

（三）综合全案证据，对所认定事实已排除合理怀疑。

**第六十四条** 行政机关在行政执法和查办案件过程中收集的

物证、书证、视听资料、电子数据证据材料，应当以该机关的名义移送，经人民检察院审查符合法定要求的，可以作为证据使用。

行政机关在行政执法和查办案件过程中收集的鉴定意见、勘验、检查笔录，经人民检察院审查符合法定要求的，可以作为证据使用。

人民检察院办理直接受理立案侦查的案件，对于有关机关在行政执法和查办案件过程中收集的涉案人员供述或者相关人员的证言、陈述，应当重新收集；确有证据证实涉案人员或者相关人员因路途遥远、死亡、失踪或者丧失作证能力，无法重新收集，但供述、证言或者陈述的来源、收集程序合法，并有其他证据相印证，经人民检察院审查符合法定要求的，可以作为证据使用。

根据法律、法规赋予的职责查处行政违法、违纪案件的组织属于本条规定的行政机关。

**第六十五条** 对采用刑讯逼供等非法方法收集的犯罪嫌疑人供述和采用暴力、威胁等非法方法收集的证人证言、被害人陈述，应当依法排除，不得作为报请逮捕、批准或者决定逮捕、移送审查起诉以及提起公诉的依据。

刑讯逼供是指使用肉刑或者变相使用肉刑，使犯罪嫌疑人在肉体或者精神上遭受剧烈疼痛或者痛苦以逼取供述的行为。

其他非法方法是指违法程度和对犯罪嫌疑人的强迫程度与刑讯逼供或者暴力、威胁相当而迫使其违背意愿供述的方法。

**第六十六条** 收集物证、书证不符合法定程序，可能严重影响司法公正的，人民检察院应当及时要求侦查机关补正或者作出书面解释；不能补正或者无法作出合理解释的，对该证据应当予以排除。

对侦查机关的补正或者解释，人民检察院应当予以审查。经侦查机关补正或者作出合理解释的，可以作为批准或者决定逮捕、提起公诉的依据。

本条第一款中的可能严重影响司法公正是指收集物证、书证不符合法定程序的行为明显违法或者情节严重，可能对司法机关办理案件的公正性造成严重损害；补正是指对取证程序上的非实质性瑕疵进行补救；合理解释是指对取证程序的瑕疵作出符合常理及逻辑的解释。

**第六十七条** 人民检察院经审查发现存在刑事诉讼法第五十四条规定的非法取证行为，依法对该证据予以排除后，其他证据不能证明犯罪嫌疑人实施犯罪行为的，应当不批准或者决定逮捕，已经移送审查起诉的，可以将案件退回侦查机关补充侦查或者作出不起诉决定。

**第六十八条** 在侦查、审查起诉和审判阶段，人民检察院发现侦查人员以非法方法收集证据的，应当报经检察长批准，及时进行调查核实。

当事人及其辩护人、诉讼代理人报案、控告、举报侦查人员采用刑讯逼供等非法方法收集证据并提供涉嫌非法取证的人员、时间、地点、方式和内容等材料或者线索的，人民检察院应当受理并进行审查，对于根据现有材料无法证明证据收集合法性的，应当报经检察长批准，及时进行调查核实。

上一级人民检察院接到对侦查人员采用刑讯逼供等非法方法收集证据的报案、控告、举报的，可以直接进行调查核实，也可以交由下级人民检察院调查核实。交由下级人民检察院调查核实的，下级人民检察院应当及时将调查结果报告上一级人民检察院。

人民检察院决定调查核实的，应当及时通知办案机关。

**第六十九条** 对于非法证据的调查核实，在侦查阶段由侦查监督部门负责；在审查起诉、审判阶段由公诉部门负责。必要时，渎职侵权检察部门可以派员参加。

**第七十条** 人民检察院可以采取以下方式对非法取证行为进行调查核实：

（一）讯问犯罪嫌疑人；

（二）询问办案人员；

（三）询问在场人员及证人；

（四）听取辩护律师意见；

（五）调取讯问笔录、讯问录音、录像；

（六）调取、查询犯罪嫌疑人出入看守所的身体检查记录及相关材料；

（七）进行伤情、病情检查或者鉴定；

（八）其他调查核实方式。

**第七十一条** 人民检察院调查完毕后，应当制作调查报告，根据查明的情况提出处理意见，报请检察长决定后依法处理。

办案人员在审查逮捕、审查起诉中经调查核实依法排除非法证据的，应当在调查报告中予以说明。被排除的非法证据应当随案移送。

对于确有以非法方法收集证据情形，尚未构成犯罪的，应当依法向被调查人所在机关提出纠正意见。对于需要补正或者作出合理解释的，应当提出明确要求。

经审查，认为非法取证行为构成犯罪需要追究刑事责任的，应当依法移送立案侦查。

**第七十二条** 人民检察院认为存在以非法方法收集证据情形的，可以书面要求侦查机关对证据收集的合法性进行说明。说明应当加盖单位公章，并由侦查人员签名。

**第七十三条** 对于公安机关立案侦查的案件，存在下列情形之一的，人民检察院在审查逮捕、审查起诉和审判阶段，可以调取公安机关讯问犯罪嫌疑人的录音、录像，对证据收集的合法性以及犯罪嫌疑人、被告人供述的真实性进行审查：

（一）认为讯问活动可能存在刑讯逼供等非法取证行为的；

（二）犯罪嫌疑人、被告人或者辩护人提出犯罪嫌疑人、被告人供述系非法取得，并提供相关线索或者材料的；

（三）犯罪嫌疑人、被告人对讯问活动合法性提出异议或者翻供，并提供相关线索或者材料的；

（四）案情重大、疑难、复杂的。

人民检察院直接受理立案侦查的案件，侦查部门移送审查逮捕、审查起诉时，应当将讯问录音、录像连同案卷材料一并移送审查。

**第七十四条** 对于提起公诉的案件，被告人及其辩护人提出审前供述系非法取得，并提供相关线索或者材料的，人民检察院可以将讯问录音、录像连同案卷材料一并移送人民法院。

**第七十五条** 在法庭审理过程中，被告人或者辩护人对讯问活动合法性提出异议，公诉人可以要求被告人及其辩护人提供相关线索或者材料。必要时，公诉人可以提请法庭当庭播放相关时段的讯问录音、录像，对有关异议或者事实进行质证。

需要播放的讯问录音、录像中涉及国家秘密、商业秘密、个人隐私或者含有其他不宜公开的内容的，公诉人应当建议在法庭组成人员、公诉人、侦查人员、被告人及其辩护人范围内播放。因涉及国家秘密、商业秘密、个人隐私或者其他犯罪线索等内容，人民检察院对讯问录音、录像的相关内容作技术处理的，公诉人应当向法庭作出说明。

**第七十六条** 对于危害国家安全犯罪、恐怖活动犯罪、黑社会性质的组织犯罪、毒品犯罪等案件，人民检察院在办理案件过程中，证人、鉴定人、被害人因在诉讼中作证，本人或者其近亲属人身安全面临危险，向人民检察院请求保护的，人民检察院应当受理并及时进行审查，对于确实存在人身安全危险的，应当立即采取必要的保护措施。人民检察院发现存在上述情形的，可以主动采取保护措施。

人民检察院可以采取以下一项或者多项保护措施：

（一）不公开真实姓名、住址和工作单位等个人信息；

（二）建议法庭采取不暴露外貌、真实声音等出庭作证措施；

（三）禁止特定的人员接触证人、鉴定人、被害人及其近亲属；

（四）对人身和住宅采取专门性保护措施；

（五）其他必要的保护措施。

人民检察院依法决定不公开证人、鉴定人、被害人的真实姓名、住址和工作单位等个人信息的，可以在起诉书、询问笔录等法律文书、证据材料中使用化名代替证人、鉴定人、被害人的个人信息。但是应当另行书面说明使用化名的情况并标明密级。

人民检察院依法采取保护措施，可以要求有关单位和个人予以配合。

对证人及其近亲属进行威胁、侮辱、殴打或者打击报复，构成犯罪或者应当给予治安管理处罚的，人民检察院应当移送公安机关处理；情节轻微的，予以批评教育、训诫。

**第七十七条** 证人在人民检察院侦查、审查起诉阶段因履行作证义务而支出的交通、住宿、就餐等费用，人民检察院应当给予补助。

…………

**第七百零八条** 本规则自2013年1月1日起施行。最高人民检察院1999年1月18日发布的《人民检察院刑事诉讼规则》同时废止；最高人民检察院以前发布的司法解释和规范性文件与本规则不一致的，以本规则为准。

# 第六部分　公安机关办理刑事案件程序规定（节选）

中华人民共和国公安部令第127号

…………

## 第二章　管　辖

**第十四条**　根据刑事诉讼法的规定，刑事案件由公安机关管辖，但下列刑事案件除外：

（一）贪污贿赂犯罪，国家工作人员的渎职犯罪，国家机关工作人员利用职权实施的非法拘禁、刑讯逼供、报复陷害、非法搜查的侵犯公民人身权利的犯罪以及侵犯公民民主权利的犯罪案件，经省级以上人民检察院决定立案侦查的国家机关工作人员利用职权实施的其他重大的犯罪案件；

（二）自诉案件，但对人民法院直接受理的被害人有证据证明的轻微刑事案件，因证据不足驳回起诉，人民法院移送公安机关或者被害人向公安机关控告的，公安机关应当受理；被害人直接向公安机关控告的，公安机关应当受理；

（三）军人违反职责的犯罪和军队内部发生的刑事案件；

（四）罪犯在监狱内犯罪的刑事案件；

（五）其他依照法律和规定应当由其他机关管辖的刑事案件。

**第十五条**　刑事案件由犯罪地的公安机关管辖。如果由犯罪嫌疑人居住地的公安机关管辖更为适宜的，可以由犯罪嫌疑人居住地的公安机关管辖。

犯罪地包括犯罪行为发生地和犯罪结果发生地。犯罪行为发生地，包括犯罪行为的实施地以及预备地、开始地、途经地、结束地等与犯罪行为有关的地点；犯罪行为有连续、持续或者继续状态的，犯罪行为连续、持续或者继续实施的地方都属于犯罪行为发生地。犯罪结果发生地，包括犯罪对象被侵害地、犯罪所得的实际取得地、藏匿地、转移地、使用地、销售地。

居住地包括户籍所在地、经常居住地。经常居住地是指公民离开户籍所在地最后连续居住一年以上的地方。

法律、司法解释或者其他规范性文件对有关犯罪案件的管辖作出特别规定的，从其规定。

**第十六条**　针对或者利用计算机网络实施的犯罪，用于实施犯罪行为的网站服务器所在地、网络接入地以及网站建立者或者管理者所在地，被侵害的计算机信息系统及其管理者所在地，以及犯罪过程中犯罪分子、被害人使用的计算机信息系统所在地公安机关可以管辖。

**第十七条**　行驶中的交通工具上发生的刑事案件，由交通工具最初停靠地公安机关管辖；必要时，交通工具始发地、途经地、到达地公安机关也可以管辖。

**第十八条**　几个公安机关都有权管辖的刑事案件，由最初受理的公安机关管辖。必要时，可以由主要犯罪地的公安机关管辖。

具有下列情形之一的，公安机关可以在职责范围内并案侦查：

（一）一人犯数罪的；

（二）共同犯罪的；

（三）共同犯罪的犯罪嫌疑人还实施其他犯罪的；

（四）多个犯罪嫌疑人实施的犯罪存在关联，并案处理有利于查明犯罪事实的。

**第十九条** 对管辖不明确或者有争议的刑事案件，可以由有关公安机关协商。协商不成的，由共同的上级公安机关指定管辖。

对情况特殊的刑事案件，可以由共同的上级公安机关指定管辖。

**第二十条** 上级公安机关指定管辖的，应当将指定管辖决定书分别送达被指定管辖的公安机关和其他有关的公安机关。

原受理案件的公安机关，在收到上级公安机关指定其他公安机关管辖的决定书后，不再行使管辖权，同时应当将案卷材料移送被指定管辖的公安机关。

对指定管辖的案件，需要逮捕犯罪嫌疑人的，由被指定管辖的公安机关提请同级人民检察院审查批准；需要提起公诉的，由该公安机关移送同级人民检察院审查决定。

**第二十一条** 县级公安机关负责侦查发生在本辖区内的刑事案件。

设区的市一级以上公安机关负责重大的危害国家安全犯罪、恐怖活动犯罪、涉外犯罪、经济犯罪、集团犯罪案件的侦查。

上级公安机关认为有必要的，可以侦查下级公安机关管辖的刑事案件；下级公安机关认为案情重大需要上级公安机关侦查的刑事案件，可以请求上一级公安机关管辖。

**第二十二条** 公安机关内部对刑事案件的管辖，按照刑事侦查机构的设置及其职责分工确定。

**第二十三条** 铁路公安机关管辖铁路系统的机关、厂、段、院、校、所、队、工区等单位发生的刑事案件，车站工作区域内、列车内发生的刑事案件，铁路沿线发生的盗窃或者破坏铁路、通信、电力线路和其他重要设施的刑事案件，以及内部职工在铁路线上工作时发生的刑事案件。

铁路系统的计算机信息系统延伸到地方涉及铁路业务的网点，其计算机信息系统发生的刑事案件由铁路公安机关管辖。

对倒卖、伪造、变造火车票的案件，由最初受理案件的铁路公安机关或者地方公安机关管辖。必要时，可以移送主要犯罪地的铁路公安机关或者地方公安机关管辖。

铁路建设施工工地发生的刑事案件由地方公安机关管辖。

**第二十四条**　交通公安机关管辖交通系统的机关、厂、段、院、校、所、队、工区等单位发生的刑事案件，港口、码头工作区域内、轮船内发生的刑事案件，水运航线发生的盗窃或者破坏水运、通信、电力线路和其他重要设施的刑事案件，以及内部职工在交通线上工作时发生的刑事案件。

**第二十五条**　民航公安机关管辖民航系统的机关、厂、段、院、校、所、队、工区等单位、机场工作区域内、民航飞机内发生的刑事案件。

重大飞行事故刑事案件由犯罪结果发生地机场公安机关管辖。犯罪结果发生地未设机场公安机关或者不在机场公安机关管辖范围内的，由地方公安机关管辖，有关机场公安机关予以协助。

**第二十六条**　森林公安机关管辖破坏森林和野生动植物资源等刑事案件，大面积林区的森林公安机关还负责辖区内其他刑事案件的侦查。未建立专门森林公安机关的，由所在地公安机关管辖。

**第二十七条**　海关走私犯罪侦查机构管辖中华人民共和国海关关境内发生的涉税走私犯罪案件和发生在海关监管区内的非涉税走私犯罪案件。

**第二十八条**　公安机关侦查的刑事案件涉及人民检察院管辖

的案件时，应当将属于人民检察院管辖的刑事案件移送人民检察院。涉嫌主罪属于公安机关管辖的，由公安机关为主侦查；涉嫌主罪属于人民检察院管辖的，公安机关予以配合。

公安机关侦查的刑事案件涉及其他侦查机关管辖的案件时，参照前款规定办理。

**第二十九条** 公安机关和军队互涉刑事案件的管辖分工按照有关规定办理。

公安机关和武装警察部队互涉刑事案件的管辖分工依照公安机关和军队互涉刑事案件的管辖分工的原则办理。列入武装警察部队序列的公安边防、消防、警卫部门人员的犯罪案件，由公安机关管辖。

…………

## 第五章　证　据

**第五十六条** 可以用于证明案件事实的材料，都是证据。

证据包括：

（一）物证；

（二）书证；

（三）证人证言；

（四）被害人陈述；

（五）犯罪嫌疑人供述和辩解；

（六）鉴定意见；

（七）勘验、检查、侦查实验、搜查、查封、扣押、提取、辨认等笔录；

（八）视听资料、电子数据。

证据必须经过查证属实，才能作为认定案件事实的根据。

**第五十七条** 公安机关必须依照法定程序，收集能够证实犯罪嫌疑人有罪或者无罪、犯罪情节轻重的各种证据。必须保证一切与案件有关或者了解案情的公民，有客观地充分地提供证据的条件，除特殊情况外，可以吸收他们协助调查。

**第五十八条** 公安机关向有关单位和个人收集、调取证据时，应当告知其必须如实提供证据。

对涉及国家秘密、商业秘密、个人隐私的证据，应当保密。

对于伪造证据、隐匿证据或者毁灭证据的，应当追究其法律责任。

**第五十九条** 公安机关向有关单位和个人调取证据，应当经办案部门负责人批准，开具调取证据通知书。被调取单位、个人应当在通知书上盖章或者签名，拒绝盖章或者签名的，公安机关应当注明。必要时，应当采用录音或者录像等方式固定证据内容及取证过程。

**第六十条** 公安机关接受或者依法调取的行政机关在行政执法和查办案件过程中收集的物证、书证、视听资料、电子数据、检验报告、鉴定意见、勘验笔录、检查笔录等证据材料，可以作为证据使用。

**第六十一条** 收集、调取的物证应当是原物。只有在原物不便搬运、不易保存或者依法应当由有关部门保管、处理或者依法应当返还时，才可以拍摄或者制作足以反映原物外形或者内容的照片、录像或者复制品。

物证的照片、录像或者复制品经与原物核实无误或者经鉴定证明为真实的，或者以其他方式确能证明其真实的，可以作为证据使用。原物的照片、录像或者复制品，不能反映原物的外形和特征的，不能作为证据使用。

**第六十二条** 收集、调取的书证应当是原件。只有在取得原件确有困难时，才可以使用副本或者复制件。

书证的副本、复制件，经与原件核实无误或者经鉴定证明为真实的，或者以其他方式确能证明其真实的，可以作为证据使用。书证有更改或者更改迹象不能作出合理解释的，或者书证的副本、复制件不能反映书证原件及其内容的，不能作为证据使用。

**第六十三条** 物证的照片、录像或者复制品，书证的副本、复制件，视听资料、电子数据的复制件，应当附有关制作过程及原件、原物存放处的文字说明，并由制作人和物品持有人或者物品持有单位有关人员签名。

**第六十四条** 公安机关提请批准逮捕书、起诉意见书必须忠实于事实真象。故意隐瞒事实真象的，应当依法追究责任。

**第六十五条** 需要查明的案件事实包括：

（一）犯罪行为是否存在；

（二）实施犯罪行为的时间、地点、手段、后果以及其他情节；

（三）犯罪行为是否为犯罪嫌疑人实施；

（四）犯罪嫌疑人的身份；

（五）犯罪嫌疑人实施犯罪行为的动机、目的；

（六）犯罪嫌疑人的责任以及与其他同案人的关系；

（七）犯罪嫌疑人有无法定从重、从轻、减轻处罚以及免除处罚的情节；

（八）其他与案件有关的事实。

**第六十六条** 公安机关移送审查起诉的案件，应当做到犯罪事实清楚，证据确实、充分。

证据确实、充分，应当符合以下条件：

（一）认定的案件事实都有证据证明；

（二）认定案件事实的证据均经法定程序查证属实；

（三）综合全案证据，对所认定事实已排除合理怀疑。

对证据的审查，应当结合案件的具体情况，从各证据与待证事实的关联程度、各证据之间的联系等方面进行审查判断。

只有犯罪嫌疑人供述，没有其他证据的，不能认定案件事实；没有犯罪嫌疑人供述，证据确实、充分的，可以认定案件事实。

**第六十七条** 采用刑讯逼供等非法方法收集的犯罪嫌疑人供述和采用暴力、威胁等非法方法收集的证人证言、被害人陈述，应当予以排除。

收集物证、书证违反法定程序，可能严重影响司法公正的，应当予以补正或者作出合理解释；不能补正或者作出合理解释的，对该证据应当予以排除。

在侦查阶段发现有应当排除的证据的，经县级以上公安机关负责人批准，应当依法予以排除，不得作为提请批准逮捕、移送审查起诉的依据。

人民检察院认为可能存在以非法方法收集证据情形，要求公安机关进行说明的，公安机关应当及时进行调查，并向人民检察院作出书面说明。

**第六十八条** 人民法院认为现有证据材料不能证明证据收集的合法性，通知有关侦查人员或者其他人员出庭说明情况的，有关侦查人员或者其他人员应当出庭。必要时，有关侦查人员或者其他人员也可以要求出庭说明情况。

经人民法院通知，人民警察应当就其执行职务时目击的犯罪情况出庭作证。

**第六十九条** 凡是知道案件情况的人，都有作证的义务。

生理上、精神上有缺陷或者年幼，不能辨别是非，不能正确表达的人，不能作证人。

对于证人能否辨别是非，能否正确表达，必要时可以进行审查或者鉴别。

**第七十条**　公安机关应当保障证人及其近亲属的安全。

对证人及其近亲属进行威胁、侮辱、殴打或者打击报复，构成犯罪的，依法追究刑事责任；尚不够刑事处罚的，依法给予治安管理处罚。

**第七十一条**　对危害国家安全犯罪、恐怖活动犯罪、黑社会性质的组织犯罪、毒品犯罪等案件，证人、鉴定人、被害人因在侦查过程中作证，本人或者其近亲属的人身安全面临危险的，公安机关应当采取以下一项或者多项保护措施：

（一）不公开真实姓名、住址和工作单位等个人信息；

（二）禁止特定的人员接触证人、鉴定人、被害人及其近亲属；

（三）对人身和住宅采取专门性保护措施；

（四）其他必要的保护措施。

证人、鉴定人、被害人认为因在侦查过程中作证，本人或者其近亲属的人身安全面临危险，向公安机关请求予以保护，公安机关经审查认为符合前款规定的条件，确有必要采取保护措施的，应当采取上述一项或者多项保护措施。

公安机关依法采取保护措施，可以要求有关单位和个人配合。

案件移送审查起诉时，应当将采取保护措施的相关情况一并移交人民检察院。

**第七十二条**　公安机关依法决定不公开证人、鉴定人、被害人的真实姓名、住址和工作单位等个人信息的，可以在起诉意见书、询问笔录等法律文书、证据材料中使用化名等代替证人、鉴定人、被害人的个人信息。但是，应当另行书面说明使用化名的情况并标明密级，单独成卷。

**第七十三条** 证人保护工作所必需的人员、经费、装备等，应当予以保障。

证人因履行作证义务而支出的交通、住宿、就餐等费用，应当给予补助。证人作证的补助列入公安机关业务经费。

…………

**第三百七十六条** 本规定自2013年1月1日起施行。1998年5月14日发布的《公安机关办理刑事案件程序规定》（公安部令第35号）和2007年10月25日发布的《公安机关办理刑事案件程序规定修正案》（公安部令第95号）同时废止。

# 第七部分　最高人民法院关于审理洗钱等刑事案件具体应用法律若干问题的解释

法释〔2009〕15号

为依法惩治洗钱，掩饰、隐瞒犯罪所得、犯罪所得收益，资助恐怖活动等犯罪活动，根据刑法有关规定，现就审理此类刑事案件具体应用法律的若干问题解释如下：

**第一条**　刑法第一百九十一条、第三百一十二条规定的“明知”，应当结合被告人的认知能力，接触他人犯罪所得及其收益的情况，犯罪所得及其收益的种类、数额，犯罪所得及其收益的转换、转移方式以及被告人的供述等主、客观因素进行认定。

具有下列情形之一的，可以认定被告人明知系犯罪所得及其收益，但有证据证明确实不知道的除外：

（一）知道他人从事犯罪活动，协助转换或者转移财物的；

（二）没有正当理由，通过非法途径协助转换或者转移财物的；

（三）没有正当理由，以明显低于市场的价格收购财物的；

（四）没有正当理由，协助转换或者转移财物，收取明显高于市场的“手续费”的；

（五）没有正当理由，协助他人将巨额现金散存于多个银行账户或者在不同银行账户之间频繁划转的；

（六）协助近亲属或者其他关系密切的人转换或者转移与其

职业或者财产状况明显不符的财物的；

（七）其他可以认定行为人明知的情形。

被告人将刑法第一百九十一条规定的某一上游犯罪的犯罪所得及其收益误认为刑法第一百九十一条规定的上游犯罪范围内的其他犯罪所得及其收益的，不影响刑法第一百九十一条规定的“明知”的认定。

**第二条** 具有下列情形之一的，可以认定为刑法第一百九十一条第一款第（五）项规定的“以其他方法掩饰、隐瞒犯罪所得及其收益的来源和性质”：

（一）通过典当、租赁、买卖、投资等方式，协助转移、转换犯罪所得及其收益的；

（二）通过与商场、饭店、娱乐场所等现金密集型场所的经营收入相混合的方式，协助转移、转换犯罪所得及其收益的；

（三）通过虚构交易、虚设债权债务、虚假担保、虚报收入等方式，协助将犯罪所得及其收益转换为“合法”财物的；

（四）通过买卖彩票、奖券等方式，协助转换犯罪所得及其收益的；

（五）通过赌博方式，协助将犯罪所得及其收益转换为赌博收益的；

（六）协助将犯罪所得及其收益携带、运输或者邮寄出入境的；

（七）通过前述规定以外的方式协助转移、转换犯罪所得及其收益的。

**第三条** 明知是犯罪所得及其产生的收益而予以掩饰、隐瞒，构成刑法第三百一十二条规定的犯罪，同时又构成刑法第一百九十一条或者第三百四十九条规定的犯罪的，依照处罚较重的规定定罪处罚。

**第四条** 刑法第一百九十一条、第三百一十二条、第三百四十九条规定的犯罪，应当以上游犯罪事实成立为认定前提。上游犯罪尚未依法裁判，但查证属实的，不影响刑法第一百九十一条、第三百一十二条、第三百四十九条规定的犯罪的审判。

上游犯罪事实可以确认，因行为人死亡等原因依法不予追究刑事责任的，不影响刑法第一百九十一条、第三百一十二条、第三百四十九条规定的犯罪的认定。

上游犯罪事实可以确认，依法以其他罪名定罪处罚的，不影响刑法第一百九十一条、第三百一十二条、第三百四十九条规定的犯罪的认定。

本条所称“上游犯罪”，是指产生刑法第一百九十一条、第三百一十二条、第三百四十九条规定的犯罪所得及其收益的各种犯罪行为。

**第五条** 刑法第一百二十条之一规定的“资助”，是指为恐怖活动组织或者实施恐怖活动的个人筹集、提供经费、物资或者提供场所以及其他物质便利的行为。

刑法第一百二十条之一规定的“实施恐怖活动的个人”，包括预谋实施、准备实施和实际实施恐怖活动的个人。

# 第八部分　最高人民法院、最高人民检察院关于办理国家出资企业中职务犯罪案件具体应用法律若干问题的意见

法发〔2010〕49号

随着企业改制的不断推进，人民法院、人民检察院在办理国家出资企业中的贪污、受贿等职务犯罪案件时遇到了一些新情况、新问题。这些新情况、新问题具有一定的特殊性和复杂性，需要结合企业改制的特定历史条件，依法妥善地进行处理。现根据刑法规定和相关政策精神，就办理此类刑事案件具体应用法律的若干问题，提出以下意见：

**一、关于国家出资企业工作人员在改制过程中隐匿公司、企业财产归个人持股的改制后公司、企业所有的行为的处理**

国家工作人员或者受国家机关、国有公司、企业、事业单位、人民团体委托管理、经营国有财产的人员利用职务上的便利，在国家出资企业改制过程中故意通过低估资产、隐瞒债权、虚设债务、虚构产权交易等方式隐匿公司、企业财产，转为本人持有股份的改制后公司、企业所有，应当依法追究刑事责任的，依照刑法第三百八十二条、第三百八十三条的规定，以贪污罪定罪处罚。贪污数额一般应当以所隐匿财产全额计算；改制后公司、企业仍有国有股份的，按股份比例扣除归于国有的部分。

所隐匿财产在改制过程中已为行为人实际控制，或者国家出资企业改制已经完成的，以犯罪既遂处理。

第一款规定以外的人员实施该款行为的，依照刑法第二百七十一条的规定，以职务侵占罪定罪处罚；第一款规定以外的人员与第一款规定的人员共同实施该款行为的，以贪污罪的共犯论处。

在企业改制过程中未采取低估资产、隐瞒债权、虚设债务、虚构产权交易等方式故意隐匿公司、企业财产的，一般不应当认定为贪污；造成国有资产重大损失，依法构成刑法第一百六十八条或者第一百六十九条规定的犯罪的，依照该规定定罪处罚。

**二、关于国有公司、企业在改制过程中隐匿公司、企业财产归职工集体持股的改制后公司、企业所有的行为的处理**

国有公司、企业违反国家规定，在改制过程中隐匿公司、企业财产，转为职工集体持股的改制后公司、企业所有的，对其直接负责的主管人员和其他直接责任人员，依照刑法第三百九十六条第一款的规定，以私分国有资产罪定罪处罚。

改制后的公司、企业中只有改制前公司、企业的管理人员或者少数职工持股，改制前公司、企业的多数职工未持股的，依照本意见第一条的规定，以贪污罪定罪处罚。

**三、关于国家出资企业工作人员使用改制公司、企业的资金担保个人贷款，用于购买改制公司、企业股份的行为的处理**

国家出资企业的工作人员在公司、企业改制过程中为购买公司、企业股份，利用职务上的便利，将公司、企业的资金或者金融凭证、有价证券等用于个人贷款担保的，依照刑法第二百七十二条或者第三百八十四条的规定，以挪用资金罪或者挪用公款罪定罪处罚。

行为人在改制前的国家出资企业持有股份的，不影响挪用数额的认定，但量刑时应当酌情考虑。

经有关主管部门批准或者按照有关政策规定，国家出资企业的工作人员为购买改制公司、企业股份实施前款行为的，可以视具体情况不作为犯罪处理。

**四、关于国家工作人员在企业改制过程中的渎职行为的处理**

国家出资企业中的国家工作人员在公司、企业改制或者国有资产处置过程中严重不负责任或者滥用职权，致使国家利益遭受重大损失的，依照刑法第一百六十八条的规定，以国有公司、企业人员失职罪或者国有公司、企业人员滥用职权罪定罪处罚。

国家出资企业中的国家工作人员在公司、企业改制或者国有资产处置过程中徇私舞弊，将国有资产低价折股或者低价出售给其本人未持有股份的公司、企业或者其他个人，致使国家利益遭受重大损失的，依照刑法第一百六十九条的规定，以徇私舞弊低价折股、出售国有资产罪定罪处罚。

国家出资企业中的国家工作人员在公司、企业改制或者国有资产处置过程中徇私舞弊，将国有资产低价折股或者低价出售给特定关系人持有股份或者本人实际控制的公司、企业，致使国家利益遭受重大损失的，依照刑法第三百八十二条、第三百八十三条的规定，以贪污罪定罪处罚。贪污数额以国有资产的损失数额计算。

国家出资企业中的国家工作人员因实施第一款、第二款行为收受贿赂，同时又构成刑法第三百八十五条规定之罪的，依照处罚较重的规定定罪处罚。

**五、关于改制前后主体身份发生变化的犯罪的处理**

国家工作人员在国家出资企业改制前利用职务上的便利实施犯罪，在其不再具有国家工作人员身份后又实施同种行为，依法构成不同犯罪的，应当分别定罪，实行数罪并罚。

国家工作人员利用职务上的便利，在国家出资企业改制过程中隐匿公司、企业财产，在其不再具有国家工作人员身份后将所隐匿财产据为己有的，依照刑法第三百八十二条、第三百八十三条的规定，以贪污罪定罪处罚。

国家工作人员在国家出资企业改制过程中利用职务上的便利为请托人谋取利益，事先约定在其不再具有国家工作人员身份后收受请托人财物，或者在身份变化前后连续收受请托人财物的，依照刑法第三百八十五条、第三百八十六条的规定，以受贿罪定罪处罚。

**六、关于国家出资企业中国家工作人员的认定**

经国家机关、国有公司、企业、事业单位提名、推荐、任命、批准等，在国有控股、参股公司及其分支机构中从事公务的人员，应当认定为国家工作人员。具体的任命机构和程序，不影响国家工作人员的认定。

经国家出资企业中负有管理、监督国有资产职责的组织批准或者研究决定，代表其在国有控股、参股公司及其分支机构中从事组织、领导、监督、经营、管理工作的人员，应当认定为国家工作人员。

国家出资企业中的国家工作人员，在国家出资企业中持有个人股份或者同时接受非国有股东委托的，不影响其国家工作人员身份的认定。

**七、关于国家出资企业的界定**

本意见所称“国家出资企业”，包括国家出资的国有独资公司、国有独资企业，以及国有资本控股公司、国有资本参股公司。

是否属于国家出资企业不清楚的，应遵循“谁投资、谁拥有产权”的原则进行界定。企业注册登记中的资金来源与实际出资不符的，应根据实际出资情况确定企业的性质。企业实际出资情况不清楚的，可以综合工商注册、分配形式、经营管理等因素确定企业的性质。

**八、关于宽严相济刑事政策的具体贯彻**

办理国家出资企业中的职务犯罪案件时，要综合考虑历史条件、企业发展、职工就业、社会稳定等因素，注意具体情况具体分析，严格把握犯罪与一般违规行为的区分界限。对于主观恶意明显、社会危害严重、群众反映强烈的严重犯罪，要坚决依法从严惩处；对于特定历史条件下、为了顺利完成企业改制而实施的违反国家政策法律规定的行为，行为人无主观恶意或者主观恶意不明显，情节较轻，危害不大的，可以不作为犯罪处理。

对于国家出资企业中的职务犯罪，要加大经济上的惩罚力度，充分重视财产刑的适用和执行，最大限度地挽回国家和人民利益遭受的损失。不能退赃的，在决定刑罚时，应当作为重要情节予以考虑。

# 第九部分　最高人民法院关于审理伪造货币等案件具体应用法律若干问题的解释（二）

法释〔2010〕14 号

为依法惩治伪造货币、变造货币等犯罪活动，根据刑法有关规定和近一个时期的司法实践，就审理此类刑事案件具体应用法律的若干问题解释如下：

**第一条**　仿照真货币的图案、形状、色彩等特征非法制造假币，冒充真币的行为，应当认定为刑法第一百七十条规定的“伪造货币”。

对真货币采用剪贴、挖补、揭层、涂改、移位、重印等方法加工处理，改变真币形态、价值的行为，应当认定为刑法第一百七十三条规定的“变造货币”。

**第二条**　同时采用伪造和变造手段，制造真伪拼凑货币的行为，依照刑法第一百七十条的规定，以伪造货币罪定罪处罚。

**第三条**　以正在流通的境外货币为对象的假币犯罪，依照刑法第一百七十条至第一百七十三条的规定定罪处罚。

假境外货币犯罪的数额，按照案发当日中国外汇交易中心或者中国人民银行授权机构公布的人民币对该货币的中间价折合成人民币计算。中国外汇交易中心或者中国人民银行授权机构未公布汇率中间价的境外货币，按照案发当日境内银行人民币对该货币的中间价折算成人民币，或者该货币在境内银行、国际外汇市场对美元汇率，与人民币对美元汇率中间价进行套算。

**第四条** 以中国人民银行发行的普通纪念币和贵金属纪念币为对象的假币犯罪，依照刑法第一百七十条至第一百七十三条的规定定罪处罚。

假普通纪念币犯罪的数额，以面额计算；假贵金属纪念币犯罪的数额，以贵金属纪念币的初始发售价格计算。

**第五条** 以使用为目的，伪造停止流通的货币，或者使用伪造的停止流通的货币的，依照刑法第二百六十六条的规定，以诈骗罪定罪处罚。

**第六条** 此前发布的司法解释与本解释不一致的，以本解释为准。

# 第十部分　最高人民法院关于审理非法集资刑事案件具体应用法律若干问题的解释

法释〔2010〕18号

为依法惩治非法吸收公众存款、集资诈骗等非法集资犯罪活动，根据刑法有关规定，现就审理此类刑事案件具体应用法律的若干问题解释如下：

**第一条**　违反国家金融管理法律规定，向社会公众（包括单位和个人）吸收资金的行为，同时具备下列四个条件的，除刑法另有规定的以外，应当认定为刑法第一百七十六条规定的“非法吸收公众存款或者变相吸收公众存款”：

（一）未经有关部门依法批准或者借用合法经营的形式吸收资金；

（二）通过媒体、推介会、传单、手机短信等途径向社会公开宣传；

（三）承诺在一定期限内以货币、实物、股权等方式还本付息或者给付回报；

（四）向社会公众即社会不特定对象吸收资金。

未向社会公开宣传，在亲友或者单位内部针对特定对象吸收资金的，不属于非法吸收或者变相吸收公众存款。

**第二条**　实施下列行为之一，符合本解释第一条第一款规定的条件的，应当依照刑法第一百七十六条的规定，以非法吸收公众存款罪定罪处罚：

（一）不具有房产销售的真实内容或者不以房产销售为主要目的，以返本销售、售后包租、约定回购、销售房产份额等方式非法吸收资金的；

（二）以转让林权并代为管护等方式非法吸收资金的；

（三）以代种植（养殖）、租种植（养殖）、联合种植（养殖）等方式非法吸收资金的；

（四）不具有销售商品、提供服务的真实内容或者不以销售商品、提供服务为主要目的，以商品回购、寄存代售等方式非法吸收资金的；

（五）不具有发行股票、债券的真实内容，以虚假转让股权、发售虚构债券等方式非法吸收资金的；

（六）不具有募集基金的真实内容，以假借境外基金、发售虚构基金等方式非法吸收资金的；

（七）不具有销售保险的真实内容，以假冒保险公司、伪造保险单据等方式非法吸收资金的；

（八）以投资入股的方式非法吸收资金的；

（九）以委托理财的方式非法吸收资金的；

（十）利用民间“会”、“社”等组织非法吸收资金的；

（十一）其他非法吸收资金的行为。

**第三条**　非法吸收或者变相吸收公众存款，具有下列情形之一的，应当依法追究刑事责任：

（一）个人非法吸收或者变相吸收公众存款，数额在 20 万元以上的，单位非法吸收或者变相吸收公众存款，数额在 100 万元以上的；

（二）个人非法吸收或者变相吸收公众存款对象 30 人以上的，单位非法吸收或者变相吸收公众存款对象 150 人以上的；

（三）个人非法吸收或者变相吸收公众存款，给存款人造成直接经济损失数额在10万元以上的，单位非法吸收或者变相吸收公众存款，给存款人造成直接经济损失数额在50万元以上的；

（四）造成恶劣社会影响或者其他严重后果的。

具有下列情形之一的，属于刑法第一百七十六条规定的“数额巨大或者有其他严重情节”：

（一）个人非法吸收或者变相吸收公众存款，数额在100万元以上的，单位非法吸收或者变相吸收公众存款，数额在500万元以上的；

（二）个人非法吸收或者变相吸收公众存款对象100人以上的，单位非法吸收或者变相吸收公众存款对象500人以上的；

（三）个人非法吸收或者变相吸收公众存款，给存款人造成直接经济损失数额在50万元以上的，单位非法吸收或者变相吸收公众存款，给存款人造成直接经济损失数额在250万元以上的；

（四）造成特别恶劣社会影响或者其他特别严重后果的。

非法吸收或者变相吸收公众存款的数额，以行为人所吸收的资金全额计算。案发前后已归还的数额，可以作为量刑情节酌情考虑。

非法吸收或者变相吸收公众存款，主要用于正常的生产经营活动，能够及时清退所吸收资金，可以免予刑事处罚；情节显著轻微的，不作为犯罪处理。

**第四条** 以非法占有为目的，使用诈骗方法实施本解释第二条规定所列行为的，应当依照刑法第一百九十二条的规定，以集资诈骗罪定罪处罚。

使用诈骗方法非法集资，具有下列情形之一的，可以认定为“以非法占有为目的”：

（一）集资后不用于生产经营活动或者用于生产经营活动与

筹集资金规模明显不成比例，致使集资款不能返还的；

（二）肆意挥霍集资款，致使集资款不能返还的；

（三）携带集资款逃匿的；

（四）将集资款用于违法犯罪活动的；

（五）抽逃、转移资金、隐匿财产，逃避返还资金的；

（六）隐匿、销毁账目，或者搞假破产、假倒闭，逃避返还资金的；

（七）拒不交代资金去向，逃避返还资金的；

（八）其他可以认定非法占有目的的情形。

集资诈骗罪中的非法占有目的，应当区分情形进行具体认定。行为人部分非法集资行为具有非法占有目的的，对该部分非法集资行为所涉集资款以集资诈骗罪定罪处罚；非法集资共同犯罪中部分行为人具有非法占有目的，其他行为人没有非法占有集资款的共同故意和行为的，对具有非法占有目的的行为人以集资诈骗罪定罪处罚。

**第五条** 个人进行集资诈骗，数额在10万元以上的，应当认定为“数额较大”；数额在30万元以上的，应当认定为“数额巨大”；数额在100万元以上的，应当认定为“数额特别巨大”。

**第六条** 未经国家有关主管部门批准，向社会不特定对象发行、以转让股权等方式变相发行股票或者公司、企业债券，或者向特定对象发行、变相发行股票或者公司、企业债券累计超过200人的，应当认定为刑法第一百七十九条规定的“擅自发行股票、公司、企业债券”。构成犯罪的，以擅自发行股票、公司、企业债券罪定罪处罚。

**第七条** 违反国家规定，未经依法核准擅自发行基金份额募集基金，情节严重的，依照刑法第二百二十五条的规定，以非法经营罪定罪处罚。

**第八条** 广告经营者、广告发布者违反国家规定，利用广告为非法集资活动相关的商品或者服务作虚假宣传，具有下列情形之一的，依照刑法第二百二十二条的规定，以虚假广告罪定罪处罚：

（一）违法所得数额在10万元以上的；

（二）造成严重危害后果或者恶劣社会影响的；

（三）二年内利用广告作虚假宣传，受过行政处罚二次以上的；

（四）其他情节严重的情形。

明知他人从事欺诈发行股票、债券，非法吸收公众存款，擅自发行股票、债券，集资诈骗或者组织、领导传销活动等集资犯罪活动，为其提供广告等宣传的，以相关犯罪的共犯论处。

**第九条** 此前发布的司法解释与本解释不一致的，以本解释为准。

# 第十一部分　最高人民法院、最高人民检察院关于办理诈骗刑事案件具体应用法律若干问题的解释

法释〔2011〕7号

为依法惩治诈骗犯罪活动，保护公私财产所有权，根据刑法、刑事诉讼法有关规定，结合司法实践的需要，现就办理诈骗刑事案件具体应用法律的若干问题解释如下：

**第一条**　诈骗公私财物价值三千元至一万元以上、三万元至十万元以上、五十万元以上的，应当分别认定为刑法第二百六十六条规定的“数额较大”、“数额巨大”、“数额特别巨大”。

各省、自治区、直辖市高级人民法院、人民检察院可以结合本地区经济社会发展状况，在前款规定的数额幅度内，共同研究确定本地区执行的具体数额标准，报最高人民法院、最高人民检察院备案。

**第二条**　诈骗公私财物达到本解释第一条规定的数额标准，具有下列情形之一的，可以依照刑法第二百六十六条的规定酌情从严惩处：

（一）通过发送短信、拨打电话或者利用互联网、广播电视、报刊杂志等发布虚假信息，对不特定多数人实施诈骗的；

（二）诈骗救灾、抢险、防汛、优抚、扶贫、移民、救济、医疗款物的；

（三）以赈灾募捐名义实施诈骗的；

（四）诈骗残疾人、老年人或者丧失劳动能力人的财物的；

（五）造成被害人自杀、精神失常或者其他严重后果的。

诈骗数额接近本解释第一条规定的“数额巨大”、“数额特别巨大”的标准，并具有前款规定的情形之一或者属于诈骗集团首要分子的，应当分别认定为刑法第二百六十六条规定的“其他严重情节”、“其他特别严重情节”。

**第三条** 诈骗公私财物虽已达到本解释第一条规定的“数额较大”的标准，但具有下列情形之一，且行为人认罪、悔罪的，可以根据刑法第三十七条、刑事诉讼法第一百四十二条的规定不起诉或者免予刑事处罚：

（一）具有法定从宽处罚情节的；

（二）一审宣判前全部退赃、退赔的；

（三）没有参与分赃或者获赃较少且不是主犯的；

（四）被害人谅解的；

（五）其他情节轻微、危害不大的。

**第四条** 诈骗近亲属的财物，近亲属谅解的，一般可不按犯罪处理。

诈骗近亲属的财物，确有追究刑事责任必要的，具体处理也应酌情从宽。

**第五条** 诈骗未遂，以数额巨大的财物为诈骗目标的，或者具有其他严重情节的，应当定罪处罚。

利用发送短信、拨打电话、互联网等电信技术手段对不特定多数人实施诈骗，诈骗数额难以查证，但具有下列情形之一的，应当认定为刑法第二百六十六条规定的“其他严重情节”，以诈骗罪（未遂）定罪处罚：

（一）发送诈骗信息五千条以上的；

（二）拨打诈骗电话五百人次以上的；

（三）诈骗手段恶劣、危害严重的。

实施前款规定行为，数量达到前款第（一）、（二）项规定标准十倍以上的，或者诈骗手段特别恶劣、危害特别严重的，应当认定为刑法第二百六十六条规定的“其他特别严重情节”，以诈骗罪（未遂）定罪处罚。

**第六条** 诈骗既有既遂，又有未遂，分别达到不同量刑幅度的，依照处罚较重的规定处罚；达到同一量刑幅度的，以诈骗罪既遂处罚。

**第七条** 明知他人实施诈骗犯罪，为其提供信用卡、手机卡、通讯工具、通讯传输通道、网络技术支持、费用结算等帮助的，以共同犯罪论处。

**第八条** 冒充国家机关工作人员进行诈骗，同时构成诈骗罪和招摇撞骗罪的，依照处罚较重的规定定罪处罚。

**第九条** 案发后查封、扣押、冻结在案的诈骗财物及其孳息，权属明确的，应当发还被害人；权属不明确的，可按被骗款物占查封、扣押、冻结在案的财物及其孳息总额的比例发还被害人，但已获退赔的应予扣除。

**第十条** 行为人已将诈骗财物用于清偿债务或者转让给他人，具有下列情形之一的，应当依法追缴：

（一）对方明知是诈骗财物而收取的；

（二）对方无偿取得诈骗财物的；

（三）对方以明显低于市场的价格取得诈骗财物的；

（四）对方取得诈骗财物系源于非法债务或者违法犯罪活动的。

他人善意取得诈骗财物的，不予追缴。

**第十一条** 以前发布的司法解释与本解释不一致的，以本解释为准。

# 第十二部分　最高人民法院关于在裁判文书中如何表述修正前后刑法条文的批复

法释〔2012〕7号

各省、自治区、直辖市高级人民法院，解放军军事法院，新疆维吾尔自治区高级人民法院生产建设兵团分院：

近来，一些法院就在裁判文书中引用修正前后刑法条文如何具体表述问题请示我院。经研究，批复如下：

一、根据案件情况，裁判文书引用1997年3月14日第八届全国人民代表大会第五次会议修订的刑法条文，应当根据具体情况分别表述：

（一）有关刑法条文在修订的刑法施行后未经修正，或者经过修正，但引用的是现行有效条文，表述为“《中华人民共和国刑法》第××条”。

（二）有关刑法条文经过修正，引用修正前的条文，表述为“1997年修订的《中华人民共和国刑法》第××条”。

（三）有关刑法条文经两次以上修正，引用经修正、且为最后一次修正前的条文，表述为“经××××年《中华人民共和国刑法修正案（×）》修正的《中华人民共和国刑法》第××条”。

二、根据案件情况，裁判文书引用1997年3月14日第八届全国人民代表大会第五次会议修订前的刑法条文，应当表述为“1979年《中华人民共和国刑法》第××条”。

三、根据案件情况，裁判文书引用有关单行刑法条文，应当直接引用相应该条例、补充规定或者决定的具体条款。

四、《最高人民法院关于在裁判文书中如何引用修订前、后刑法名称的通知》（法〔1997〕192号）、《最高人民法院关于在裁判文书中如何引用刑法修正案的批复》（法释〔2007〕7号）不再适用。

# 第十三部分　最高人民法院、最高人民检察院关于办理行贿刑事案件具体应用法律若干问题的解释

法释〔2012〕12号

《最高人民法院、最高人民检察院关于办理行贿刑事案件具体应用法律若干问题的解释》已于2012年5月14日由最高人民法院审判委员会第1547次会议、2012年8月21日由最高人民检察院第十一届检察委员会第77次会议通过，现予公布，自2013年1月1日起施行。

最高人民法院 最高人民检察院

2012年12月26日

为依法惩治行贿犯罪活动，根据刑法有关规定，现就办理行贿刑事案件具体应用法律的若干问题解释如下：

**第一条**　为谋取不正当利益，向国家工作人员行贿，数额在一万元以上的，应当依照刑法第三百九十条的规定追究刑事责任。

**第二条**　因行贿谋取不正当利益，具有下列情形之一的，应当认定为刑法第三百九十条第一款规定的“情节严重”：

（一）行贿数额在二十万元以上不满一百万元的。

（二）行贿数额在十万元以上不满二十万元，并具有下列情形之一的：

1. 向三人以上行贿的；

2. 将违法所得用于行贿的；

3. 为实施违法犯罪活动，向负有食品、药品、安全生产、环境保护等监督管理职责的国家工作人员行贿，严重危害民生、侵犯公众生命财产安全的；

4. 向行政执法机关、司法机关的国家工作人员行贿，影响行政执法和司法公正的。

（三）其他情节严重的情形。

**第三条** 因行贿谋取不正当利益，造成直接经济损失数额在一百万元以上的，应当认定为刑法第三百九十条第一款规定的“使国家利益遭受重大损失”。

**第四条** 因行贿谋取不正当利益，具有下列情形之一的，应当认定为刑法第三百九十条第一款规定的“情节特别严重”：

（一）行贿数额在一百万元以上的；

（二）行贿数额在五十万元以上不满一百万元，并具有下列情形之一的：

1. 向三人以上行贿的；

2. 将违法所得用于行贿的；

3. 为实施违法犯罪活动，向负有食品、药品、安全生产、环境保护等监督管理职责的国家工作人员行贿，严重危害民生、侵犯公众生命财产安全的；

4. 向行政执法机关、司法机关的国家工作人员行贿，影响行政执法和司法公正的。

（三）造成直接经济损失数额在五百万元以上的；

（四）其他情节特别严重的情形。

**第五条** 多次行贿未经处理的，按照累计行贿数额处罚。

**第六条** 行贿人谋取不正当利益的行为构成犯罪的，应当与行贿犯罪实行数罪并罚。

**第七条** 因行贿人在被追诉前主动交待行贿行为而破获相关受贿案件的，对行贿人不适用刑法第六十八条关于立功的规定，依照刑法第三百九十条第二款的规定，可以减轻或者免除处罚。

单位行贿的，在被追诉前，单位集体决定或者单位负责人决定主动交待单位行贿行为的，依照刑法第三百九十条第二款的规定，对单位及相关责任人员可以减轻处罚或者免除处罚；受委托直接办理单位行贿事项的直接责任人员在被追诉前主动交待自己知道的单位行贿行为的，对该直接责任人员可以依照刑法第三百九十条第二款的规定减轻处罚或者免除处罚。

**第八条** 行贿人被追诉后如实供述自己罪行的，依照刑法第六十七条第三款的规定，可以从轻处罚；因其如实供述自己罪行，避免特别严重后果发生的，可以减轻处罚。

**第九条** 行贿人揭发受贿人与其行贿无关的其他犯罪行为，查证属实的，依照刑法第六十八条关于立功的规定，可以从轻、减轻或者免除处罚。

**第十条** 实施行贿犯罪，具有下列情形之一的，一般不适用缓刑和免予刑事处罚：

（一）向三人以上行贿的；

（二）因行贿受过行政处罚或者刑事处罚的；

（三）为实施违法犯罪活动而行贿的；

（四）造成严重危害后果的；

（五）其他不适用缓刑和免予刑事处罚的情形。

具有刑法第三百九十条第二款规定的情形的，不受前款规定的限制。

**第十一条** 行贿犯罪取得的不正当财产性利益应当依照刑法第六十四条的规定予以追缴、责令退赔或者返还被害人。

因行贿犯罪取得财产性利益以外的经营资格、资质或者职务晋升等其他不正当利益，建议有关部门依照相关规定予以处理。

**第十二条** 行贿犯罪中的“谋取不正当利益”，是指行贿人谋取的利益违反法律、法规、规章、政策规定，或者要求国家工作人员违反法律、法规、规章、政策、行业规范的规定，为自己提供帮助或者方便条件。

违背公平、公正原则，在经济、组织人事管理等活动中，谋取竞争优势的，应当认定为“谋取不正当利益”。

**第十三条** 刑法第三百九十条第二款规定的“被追诉前”，是指检察机关对行贿人的行贿行为刑事立案前。

# 下　篇

# 第一部分　2008年以来已结案的审计署移送的36起典型案件和事项

中华人民共和国审计署审计结果公告

2010年第20号（总第67号）

（二〇一〇年六月二十三日公告）

## 一、民营企业主谢根荣贷款诈骗案

审计署在对中国建设银行的审计中发现，北京燕山华尔森实业集团原法定代表人谢根荣（曾任第十届全国政协委员、全国工商联执委常委）在2000年至2004年间，通过其控制的多家关联企业，采取“一房多卖”、编造售房合同以及提供虚假财务报表等手段，从中国建设银行北京分行骗取个人住房按揭贷款6.16亿元；通过滚动签发无真实贸易背景的银行承兑汇票后到异地贴现等方式，套取该行资金2.06亿元。这些资金被转移至个人账户或提现后，部分供其收藏古董、购买豪宅名车等奢侈消费以及境外赌博挥霍之用，部分用于炒股等个人投资活动。银行将上述贷款本息全部认定为损失，其中3.62亿元于2007年被核销。中国建设银行北京分行所属开发区支行原行长颜林壮、副行长赵峰等人在办理上述业务时，存在内外勾结掩盖不良贷款以及违法发放贷款等行为。审计署将该案移交公安机关查处，并由检察机关提起公诉后，北京市第一中级人民法院于2009年12月以贷款诈骗罪，一审判处谢根荣无期徒刑，剥夺政治权利终身，并处没收个人全部财产；以违法发放贷款罪和违规出具金融票证罪，一审分别判处颜林壮、赵峰有期徒刑20年、19年，并分处罚金20万元、10万元。

**二、民营企业主徐国华等人虚假按揭骗贷及高息转贷案**

审计署在对中国工商银行的审计中发现，2002年至2004年期间，民营企业主徐国华等人以其控制的两家企业为平台，通过借用他人身份证件、编造虚假资料等手段，从中国工商银行北京翠微路支行和昌平支行先后骗取个人汽车消费贷款和个人综合消费贷款共计2.8亿元。贷款资金除被徐国华等人侵占外，还有部分被用于发放高利贷。至审计时，上述两家公司已被工商部门吊销营业执照，上述贷款有1.15亿元被核销。审计署将该案移交公安机关查处，并由检察机关提起公诉后，北京市第一中级人民法院于2009年12月，以合同诈骗罪和高利转贷罪，一审判处徐国华无期徒刑，剥夺政治权利终身，并处没收个人全部财产；以合同诈骗罪、故意伤害罪和高利转贷罪，分别判处其他5名同案犯无期徒刑至6年有期徒刑不等。

**三、民营企业主罗和平等人合同诈骗案**

审计署在对中国建设银行的审计中发现，1999年12月至2003年6月，罗和平利用其控制的多家空壳企业，通过虚构投资项目、提供虚假合同等手段，先后骗取中国建设银行北京分行贷款1.1亿元，其中9837万元被罗和平直接提现或通过关联企业转移后占为己有。审计署将该案移交公安机关查处，并由检察机关提起公诉后，北京市第二中级人民法院于2009年12月，以合同诈骗罪一审判处罗和平无期徒刑，剥夺政治权利终身，并处没收个人全部财产；以合同诈骗罪判处另一同案犯有期徒刑15年。

**四、中国远望（集团）总公司原总经理李振远贪污受贿案**

审计署在对中国航天科技集团公司所属中国远望（集团）总公司的审计中发现，李振远利用职务之便，伙同宁波远望技工贸公司总经理徐南平等人，贪污远望集团及所属企业的国有资金，并挪用资金用于个人购买股权等。审计署将该案移交中央纪委监察部查处，并由检察机关提起公诉后，浙江省宁波市中级人民法院于2009年8月，以贪污罪和受贿罪，分别判处李振远、徐南平、叶建荣、傅斌麟等4人有期徒刑20年、16年、15年和12年，并处没收个人财产110万元、95万元、85万元和80万元。

**五、浙江省前环境保护局局长戴备军受贿案**

审计署在“三河三湖”水污染防治绩效审计调查中发现，2006年至2008年3月，浙江省前环境保护局违规帮助民营企业浙江环茂自控科技有限公司垄断了全省的污染源自动监控系统的建设和运营维护，还违规拆借资金2000万元供其使用，致使该公司牟取巨额利润；该局及7家直属事业单位还将大量业务收入转出，以“咨询津贴”和票据报销等方式套现私分。审计署将此案件线索移送浙江省政府查处后，浙江省纪委最终查出戴备军等人涉嫌滥用职权和受贿。经检察机关提起公诉后，浙江省杭州市中级人民法院于2010年1月，以受贿罪和滥用职权罪，判处戴备军无期徒刑，剥夺政治权利终身，并处没收个人全部财产。

**六、重庆市经济技术开发区管理委员会原党工委书记、主任唐文峰滥用职权、挪用公款案**

审计署在土地出让金和土地开发整理资金审计调查中发现，唐文峰存在挪用公款及滥用职权造成国有资产流失等重大违法违规行为。审计署将此案件线索移送中央纪委监察部查处，并由检察机关提起公诉后，重庆市第五中级人民法院于2008年12月，以挪用公款罪和滥用职权罪，判处唐文峰无期徒刑，剥夺政治权利终身，并处没收个人财产300万元。

**七、国家开发银行原副行长王益等人受贿案**

审计署在对国家开发银行的审计中发现，2003年5月，该行违规向郑州市经济技术开发区发放3亿元贷款，开发区管委会还以“融资奖”的名义，向帮助其联系贷款的公司发放1625万元的问题。审计署将此案件线索移送中央纪委监察部后，最终发现王益等人从中收受贿赂1000余万元。经由移送检察机关提起公诉后，北京市第一中级人民法院于2010年4月，以受贿罪判处王益死刑，缓期两年执行，剥夺政治权利终身，并处没收个人全部财产。

**八、国家开发银行总行原副处长胡汉成受贿索贿案**

审计署在对国家开发银行的审计中发现，2003年至2004年，时任该行企业局风险管理处副处长的胡汉成，利用担任河南蓝天集团等企业贷款项目评审小组组长的职务便利，通过中介机构收取企业给予的“好处费”。审计追查发现，有200万元转入胡汉成个人账户用于炒股。审计署将该案移送中央纪委监察部查处，并由检察机关提起公诉后，北京市第一中级人民法院于2009年3月，以受贿罪判处胡汉成无期徒刑，剥夺政治权利终身，并处没收个人全部财产。

**九、民营企业上海金升实业发展有限公司原法定代表人董维富信用证诈骗案**

审计署在审计交通银行时发现，2004年至2005年，董维富与境外公司勾结，虚构进口贸易、利用虚假单据从交通银行上海分行大量骗开信用证套取贴现资金，致使该分行为上海金升实业发展有限公司垫款2665万美元。审计署将此案件线索移送公安部门查处，并由检察机关提起公诉后，上海市第二中级人民法院于2008年4月，以虚报注册资本罪和信用证诈骗罪，判处董维富无期徒刑，剥夺政治权利终身，并处罚金10万元。

**十、浙江省绍兴市交通局原局长蔡继东滥用职权案**

审计署在对国家开发银行的审计中发现，蔡继东在绍兴市甬金高速公路建设发展有限公司的股权转让过程中，滥用职权，擅自决定向民营企业主刘根山控制的上海茂盛企业发展（集团）有限公司低价转让国有股权，造成国有资产流失。审计署将该案移送纪检监察机关查处，并由检察机关提起公诉后，浙江省杭州市余杭区人民法院于2009年4月，以滥用职权罪和受贿罪，判处蔡继东有期徒刑3年6个月；杭州市上城区人民法院于2009年8月，以抽逃出资罪和挪用资金罪，判处刘根山有期徒刑8年。

**十一、海南省国资委原副主任王俊武受贿案**

审计署在对中国国电集团公司的审计中发现，海南省国资委原副主任王俊武在担任海南省旅游总公司总经理期间，伙同民营企业转移和转让国有土地使用权，造成国有资产损失。审计署将该案移送监察部门查处，并由检察机关提起公诉后，海南省海口市中级人民法院于2009年7月，以受贿罪判处王俊武无期徒刑，剥夺政治权利终身，并处没收个人全部财产。

**十二、浙江省嘉兴市交通局原局长浦加渔等人挪用公款案**

审计署在收费公路审计调查中发现，2000年至2006年，浦加渔在兼任嘉兴市交通投资集团有限责任公司董事长期间，与该公司原总会计师卜金林利用职务之便，挪用巨额公路建设资金违规从事房地产和证券等投资，并将1228万元提现或转入个人账户。审计署将此案件线索移送公安部门查处，并由检察机关提起公诉后，浙江省高级人民法院于2008年6月作出终审判决，以挪用公款罪、国有公司人员滥用职权罪、贪污罪和受贿罪判处卜金林无期徒刑，剥夺政治权利终身，并处没收个人全部财产；以挪用公款罪和国有公司人员滥用职权罪判处浦加渔有期徒刑5年。

**十三、首都机场集团公司原董事长李培英受贿、贪污案**

审计署在中央部门预算执行审计中发现，1995年1月至2003年间，李培英利用职务便利，违规对外投资和拆借资金，并涉及个人受贿、贪污等问题。审计署将此案件线索移送中央纪委监察部查处，并由检察机关提起公诉后，山东省济南市中级人民法院于2009年2月，以贪污罪和受贿罪判处李培英死刑，剥夺政治权利终身，并处没收个人全部财产。李培英已于2009年8月被依法执行死刑。

**十四、昆明市掌鸠河工程建设管理局损失浪费、截留挪用、私分建设资金案**

审计署在对昆明市掌鸠河引水供水工程进行审计调查时发现，项目建设单位昆明市掌鸠河引水供水工程建设管理局管理混乱，因决策失误和失职，巨额建设资金被损失浪费、截留挪用和私分。审计署将此案件线索移送中央纪委监察部查处，并由检察机关提起公诉后，云南省高级人民法院于2009年12月，以受贿罪判处该局原常务副局长朱智有期徒刑3年，缓刑5年；昆明市中级人民法院于2008年4月和8月，以受贿罪分别判处该局原副局长巫品德有期徒刑7年、原总经济师张大健有期徒刑12年。

**十五、杭州恒运交通开发有限公司原董事长王万里等人职务侵占案**

审计署在收费公路审计调查时发现，2000年至2002年期间，王万里等人利用职务之便，通过虚列工程款等方式套取杭州恒运交通开发有限公司通行费3030万元；擅自决定由杭州恒运交通开发有限公司为其个人公司提供银行贷款担保，导致杭州恒运交通开发有限公司承担连带还款责任1796万元。审计署将此案件线索移送公安部门查处，并由检察机关提起公诉后，杭州市中级人民法院于2008年12月，以职务侵占罪、抽逃出资罪判处王万里有期徒刑17年，并处罚金60万元及没收个人财产10万元；判处杭州恒运交通开发有限公司原董事刘王亚非（外籍华人）犯抽逃出资罪，判处有期徒刑4年，并处罚金60万元，驱逐出境。二被告人上诉后，浙江省高级人民法院于2009年7月对王万里改判为有期徒刑15年，并处罚金60万元及没收个人财产10万元。

**十六、黑龙江省佳木斯市飞天汽车贸易有限公司原总经理李文章骗取汽车消费贷款案**

审计署在审计中国农业银行时发现，2002年9月至2004年6月，李文章等人采取伪造购车发票等手段，与中国农业银行佳木斯市分行工作人员蔡长清、董海智、赵贵财等人相互勾结，骗取个人汽车消费贷款共计1.32亿元。审计署将此案件线索移送公安部门查处，并由检察机关提起公诉后，黑龙江省佳木斯市向阳区法院于2008年5月，以受贿罪判处蔡长清和董海智有期徒刑各10年、判处赵贵财有期徒刑1年、缓刑2年；以单位行贿罪判处佳木斯飞天汽车贸易有限公司罚金35万元；以行贿罪判处李文章有期徒刑2年。

**十七、山东省潍坊市新立克集团原董事长尹军等人贪污和侵占国有资产案**

审计署在审计中国长城资产管理公司时发现，2003年至2007年，尹军等人转移、侵占巨额国有资产，并逃废巨额债权。审计署将此案件线索移送中央纪委监察部查处，并由检察机关提起公诉后，山东省济南市中级人民法院于2009年3月，以贪污罪判处尹军死刑，缓期两年执行，剥夺政治权利终身，并处没收个人全部财产；以贪污罪分别判处王铎、周同巨无期徒刑，剥夺政治权利终身，并处没收个人全部财产；以贪污罪判处季晓芳有期徒刑15年，并处没收个人全部财产。

**十八、中国石油天然气股份有限公司上海销售有限公司原总经理高建中等人挪用公款案**

审计署在审计中国石油天然气股份有限公司时发现，2002年至2004年，高建中伙同该公司原总会计师干建敏等人利用职务之便，以“国债投资”名义转移挪用公司资金1.5亿元，并通过其控制的私人公司侵占国有资产。审计署将此案件线索移送中央纪委监察部查处，并由检察机关提起公诉后，上海市浦东新区人民法院于2008年7月，以贪污罪、受贿罪和挪用公款罪，判处高建中有期徒刑17年，剥夺政治权利5年，没收财产2.1万元；以贪污罪、受贿罪和挪用公款罪判处干建敏有期徒刑15年，剥夺政治权利3年，没收财产1.6万元；以受贿罪判处中石油华东销售分公司原财务经理陈晃有期徒刑3年，缓刑5年。

**十九、北京华运达房地产开发有限公司原法定代表人邹庆等人虚假按揭骗贷案**

审计署在审计中国信达资产管理公司时发现，邹庆等人在2001年至2002年间，指使公司员工冒充购房者，利用虚假的商品房买卖合同，以森豪公寓、华庆公寓两个项目从中国银行北京市分行骗取个人住房按揭贷款7.5亿多元，造成巨额银行资金损失。审计署将上述案件线索移送公安部门查处，并由检察机关提起公诉后，北京市第二中级人民法院于2009年4月，以信用证诈骗罪和合同诈骗罪判处邹庆无期徒刑，剥夺政治权利终身，并处没收个人全部财产。

**二十、宏盛科技发展股份有限公司逃汇案**

审计署在核查一封人民来信时发现，2006年，宏盛科技发展股份有限公司以虚假转口贸易，骗取中信银行等4家银行为其开立近5亿美元的信用证并将资金汇出境外。审计署将该案移交公安机关查处，并由检察机关提起公诉后，上海市第一中级人民法院于2009年12月，以逃汇罪，虚假出资、抽逃出资罪，判处宏盛科技发展股份有限公司原董事长龙长生有期徒刑7年，并处罚金300万元。

**二十一、重庆菲斯特信息网络有限责任公司原总经理谢建东等人职务侵占案**

审计署在审计重庆市电信公司时发现，2003年至2004年，谢建东伙同原财务部主任何素贞等人以截留收入、虚列支出等方式，非法转移资金2400多万元至2家空壳企业，其中900多万元被相关人员提取现金，1500多万元转入民营企业。审计署将此案件线索移送中央纪委监察部查处，并由检察机关提起公诉后，重庆市第一中级人民法院于2009年6月，以职务侵占罪，分别判处谢建东、何素贞有期徒刑7年、5年6个月，并处没收财产30万元、20万元。

**二十二、国家人口和计划生育委员会宣传教育司原司长陈胜利贪污案**

审计署在中央部门预算执行审计中发现，陈胜利在2002年9月至2007年6月间，先后侵吞公款85.5万元。审计署将该案移送最高人民检察院查处并提起公诉后，北京市第一中级人民法院于2009年11月，以贪污罪判处陈胜利有期徒刑12年。

**二十三、航天五院总装与环境工程部党群办公室原主任杜泉利贪污案**

审计署在中央部门预算执行审计中发现，2007年，杜泉利利用为职工购健身卡之机，以航天五院名义索取回扣21.29万元。审计署将该案移送最高人民检察院查处并提起公诉后，北京市海淀区人民法院于2009年12月，以贪污罪判处杜泉利有期徒刑11年。

**二十四、广州市东风东小学原校长刘燕文等人故意销毁会计凭证和挪用公款案**

审计署在城市基础教育经费审计调查中发现，2005年至2008年10月，东风东小学报账员邓丽芬将学校收费和学生家长的赠款等存入私人账户，且隐匿和销毁会计资料，至审计时已支出3358.80万元；刘燕文和邓丽芬等人涉嫌挪用公款17万元用于支付私人购房款等。审计署将该案移送广东省人民检察院后，由广州市越秀区人民检察院查处并提起公诉，广东省广州市越秀区人民法院于2009年8月，以挪用公款罪、受贿罪和故意销毁会计凭证罪，分别判处刘燕文、邓丽芬有期徒刑8年和4年，并分处没收财产20万元、2万元，分处罚金2万元。

## 二十五、昆明市教育局监察审计处原副处长张连奇受贿案

审计署在城市基础教育经费审计调查中发现，相关人员在昆明市教育局勤工俭学办公室综合楼建设工程结算审核中涉嫌渎职，多支付工程款216.29万元。审计署将该案移送云南省检察院查处并提起公诉后，云南省禄丰县人民法院于2010年3月，以滥用职权罪和受贿罪，判处张连奇有期徒刑11年，并处没收财产8万元。

## 二十六、四川省遂宁市安居区水务局原局长郑路等人侵占汶川地震灾后应急抢险资金案

审计署在组织汶川地震灾后恢复重建跟踪审计中发现，在四川省麻子滩水库地震灾后应急抢险项目实施过程中，四川省遂宁市安居区水务局原局长郑路和遂宁市安居区麻子滩水库管理所原所长李友，作为项目主管部门和建设单位的负责人，违反国家招投标有关规定，直接指定施工单位，还编造一整套虚假招投标文件和评标报告等资料应付检查，并多支付应急抢险资金70万元。审计机关将该案移送监察部门查处，并由检察机关提起公诉后，遂宁市船山区人民法院于2009年10月，以受贿罪判处郑路有期徒刑3年，缓刑4年。

## 二十七、四川省阿坝州黑水县教育局原局长泽旺受贿案

审计署在组织汶川地震灾后恢复重建跟踪审计中发现，2008

年8月，阿坝州黑水县教育局未经招标，从成都精艺达家具有限公司等3家单位采购了141.5万元的教学仪器设备，这些设备质量低劣，发票存在多处疑点。审计机关将该问题移送黑水县人民政府，该县检察机关查实泽旺在采购过程中收受供应商贿赂7万元。经检察机关提起公诉，黑水县人民法院于2010年2月，以受贿罪判处泽旺有期徒刑6年。

## 二十八、四川省彭州市10名村干部侵占、挪用汶川地震救助和灾后恢复重建资金及受贿案

审计署在组织汶川地震灾后恢复重建跟踪审计中发现，四川省彭州市部分地方存在重复申报和多发放城乡住房灾后恢复重建补助资金的问题。审计署向彭州市政府通报有关情况后，该市纪检监察部门和公安机关进一步调查发现：四川省彭州市致和镇花土村原支部书记王兆发、村主任胥全芬等3人挪用重建资金4.9万元；葛仙山镇杨柳村原支部书记吴天才、村主任罗加立等3人截留地震灾区生活困难群众后续生活补助金2.1万元并私分；军乐镇朝阳村原支部书记古道明擅自变更居民安置方案并受贿8000元；磁峰镇涌华村原支部书记宋菊付、原主任陈登国等3人涉嫌帮助他人骗取城乡住房灾后重建补助资金30.8万元，并收受好处费2.48万元。经检察机关提起公诉后，四川省彭州市人民法院分别于2009年11月和2010年2月，以挪用特定款物罪、贪污罪和受贿罪等，判处王兆发、胥全芬、郭定富等10人10个月至2年不等的有期徒刑。

## 二十九、甘肃省天水市麦积区中滩镇陈大村原村主任余五堂侵占灾后房屋重建补助资金案

审计署在组织汶川地震灾后恢复重建跟踪审计中发现，2008年10月，余五堂从5家补助户的存折中私自截留地震灾后房屋重建补助资金9000元，除3420元以白条用于村委会支出外，其余

5580元被其侵占。审计机关将该案移送当地检察机关查处并提起公诉后，甘肃省天水市麦积区人民法院于2009年7月，以贪污罪判处余五堂有期徒刑1年。

**三十、四川省南江县人民政府采购中心原副主任文明受贿案**

审计署在组织汶川地震灾后恢复重建跟踪审计中发现，2008年11月，南江县教育局在使用汶川地震灾后教学仪器设备重置资金采购总价为462.85万元电脑的过程中，文明先后收受绵阳鼎丰科技有限公司总经理刘定果5万元及价值5200元的笔记本电脑1台。审计机关将此案移送南江县人民政府，该县人民检察机关立案侦查并提起公诉后，四川省南江县人民法院于2009年10月，以受贿罪判处文明有期徒刑4年；以单位行贿罪判处绵阳鼎丰科技有限公司罚金11万元，判处刘定果免予刑事处罚。

**三十一、河北省电力公司原总经理臧其臣滥用职权造成巨额损失案**

审计署在对17省区市电力建设情况审计调查中发现，河北省电力公司原总经理臧其臣擅自批准将职工养老保险基金违规用于委托理财，造成损失4.21亿元。审计署将此案移送中央纪委监察部查处，并由检察机关提起公诉后，河北省石家庄市裕华区人民法院于2009年4月，以国有公司、企业工作人员滥用职权罪判处其有期徒刑5年，缓刑3年。

**三十二、股市名嘴汪建中操纵证券市场问题**

审计署在对中信证券有限公司审计中发现，北京首放投资顾问有限公司董事长汪建中利用其影响力，借向社会公众推荐股票之机，通过其控制的股票账户事先买入及抢先交易等手法操纵证券市场，并从中非法获利。审计署将此事项移送证监会查处后，认定汪建中操纵证券市场行为成立，没收违法所得1.25亿元，并处等额罚款及终身禁入证券市场；同时撤销北京首放投资顾问有限公司的证券投资咨询业务资格。

**三十三、四川仲辉实业集团虚假申报中央新增投资项目问题**

审计署在中央扩大内需促进经济平稳较快发展政策措施实施情况及效果的专项审计调查中发现，四川仲辉实业集团有限公司虚构资料，套取中央投资1180万元。审计署将此事项移送眉山市人民政府查处后，该集团董事长彭仲辉被党内严重警告处分，眉山市原经贸委主任冉登祥等3人被诫勉谈话，眉山市原经贸委和东坡区政府向眉山市政府作深刻检讨，项目资金全部收回。

**三十四、四川省南部县新开源污水处理有限责任公司原董事长何晋平套取侵占项目资金问题**

审计署在发展改革委组织分配中央财政投资情况审计中发现，2008年10月至2009年3月，何晋平在南部县污水处理工程项目实施过程中，虚列支出套取项目资金1080万元，并转移到其本人为法定代表人的南部县万达房地产公司。截至审计时，仍侵占520万元。审计署将此事项移送当地纪检监察机关处理后，何晋平及该公司副董事长已被免职，会计、出纳调离原工作岗位，相关资金已追回。

**三十五、广州海洋地质调查局技术方法所原所长张汉泉贪污问题**

审计署在中央财政专项资金绩效审计调查中发现，2003年至2008年7月，广州海洋地质调查局技术方法所从该局计财处通过领取伙食补贴、虚假发票入账等方式，将85.29万元财政资金存放在单位职工潘勇个人的银行卡中，从中列支旅游费用、干部奖金等。2008年2月，张汉泉从上述资金中转出12万元到其个人银行卡中，涉嫌贪污。审计署将此事项移送纪检部门处理后，给予张汉泉党内严重警告和行政降级处分，潘勇被开除公职和党籍。

## 三十六、四川省什邡市南泉镇新桂村套取补助资金问

审计署在组织汶川地震灾后恢复重建跟踪审计中发现，2009年3月，四川省什邡市南泉镇新桂村采取虚报冒领、虚列支出等方式套取财政补助资金59900元。审计机关将此事项移送该市纪委查处后，已全部追回违规违纪资金，该村支部书记阳大富、村委会主任廖纪祥已被免职，并给予党内警告处分；分管农房重建的副镇长钟思雄给予党内警告处分；市检察院将村支书阳大富批捕。

# 第二部分　审计署移送的2010年底已办结的28起案件情况

中华人民共和国审计署审计结果公告

2011年第2号（总第71号）

（二〇一一年一月十七日公告）

## 一、中国出口信用保险公司原总经理唐若昕受贿和滥用职权案

审计署在中国出口信用保险公司审计中发现，2002年至2003年，唐若昕擅自决策违规委托理财业务3亿元，其中2亿元未能收回。审计署将此案件线索移送监察部查处，并由检察机关提起公诉后，北京市第二中级人民法院于2010年2月，以受贿和滥用职权罪一审判处唐若昕有期徒刑14年。

## 二、上海金源国际经贸发展有限公司法定代表人周跃进等人骗取贷款案

审计署在中国出口信用保险公司审计中发现，2008年6月至9月，周跃进（时任上海市政协委员、市工商联副主席等职）与浙江绍兴纵横控股集团有限公司利用国内贸易信用保险，通过自卖自买、封闭循环的虚假交易，骗取农业银行上海市分行2.93亿元贷款。审计署将此案件线索移送公安部门查处，并由检察机关提起公诉后，上海市第一中级人民法院于2010年4月，以贷款诈骗罪判处周跃进有期徒刑6年，并处罚金100万元；判处同案犯刘永军有期徒刑3年，缓刑5年，并处罚金10万元。

**三、中国东方航空股份有限公司运行控制中心原总经理施国峰等人职务侵占和挪用资金案**

审计署在中国东方航空集团公司审计中发现，1998年10月至2009年1月，施国峰利用职务之便，将东航股份飞机地面代理等业务收入1.82亿元，账外存放在其本人、亲属和下属员工等个人账户中，涉嫌侵占东航股份财产。审计署将此案件线索移送公安部查处，并由检察机关提起公诉后，上海市长宁区人民法院于2010年7月，以职务侵占罪和挪用资金罪，判处施国峰有期徒刑14年，并处没收个人财产500万元；以职务侵占罪判处同案犯陆维毓有期徒刑2年，并处没收个人财产2万元；将1000万元违法所得归还东航股份。

**四、广东省佛山市南海区邝氏家族骗贷案**

审计署在对农村信用社改革专项票据情况进行审计调查时发现，2008年初，邝氏家族采取利用空壳公司贷款、提供虚假贷款资料等手法，涉嫌骗取佛山市南海区农村信用合作联社信贷资金3.7亿元，其中2.8亿元被非法侵占。审计署将此案件线索移送公安部门查处，并由检察机关提起公诉后，广东省南海区人民法院于2009年10月，以违法放贷罪一审分别判处佛山市南海区农村信用合作联社黄赞端、梁礼峰等6人有期徒刑14年、12年及以下不等刑期；以贷款诈骗罪分别判处邝氏家族许均培、邓家鹏二人有期徒刑5年。

**五、辽宁志达集团董事局主席赵宝杰贷款诈骗案**

审计署在中国农业银行辽宁省分行审计中发现，2007年，赵宝杰（时任葫芦岛市人大代表）通过其控制的辽宁志达建设股份有限公司和辽宁方圆国家标准样品油有限公司，采取伪造土地评估报告和产品购销合同、编造会计报表等手段，骗取中国农业银行葫芦岛市连山支行贷款4亿多元，其中2亿元被转入个人账户或提取现金。中国农业银行葫芦岛分行原副行长张树海等人在办理上述业务时，存在受贿、内外勾结违法发放贷款等问题。审计署将此案件线索移送公安部门查处，并由检察机关提起公诉后，辽宁省盘锦市中级人民法院于2010年1月，一审分别以贷款诈骗罪、违法发放贷款罪、受贿罪、行贿罪判处赵宝杰、张树海等11人1年至17年有期徒刑。

**六、上海京海工程技术公司总经理王梅珍等人私分国有资产、单位行贿案**

审计署在中央部门预算执行审计中发现，2003年至2007年，王梅珍等人以虚假发票虚列成本费用套取资金1234.28万元，并以年终奖金、信息费、购房补贴等名义私分国有资产。审计署将此案件线索移送最高人民检察院查处后，河北省廊坊市广阳区人民法院于2009年4月，以单位行贿罪判处上海京海工程技术公司罚金400万元；以私分国有资产罪、单位行贿罪判处王梅珍有期徒刑5年并处罚金30万元；以私分国有资产罪分别判处同案犯马文亮、段常在有期徒刑3年，缓刑5年，并处罚金20万元。

**七、民营企业宽宏公司董事长张家洪职务侵占案**

审计署在中国农业银行股份有限公司审计中发现，2006年12月，张家洪利用职务之便以清理固定资产名义，将公司购买的价值544.24万元的3套房产转到其个人名下。审计署将此案件线索移送天津市东丽区检察院查处并提起公诉后，天津市东丽区法院于2009年11月，以职务侵占罪一审判处张家洪有期徒刑3年，缓刑3年。

**八、山西省大同市城区低保中心电脑管理员查海涛贪污案**

审计署在居民最低生活保障资金审计中发现，2008年5月至2009年12月，查海涛利用工作之便篡改低保人员生活保障金发放数据，先后多次将应发放给低保人员的生活保障金315.59万元，贪污转移到其早已藏匿的17张废弃的和其母亲的低保人员生活保障金银行卡中，据为己有。审计署将此案件线索移送当地检察机关查处并提起公诉后，大同市中级人民法院于2010年5月，以贪污罪一审判处查海涛有期徒刑13年，并处没收个人财产10万元。涉案的315.59万元已全部追回。同时，大同市城区人民政府给予城区低保中心主任等3人行政记过、记大过处分。

**九、宁夏银川住房公积金管理中心原主任刘惠平等人挪用公款和受贿案**

审计署在住房公积金审计中发现，2001年至2005年，刘惠平先后3次以购买同一套住房为名，在不能提供购房协议的情况下，自己申请并批准取得公积金贷款共计42万元。2005年至2007年，该中心副主任李金星先后3次以购买同一套住房为名，在不能提供购房协议的情况下，申请并经该中心副主任陈玉柱批准取得公积金贷款共计60万元。2001年3月至2006年9月，刘惠平、陈玉柱还先后5次违规向该中心职工徐磊及其配偶发放公积金贷款81.10万元。审计署将此案件线索移送最高人民检察院查处，并由检察机关提起公诉后，宁夏自治区银川市中级人民法院于2009年5月，以挪用公款罪二审判处刘惠平有期徒刑5年。

**十、河南江河机械有限责任公司城市低保金管理人员孔繁柱贪污低保资金案**

审计署在居民最低生活保障资金审计中发现，2006年至2009年，孔繁柱利用由其向当地民政部门集中代领并向本公司部分职工及家属统一发放城市低保金的职务便利，向当地民政部门隐瞒23名已迁出、死亡或其他不符合发放条件的家庭的真实情况，并代领其低保金共计39676元据为己有。审计署将此案件线索移送当地检察机关查处并提起公诉后，河南省鲁山县人民法院于2010年6月，以贪污罪一审判处孔繁柱有期徒刑3年，缓刑3年。

**十一、中国邮政储蓄银行有限责任公司山东省济南市长清区支行原综合柜员刘洪福挪用城市低保金案**

审计署在居民最低生活保障资金审计中发现，2008年1月至2009年6月，刘洪福利用工作之便，将未发放的部分城市低保金转至其个人业务存折户，涉嫌挪用城市低保金10.23万元。审计署将此案件线索移送当地检察机关查处并提起公诉后，济南市长清区人民法院于2010年7月，以挪用公款罪判处刘洪福有期徒刑2年，缓刑2年。

**十二、吉林省长春市净月经济开发区净月街道办事处先锋社区居民委员会书记郜红林等人行贿和受贿案**

审计署在土地专项资金审计调查中发现，2007年9月，郜红林、杨树林（居委会副书记）在征地过程中，通过虚报地上物骗取土地补偿款800余万元。在此过程中，郜红林、杨树林共同以单位名义给长春市净月土地工作站副站长兰凯卓、工作人员王跃每人110万元好处费，给站长金刚好处费5万元。审计署将此案件线索移送吉林省长春市人民检察院，并由检察机关提起公诉后，吉林省长春市中级人民法院、长春市双阳区人民法院、长春市宽城区人民法院于2009年9月至12月，分别以受贿罪判处兰凯卓有期徒刑10年，金刚有期徒刑3年，缓刑3年；以贪污罪判处王跃有期徒刑2年，缓刑3年；以单位行贿罪判处郜红林、杨树林有期徒刑3年，缓刑3年。

**十三、宁夏银川住房公积金管理中心区直分中心原主任李子超挪用公款案**

审计署在住房公积金审计中发现，2006年，李子超指使他人在未提供购房合同和首期付款收据的情况下骗取公积金贷款30万元归己使用，还存在发放不符合贷款条件的公积金贷款等问题。审计署将此案件线索移送最高人民检察院查处后，宁夏自治区银川市兴庆区法院于2008年，以挪用公款罪判处李子超有期徒刑5年。

**十四、江苏省句容市方山茶场原场长张亚磊等人行贿受贿案**

审计署在农业综合开发土地治理项目审计中发现，2008年9月，张亚磊在组织实施方山茶场土地治理项目中与项目施工方负责人陆立华内外勾结，陆立华收到65.21万元工程款后将其中的27万元直接存入张亚磊的个人账户，其中20万元用于支付张亚磊个人经营酒店的房屋租金。审计署将此案件线索移送检察机关查处并提起公诉后，江苏省句容市人民法院于2010年7月、8月，以受贿罪、行贿罪分别判处张亚磊、陆立华有期徒刑10年6个月、2年缓刑2年；另该案还以受贿罪分别判处句容市农业资源开发局局长展卫国、开发科科长束华荣有期徒刑10年8个月、6年；以行贿罪判处句容市白兔建设工程有限公司经理朱木平有期徒刑2年，缓刑2年。

**十五、四川雅西高速公路有限公司原石棉代表处负责人刘旸索贿受贿案**

审计署在川中道路发展项目——雅泸高速公路审计中发现，2007年8月至2008年5月，刘旸利用其工程款审批权，向其管辖的第19合同段索贿受贿26万元。该合同段管理混乱，工程被整体转包两次，事故频发。审计署将此案件线索移送纪检监察机关查处，并由检察机关提起公诉后，成都市中级人民法院于2010年7月，以受贿罪判处刘旸有期徒刑10年。

**十六、上海江南造船集团房地产开发经营公司原财务部经理赵磊贪污公款案**

审计署在中国船舶工业集团公司原法定代表人任期经济责任审计中发现，2004年，赵磊在办理江南造船（集团）有限责任公司购房业务中，涉嫌贪污购房款53.02万元。审计署将此案件线索移送上海市人民检察院查处并提起公诉后，上海市卢湾区法院于2010年3月，以贪污罪判处赵磊有期徒刑5年6个月。

**十七、上海静安区教育局基建校产管理站站长、党支部书记房小兵受贿案**

审计署在城市基础教育经费专项审计调查中发现，2006年，上海锦育建筑装潢有限公司（为上海静安区教育局基建校产管理站下属单位，负责该站基建项目）存在以现金支出工程款和代开发票的问题，涉嫌侵占挪用资金。审计署将此案件线索移送上海市教育委员会查处后，经静安区教育局核查发现，房小兵对上海锦育建筑装潢有限公司大量提取现金、代开发票事宜不问不管，并利用职务之便为他人违规承揽、转包工程提供帮助，先后收受贿赂款物共计62万元。由静安区人民检察院提起公诉后，静安区人民法院于2009年7月，以受贿罪判处房小兵有期徒刑5年，并处没收财产4万元；追缴的赃款、赃物予以没收。静安区教育局给予房小兵开除党籍处分。

**十八、甘肃省永登县农村卫生改水项目办公室原主任王永宏贪污案**

审计署在病险水库除险加固工程专项审计调查中发现，王永宏等人在与施工单位甘肃省水利水电岩土工程处签订病险水库施工合同前，索要相当于中标价10%的费用；岩土工程处采用虚列水泥用量等工程支出手段，套取资金支付了此款项；改水项目办公室财务管理混乱，部分资金去向不明。审计署将此案件线索移送检察机关查处后，发现王永宏利用职务之便，采用收入不入账等手段设立“小金库”，并将其中的3.16万元据为己有，同时非法收受岩土工程处李志平、李荣德送的2万元感谢费。经由甘肃省永登县检察院提起公诉后，永登县人民法院于2009年10月，以贪污罪和受贿罪，判处王永宏有期徒刑3年，缓刑4年，赃款

5.16万元被依法没收，上缴国库；以单位受贿罪判处改水项目办公室罚金5万元；以行贿罪分别判处李志平、李荣德有期徒刑1年，缓刑1年。

**十九、湖南省资兴市原市委书记黄湘鄂等人滥用职权和受贿案**

审计署在土地出让金和土地开发整理资金审计中发现，2002年至2005年，黄湘鄂、原资兴市国土局局长陈志强等人指使资兴市国土资源局、财政局，通过虚构工程项目、伪造资料等方式，骗取该市万亩良田土地开发整理资金1374万元，其中1200万元用于该市东江明珠大酒店建设，174万元用于发放职工福利和招待费。审计署将此案件线索移送湖南省纪委监察厅查处，由湖南省郴州市检察院提起公诉后，湖南省郴州市北湖区人民法院于2009年1月，以滥用职权罪和受贿罪，合并判处黄湘鄂有期徒刑8年，并处没收其受贿款757131元、1000美元上缴国库；以滥用职权罪和受贿罪，合并判处陈志强有期徒刑3年。

**二十、黑龙江省轻工业技工学校原校长闫铁男等人贪污案**

审计署在社会保障资金专项审计调查中发现，2007年，闫铁男与黑龙江省轻工业技工学校原出纳刘英等人隐瞒财政性非税收入89.47万元，其中，闫铁男分别通过刘英和胡维新（校财务科科长兼会计）以现金形式拿走6万元，另有23.18万元资金去向不明。审计署将此案件线索移送黑龙江省哈尔滨市人民检察院查处，并由哈尔滨市香坊区人民检察院提起公诉后，哈尔滨市香坊区人民法院分别于2009年5月、6月和8月，以贪污罪判处闫铁男有期徒刑3年，缓刑4年；判处胡维新有期徒刑2年，缓刑3年；判处刘英有期徒刑3年，缓刑5年。有关贪污款已退回学校。

**二十一、安徽省淮北市住房借款担保中心原主任周宪德等人挪用公款案**

审计署在住房公积金审计中发现，1999年12月至2001年4月，周宪德等人利用职务之便，多次采取自己申请并审核发放的方式，获取18笔住房公积金贷款共计61万元用于购置6处房产。其中，29.4万元用于购置3处门面房，31.6万元用于购置3处住宅用房。审计署将此案件线索移送最高人民检察院查处，并由检察机关提起公诉后，淮北市中级人民法院于2008年9月26日，以挪用公款罪一审判处周宪德有期徒刑3年，缓刑5年；判处同案犯吕绳林有期徒刑2年，缓刑3年；判处同案犯顾军有期徒刑1年，缓刑2年。

**二十二、国务院三峡工程建设委员会办公室移民管理咨询中心办公室原副主任郭守彪贪污案**

审计署在国务院三峡工程建设委员会办公室审计中发现，2003年至2009年，郭守彪利用职务之便，先后在多家服务场所购买、虚开或索要餐费、住宿费等发票，并以接待费名义在单位报销21万元据为已有。审计署将此案件线索移送宜昌市人民检察院查处，并由宜昌市猇亭区人民检察院提起公诉后，宜昌市猇亭区人民法院于2010年8月，以贪污罪判处郭守彪有期徒刑10个月，缓刑1年。

**二十三、中国农业银行四川省宜宾县支行客户经理高勇受贿案**

审计署在中国农业银行四川省分行审计中发现，2007年6月至2009年4月，高勇向不符合贷款条件的7家民营企业发放小企业简式快速贷款提供便利，并从中收受贿赂3万元。审计署将此案件线索移送四川省宜宾市南溪县检察院并提起公诉后，四川省南溪县人民法院于2009年8月，以受贿罪判处高勇有期徒刑1

年，缓刑2年。

**二十四、甘肃省文县尚德镇原镇长李庭全挪用重建资金问题**

审计署在灾后恢复重建跟踪审计中发现，2008年9月，李庭全擅自挪用尚德镇许家坪、周半山两个重建点50户重建户的建房补助款43.2万元和许家坪、丰元山两个整体搬迁村重建户的征地款27.5万元，用于购买钢材并自定价格将钢材销售给重建户。审计署将此事项移送该县纪律检查委员会处理后，李庭全被给予党内严重警告处分。截至2009年8月，李庭全已归还建房补助款38.21万元和征地款27.5万元，其余被挪用的4.99万元建房补助款，文县尚德镇镇政府已安排催收。

**二十五、甘肃省甘南州舟曲县憨班乡原乡党委书记杨恩茂等人截留、挪用重建资金问题**

审计署在灾后恢复重建跟踪审计中发现，原乡党委书记杨恩茂、乡长王玮、乡党委副书记王志云和会计谢金堂擅自决定将应发放给古当村44户重建户的88万元建房补助款截留，并将其中63万元转入谢金堂个人账户，全部用于支付古当村重建地三通一平费用。杨恩茂还擅自决定将古当村第二批三无、三孤生活补助款由每人300元标准改为按每户300元标准发放，截留的4.74万元也存入谢金堂个人账户。审计署将此事项移送中共甘南州纪律检查委员会处理后，杨恩茂、王玮被给予党内严重警告处分，王志云、谢金堂被给予党内警告处分，截留款也已全部归还。

**二十六、内蒙古自治区乌海市国税局下属分局违规代开增值税专用发票问题**

审计署在税收征管情况专项审计调查中发现，2007年至2008年，内蒙古自治区乌海市国税局下属3个税务分局冒用他人身份证复印件，虚设21户个体工商户，代开增值税专用发票10808份，涉及549户企业，发票金额77亿元，造成地方税费流失

4375万元。审计署将此事项移送税务总局查处后，税务总局组成专门检查组进行调查处理。截至2009年底，已追回地方税费3599万元，并追究了38名当事人的行政执法责任，其中：撤销行政职务3人，给予行政降级处分3人，给予行政记大过处分6人，给予行政记过处分3人。此外，还对18名当事人进行了经济惩戒。

**二十七、青海省海南州同德县多个政府部门参与套取、挪用中央及地方财政专项资金问题**

审计署在农村饮水安全状况审计调查中发现，2007年4月至2009年6月，同德县水务局以虚构工程、虚列支出等方式套取农村饮水安全工程资金120万元；林业环保局以虚列人员工资支出方式套取三江源封山育林和天然林资源保护专项资金100万元；财政局以虚开运费发票方式套取退耕还林补助资金60万元；交通与建设局虚构“村村通”工程分别套取中央扶贫财政专项资金25.49万元，国家公路建设财政专项资金80.38万元；发展改革与经济贸易局套取中央专项基本建设资金236万元，收取施工单位“协调费”等40.78万元。审计署将此事项移送青海省人民政府查处后，青海省人民政府对违规问题予以全州通报，对16名责任人分别给予党纪政纪处分，处理了5个相关单位，违规资金已被收回原资金渠道。

**二十八、民营企业登封向阳电力有限公司占用基本农田问题**

审计署在河南省电力建设项目审计调查中发现，2003年11月，民营企业登封向阳电力有限公司未报经批准，直接与有关乡村签订协议，违法占用登封市286.62亩基本农田和14.19亩其他农用地，用于违规建设嵩阳电厂。审计署将此事项移送中纪委监察部处理，监察部会同发展改革委、国土资源部、环境保护部、水利部组成联合调查组对此进行了调查处理。河南省公安机关以涉嫌破坏耕地罪对向阳公司法定代表人、郑州市人大代表董松年和嵩颖公司法定代表人李铁林刑事拘留；河南省政府责成郑州市政府、省水利厅副厅长于合群、登封市委书记张学军分别向省政府、郑州市委做出深刻检查；分别给予郑州市水利局党组书记、局长陈松林等6人行政降级、党内严重警告等处分。目前，该项目投资7亿多元的厂房和设备已经拆除。

# 第三部分　审计署移送的至2011年6月已办结的39起案件和事项情况

中华人民共和国审计署审计结果公告

2011年第29号（总第98号）

（二〇一一年六月十七日公告）

## 一、河北省国土资源厅原副厅长史东升等人骗取建设用地指标非法获利案

审计署2009年在土地资源专项资金审计调查中发现，2005年8月，史东升与石家庄市国土资源局原局长顾旗章、高邑县国土资源局原局长付素林等人上下串通，通过虚假复垦骗取建设用地指标，再将指标销售给建设用地不足的区县政府或单位，从中牟利6000万元。2009年9月，审计署将该事项移送给中央纪委和检察机关查处。2010年3月，邢台市中级人民法院以受贿罪判处史东升15年有期徒刑，以贪污、受贿罪判处顾旗章死刑，缓刑2年，以贪污罪判处付素林无期徒刑，另有10余名涉案人被追究法律责任，并追缴了赃款、赃物及其他非法所得。

## 二、中国民用航空华北地区空中交通管理局内蒙古分局原局长陈庆元贪污案

审计署2009年在“小金库”治理重点检查中发现，2002年至2008年，陈庆元通过指使该局部分干部使用虚假发票套取资金、截留单位收入等手段，私设“小金库”累计达1.28亿元，并利用职务之便，侵吞“小金库”资金800多万元。2010年1

月，审计署将该事项移送给内蒙古自治区人民检察院查处。2010年12月，呼和浩特市中级人民法院以贪污罪判处陈庆元有期徒刑15年。

**三、四川江油市文风社区原出纳刘敏等人挪用灾后重建城镇住房维修加固资金案**

审计署2010年在汶川地震灾后恢复重建跟踪审计中发现，2009年至2010年，刘敏利用其管理灾后重建资金的工作便利，私自偷盖行政公章和银行预留印鉴，挪用城镇住房维修加固资金423万元，交由刘远富用于经营及个人消费。2010年4月，审计署将该事项移送给江油市人民检察院查处。2011年3月，绵阳市中级人民法院以挪用公款罪，判处刘敏无期徒刑，剥夺政治权利终身；判处刘远富有期徒刑15年。

**四、四川三台县刘营镇五洋村原村主任赵福江在发放灾后重建补助资金中受贿案**

审计署2010年在汶川地震灾后恢复重建跟踪审计中发现，2008年11月至2009年3月，赵福江在农村居民住房重建补助发放过程中，涉嫌受贿2.1万元。2010年3月，审计署将该事项移送给三台县人民检察院查处。2010年7月，三台县人民法院以受贿罪判处赵福江有期徒刑2年。

**五、中国农业发展银行辽宁盘锦支行原行长金鹰等银行职员受贿并协助辽宁富虹集团有限公司骗贷案**

审计署2009年在中国农业发展银行审计中发现，2007年至2008年，辽宁富虹集团有限公司实际控制人李志富等人，指使企业员工编造粮食购销合同等虚假资料，从该行辽宁辽阳、盘锦等分支机构骗取粮食收购贷款4亿多元；多名银行工作人员明知有关粮食收购等业务系虚构，仍违法发放贷款。2009年4月，审计署将该事项移送给公安部查处。2011年1月，辽宁鞍山市中级人民法院以骗取贷款罪和单位行贿罪分别判处富虹集团有限公司、辽宁大仓储运有限公司罚金6300万元和710万元，没收非法所得786万元；以骗取贷款罪、行贿罪判处李志富等12人有期徒刑1年1个月至3年不等，并处罚金；以违法发放贷款罪、受贿罪判处金鹰有期徒刑11年，判处韩群等13名银行工作人员有期徒刑1年3个月至3年不等。

**六、吉林省九丰酒业有限责任公司控制人李树岩等人与当地部分银行工作人员勾结骗贷案**

审计署2009年在中国农业发展银行审计中发现，2006年至2008年，李树岩、李树君兄弟等人与该行当地分支机构工作人员勾结，采取编造虚假财务资料及收粮凭证等方式，骗取粮食收购贷款2亿多元。2009年4月，审计署将该事项移送给公安部查处。2010年12月，吉林省四平市中级人民法院以骗取贷款罪判处李树岩、李树君等4人有期徒刑2年至6年不等，并处罚金；以国有企业人员失职罪判处王风元等7名银行工作人员有期徒刑3年至3年6个月不等。

**七、内蒙古通辽市民营企业主陈培禄骗贷案**

审计署2009年在中国农业发展银行审计中发现，2006年至2007年，陈培禄以其控制的万通粮油有限责任公司和另外一家关联企业的名义，采取虚构粮食购销业务并提供虚假担保等方式，从该行当地分支机构骗取粮食收购贷款4亿多元。2009年5月，审计署将该事项移送给公安部查处。2010年12月，通辽市科尔沁区人民法院以骗取贷款罪判处陈培禄有期徒刑7年，并处罚金100万元；判处通辽经济技术开发区万通粮油有限责任公司罚金1000万元。

**八、广东湛大集团有限公司法定代表人封亚军等人骗贷案**

审计署2009年在中国农业发展银行审计中发现，2006年至

2008 年，封亚军等人利用其控制的“湛大系”关联企业，采取提供虚假财务资料及粮权证明等方式，骗取该行广东湛江市分行粮食收购贷款、流动资金贷款等资金 2 亿多元。2009 年 6 月，审计署将该事项移送给公安部查处。2010 年 8 月，湛江市麻章区人民法院以骗取贷款罪判处封亚军等 4 人有期徒刑 1 年至 3 年，缓刑 1 年至 5 年不等，并分别处以罚金。

**九、民营企业大连松源企业集团有限公司骗贷案**

审计署 2009 年在中国农业发展银行审计中发现，2005 年至 2009 年，民营企业大连松源企业集团有限公司以收购粮食的名义，采取提供虚假财务资料和粮食购销合同等手段，从中国农业发展银行大连市分行骗取粮食收购贷款 18 亿元。2009 年 6 月，审计署将该事项移送给公安部查处。2011 年 1 月，辽宁省铁岭市中级人民法院以骗取贷款罪判处该公司罚金 8000 万元，并追缴所得赃款 17.61 亿元及孳息；以骗取贷款罪、伪造公司印章罪分别判处该公司财务总监卢敏等 4 人有期徒刑 1 年至 2 年，缓刑 1 年至 3 年不等，并处罚金。

**十、中铁十六局集团公司京沪高铁三标八分部项目原经理王锦迎等人涉嫌贪污和挪用公款案**

审计署 2009 年在京沪高铁跟踪审计中发现，2009 年 2 月，王锦迎等人采取伪造采购合同、发票和入库单等手段，侵吞项目建设资金 380 多万元，并挪用项目建设资金 170 多万元为他人购买钻机。2009 年 6 月，审计署将该事项移送给天津市人民检察院查处。2010 年 12 月，天津市红桥区人民法院以受贿罪判处王锦迎有期徒刑 10 年。

**十一、中铁十一局汉宜铁路项目部财务部原部长王利达等人侵占国有资产案**

审计署 2010 年在汉宜高速铁路项目审计中发现，2009 年 12

月和2010年2月，王利达和中铁第十一局第四工程有限公司原副总经理罗克卿分别以个人名义购买轿车支出56万多元，在施工成本中列支。2010年5月，审计署将该事项移送给湖北省人民检察院汉江分院查处。2011年1月，湖北省仙桃市人民法院以非国家工作人员受贿罪，判处王利达有期徒刑1年，缓刑1年；判处罗克卿有期徒刑2年，缓刑3年，并处没收财产45万元。

**十二、贵州印江县教育局原局长王昌杰受贿案**

审计署2010年在中等职业教育基础能力建设审计中发现，2008年6月，印江县建筑工程公司、铜仁地区建筑公司在印江县教育局发包的天堂中学项目中存在串通投标行为。2010年6月，审计署将该事项移送给贵州省公安厅查处。2010年12月，印江县人民法院以受贿罪判处王昌杰有期徒刑3年，缓刑4年，并没收个人财产1万元。

**十三、福建连江县琯头镇中心卫生院合作医疗科原科长陈泳贪污新农合资金案**

审计署2010年在新型农村合作医疗基金审计调查中发现，2010年1月至3月，陈泳利用职务便利，盗用他人身份证复印件伪造虚假住院材料，贪污新农合资金6.4万元。2010年8月，审计署将该事项移送给连江县人民检察院查处。2010年11月，连江县人民法院以贪污罪判处陈泳有期徒刑7年。

**十四、福建宁化县农民张河玉伪造住院资料骗取新农合资金案**

审计署2010年在新型农村合作医疗基金审计调查中发现，2010年1月，张河玉利用伪造的住院档案等，从宁化县新农合管理中心骗取新农合资金7554元。2010年8月，审计署将该事项移送给宁化县公安局查处。2010年11月，宁化县人民法院以诈骗罪判处张河玉管制1年，并处罚金人民币5000元。

**十五、福建建瓯市农业综合开发办公室借用人员叶忠贤和小松镇原副镇长余培胜贪污案**

审计署2010年在农业综合开发资金审计中发现，叶忠贤和余培胜通过虚报工程完成量套取土地治理项目资金19.22万元，部分已用于个人消费等。2010年5月，审计署将该事项移送给建瓯市人民检察院查处。2010年10月，建瓯市人民法院判定余培胜、叶忠贤犯贪污罪，鉴于其主动退赃并有悔罪表现，免予刑事处罚。

**十六、江苏宝应县农业资源开发局套取农业综合开发资金账外存放问题**

审计署2009年在农业综合开发资金审计中发现，2006年至2008年，宝应县农业资源开发局虚报开发项目套取财政专项资金326万元，其中115万元存放账外；未经招投标违规将总额108万元工程直接发包给关系人实施。2010年1月，审计署将该事项移送给江苏省纪委查处。2010年9月，宝应县纪委、监察局给予宝应县农业资源开发局局长朱志扬、副局长刘如海党内严重警告处分，给予农财科科长李长庆党内警告处分，给予科员马学春行政警告处分；被套取的专项资金已追回。

**十七、江苏高邮市农业资源开发局套取农业综合开发项目资金并违规发放津补贴问题**

审计署2009年在农业综合开发资金审计中发现，2007年至2009年，高邮市农业资源开发局在组织开发项目申报、实施过程中，违规向项目实施单位收费共310万元，并从中套取60万元，其中40万元用于违规发放津贴补贴。2010年1月，审计署将该事项移送给江苏省纪律检查委员会查处。2010年8月，高邮市监察局给予高邮市农业资源开发局原局长吴恒华、现任局长于洪和局办公室副主任房爱平、高邮市财政局农发办主任张生坤行政警告处分；被套取的财政资金及违规发放的津贴补贴已追回。

**十八、四川岳池县花板乡卫生院虚报参合农民住院费用套取新农合资金问题**

审计署2010年在新型农村合作医疗基金审计调查中发现，2010年5月，岳池县花板乡卫生院采取多计住院天数、编造住院记录等方式，虚报参合农民住院费用，从而套取新农合资金11万多元。2010年5月，审计署将该事项移送给岳池县纪委查处。2010年6月，该卫生院两位院长被免职或解聘，相关责任人员被调离岗位，套取的新农合资金已追回。

**十九、辽宁新民市大柳屯中医院隐瞒收入私设“小金库”问题**

审计署2010年在新型农村合作医疗基金审计调查中发现，2007年2月，新民市大柳屯中医院将向乡村医生调拨药品收取的手续费、国有资产出租等收入未入账，私设“小金库”金额31万多元，至审计时结余4万多元。2010年11月，审计署将该事项移送给新民市纪委查处。2010年12月，该医院院长王乃杰受到党内严重警告处分、原院长王文昶受到党内警告处分，结余资金已追回。

**二十、河北省农机化技术推广服务总站违规收费存放账外问题**

审计署2009年在地方财政收支专项审计调查中发现，河北省农机化技术推广服务总站在没有国家收费政策依据且未办理收费许可证的情况下，违规收取农机演示费、选型费、技术服务费等共1062万元，并通过虚列支出转移到账外。2009年10月，审计署将该事项移送给河北监察厅查处。2010年6月，河北省监察厅对农机总站站长马耀辉、副站长李少波给予行政记大过处分，对河北省农业机械化管理局局长张连进行了诫勉谈话，已追回违纪资金211万多元。

**二十一、安徽巢湖市居巢区柘皋镇东街居委会原书记陈兵等人违规冒领城市低保资金问题**

审计署2010年在城市居民最低生活保障资金审计中发现，2008年至2009年，陈兵等6人违规将本人及家属纳入城市低保范围，领取城市低保资金共71056元；居巢区民政局将聘用5名城市低保代办员列入城市低保补助范围，其工资通过城市低保资金发放，共发放117580元；居巢区民政局审核把关不严，致使该区10户低保户在多个居委会重复申领城市低保资金，共领取165510元。2010年3月，审计署将上述事项移送给安徽省监察厅查处。2010年9月，陈兵等人受到免职、留党察看处分，其他责任人分别受到党内严重警告和记过等处分，相关资金已追回。

**二十二、安徽全椒县违规使用城市低保资金问题**

审计署2010年在城市居民最低生活保障资金审计中发现，2006年至2009年，全椒县将9户共22名不符合条件人员纳入城市低保范围，至2009年11月底累计发放低保资金59864元；2007年12月，全椒县城市低保对象清理审核工作领导小组在城市低保资金中列支工作经费45000元。2010年3月，审计署将上述事项移送给安徽省监察厅查处。2010年9月，全椒县民政局长受到行政记过处分，副县长和县财政局长被诫勉谈话，相关资金已追回。

**二十三、安徽淮北市烈山区原人大代表、二郎庙居委会原主任孟凡民等人以权谋私骗取廉租住房租赁补贴问题**

审计署2010年在政府投资保障性住房审计中发现，2010年9月，孟凡民等4人利用职务便利，伪造低保证明和租房合同等保障性住房资格申报材料，使本人亲属享受廉租住房租赁补贴共16476元。2011年1月，审计署在审计报告中指出该问题后，烈山区纪委和监察局予以查处，给予孟凡民等人撤职、党内严重警告等处分，孟凡民的人大代表资格也已被罢免。

**二十四、发展改革委机关服务中心原正处级专职纪检监察员李平贪污受贿问题**

审计署2009年在中央部门预算执行情况中审计发现，2006年7月至2008年12月，李平在经办相关会议过程中，从经办会议的宾馆领取现金62万多元，其中大部分由其个人支配使用，涉嫌受贿45万多元、贪污5万多元。2009年3月，审计署将该事项移送给发展改革委纪检组查处。2010年11月，发展改革委开除李平党籍并予以辞退，相关资金已追回。

**二十五、交通运输部所属规划研究院套取财政资金问题**

审计署2010年在中央部门预算执行情况审计中发现，交通运输部所属规划研究院套取财政资金私设“小金库”金额共1491万元，其中1278万元用于职工福利等支出。2010年1月，审计署将该事项移送给交通运输部查处。2010年2月，规划研究院原副院长朱鲁存和水规所原所长毛亚平被免职，并分别受到党内严重警告和党内警告处分，其他人员受到了相应党纪政纪处分，相关资金已追回。

**二十六、中国石油和化学工业协会、中国化工环保协会套取财政资金问题**

审计署2010年在中央部门预算执行情况审计中发现，2007年至2009年，中国石油和化学工业协会、中国化工环保协会以外协费名义套取财政专项资金403.2万元，并以不规范发票报销套取资金24万多元，用于职工福利支出。2010年5月，审计署将该事项移送给国资委查处。2010年，国资委给予相关责任人员党内警告、行政记大过处分，相关资金已追回。

**二十七、交通运输部公路研究所 ITS 中心原主任齐彤岩贪污受贿问题**

审计署2008年在中央部门预算执行情况审计中发现，2006年至2007年，齐彤岩涉嫌利用职务之便，贪污受贿9万元。2009年6月，审计署将该事项移送给交通运输部纪检组查处。2010年4月，驻交通运输部纪检组对齐彤岩作出免职处理和通报批评，相关资金已追回。

**二十八、国土资源部所属矿产资源储量评审中心套取财政资金用于组织职工旅游支出问题**

审计署2009年在“小金库”治理重点检查中发现，2006年至2008年，国土资源部所属矿产资源储量评审中心以会议费名义套取资金79万多元，用于组织职工旅游支出。2010年4月，审计署将该事项移送给国土资源部监察局查处。2011年，国土资源部给予该评审中心原主任王志红免职处理、行政记大过和党内严重警告处分；给予该中心副主任杨强党内严重警告处分；套取资金已追回29万元。

**二十九、中国民用航空局航空安全技术中心套取财政资金问题**

审计署2009年在“小金库”治理重点检查中发现，2007年至2009年，中国民用航空局航空安全技术中心12名干部以咨询费、会议费等名义，套取资金328万元设立“小金库”，已支出296.76万元用于送礼等。2009年11月，审计署将该事项移送给中国民用航空局纪检组查处。2010年，中国民用航空局给予该中心原主任施鼎豪免职及党内严重警告处分，套取资金已追回31.24万元。

**三十、上海江桥城市建设投资有限公司挪用贷款问题**

审计署2009年在京沪高铁跟踪审计中发现，江桥城市建设投资有限公司将以京沪高铁项目征地拆迁名义从光大银行和华夏银行的贷款13.2亿元，用于江桥镇土地储备开发、归还银行贷款等与京沪高铁无关项目。2009年12月，审计署将该事项移送给上海市人民政府查处。2010年3月，被挪用的13.2亿元贷款资金已追回。2010年6月，江桥镇党委书记、镇长分别受到党内严重警告、行政记大过处分，江桥城市建设投资有限公司负责人受到行政记大过处分。

**三十一、山东曲阜市息陬镇政府及所属单位违规收费获利问题**

审计署2010年在京沪高铁跟踪审计中发现，息陬镇政府及所属单位违规向京沪高铁施工单位收取地材管理费50多万元、在向京沪高铁施工单位供应砂石料中非法获利34万多元。2010年10月，审计署将该事项移送给济宁市监察局查处。2010年11月，济宁市监察局对息陬镇镇长进行了诫勉谈话；违规收取的管理费和非法获利已追缴。

**三十二、河北吴桥县交通运输局挪用道路维修改造补偿费问题**

审计署2010年在京沪高铁跟踪审计中发现，2009年8月至2010年5月，吴桥县交通运输局将以京沪高铁施工单位工程车辆损坏当地道路的名义获得的道路维修改造补偿费中的502万多元挪用于新建“交通综合服务中心”。2010年6月，审计署将该事项移送给河北省监察厅查处。2010年10月，吴桥县交通局局长董维利、计财股长梁兰军受到行政警告处分，挪用资金已追回。

**三十三、中铁十七局京沪高铁八工区项目部账外存放资金问题**

审计署2010年在京沪高铁跟踪审计中发现，2009年1月至2010年3月，经八工区项目经理闵召龙、书记谢志文和总会计师童长贵同意，该工区将销售钢筋边角余料和废钢模板等材料取得的收入 95 万元，存入个人银行卡内，未纳入本单位会计核算。2010 年 10 月，审计署将该事项移送给中铁十七局集团公司查处。2010 年 10 月，闵召龙和谢志文等人受到党内警告处分，童长贵受到行政记过处分，账外资金已收回 50 万元，支付施工纠纷赔偿的 45 万元纳入单位会计核算。

**三十四、河北廊坊市广阳区财政局局长李进福弄虚作假骗取拆迁补偿问题**

审计署 2010 年在京沪高铁跟踪审计中发现，2008 年 7 月，李进福作为京沪高铁廊坊段被拆迁户，利用虚假土地使用权证，多获取拆迁补偿 22. 18 万元。2010 年 8 月，审计署将该事项移送给廊坊市人民政府查处。2010 年 12 月，李进福受到党内严重警告和行政降级处分，骗取的补偿已被追回。

**三十五、山东泰安市岱岳区河道管理局账外存放资金问题**

审计署 2010 年在京沪高铁跟踪审计中发现，2008 年 12 月至 2010 年 4 月，岱岳区河道管理局在泰安市商业银行开设临时账户私存建设资金 220 万元；该局总工程师刘桂巍私自将 6 万元监理费及验收费存入个人账户，从中支付伙食、办公等费用 4. 5 万元。2010 年 10 月，审计署将该事项移送给泰安市监察局查处后，账外存放的工程建设资金已经纳入账内核算管理，刘桂巍个人账户余款 1. 5 万元已追回。2010 年 11 月，邢万宝（该局局长）、刘桂巍分别受到党内严重警告和警告处分。

**三十六、中铁大桥局集团第三工程有限公司中心实验室转移资金问题**

审计署 2010 年在京沪高铁跟踪审计中发现，中铁大桥局集团第三工程有限公司中心实验室采取伪造工资表虚列支出等方式，将以中心实验室名义对外签署技术服务合同取得的收入 76. 7

万元转移存放账外。2010年7月，审计署将该事项移送给中铁大桥局集团第三工程有限公司查处。2010年7月，该中心实验室主任周小勇受到行政记大过、党内警告处分，相关资金已追回。

**三十七、山东禹城市京沪高铁建设领导小组办公室套取资金私设“小金库”问题**

审计署2010年在京沪高铁跟踪审计中发现，2009年9月，禹城市京沪高铁建设领导小组办公室采取编造虚假会计资料虚列支出等方式，将京沪高铁建设资金50万元转入个人账户，其中48.33万元用于办公费用等支出。2010年6月，审计署将该事项移送给禹城市监察局查处。2010年7月，该办公室工作人员蔡明忠受到行政记过处分；陈勇受到行政记大过、党内严重警告处分。账户余款1.47万元已追回。

**三十八、山东曲阜市交通局截留赔偿费问题**

审计署2010年在京沪高铁跟踪审计中发现，2008年6月至2010年4月，曲阜市交通局截留公路及附属设施损坏赔偿费共241万多元，并从中安排支出186万多元。2010年10月，审计署将该事项移送给济宁市监察局查处。2010年11月，济宁市监察局对曲阜市交通局局长进行了诫勉谈话；截留资金余款55万元已追缴。

**三十九、长江水利委员会工程建设监理中心大龙潭工程监理站账外存放资金问题**

审计署2010年在恩施清江大龙潭水利枢纽工程审计中发现，2006年12月至2007年4月，大龙潭工程监理站将恩施清江大龙潭水电开发有限公司以现金形式支付的25万元监理费，未纳入监理中心会计核算，用于发放监理站职工奖金和其他支出。2010年3月，审计署将该事项移送给长江水利委员会监察局查处。2010年4月，监理站负责人陈安庆及职工王津被通报批评，相关资金已追回。

# 第四部分　审计署移送的至2011年底办结的30起案件和事项情况

中华人民共和国审计署审计结果公告

2012年第2号（总第109号）

（二〇一二年一月九日公告）

**一、重庆谊德实业有限公司原法定代表人卫承伟等人合同诈骗、行贿案**

审计署在国家开发银行审计中发现，1997年至2003年，重庆谊德实业有限公司原法定代表人卫承伟等人，利用虚假经济合同、伪造单位印章和工商登记资料等手段，骗取并侵占多家银行信贷资金5亿多元。2008年1月，审计署将此案件线索移送给公安部查处。2010年1月至2011年6月，重庆市第五中级人民法院及重庆市沙坪坝区人民法院、九龙坡区人民法院，分别以合同诈骗罪、单位行贿罪等数罪并处卫承伟无期徒刑、没收个人全部财产，判处重庆谊德实业有限公司罚金4亿元；以职务侵占罪、诈骗罪、帮助伪造证据罪等判处同案的另10名人员有期徒刑或缓刑不等；以受贿罪判处中国建设银行重庆分行原副行长郑保刚、重庆市国土房屋和资源管理局原市场处处长曾强、副处长杨东渝等人有期徒刑6年至10年2个月不等。

**二、铁道部原党组成员、政治部主任何洪达受贿、巨额财产来源不明案**

审计署在铁路运输企业财务收支审计中发现，铁道部原党组成员、政治部主任何洪达在任哈尔滨铁路局局长期间，超越权限，擅自安排哈尔滨铁路局为关联上市公司增股筹资出具行业审查意见，涉嫌从中收受贿赂。2007年6月，审计署将此案件线索移送给监察部查处。2009年11月，北京市第一中级人民法院以受贿罪、巨额财产来源不明罪判处何洪达有期徒刑14年。

**三、北京市门头沟区原副区长闫永喜贪污受贿案**

审计署在政府投资保障性住房审计调查中发现，北京市门头沟区原副区长闫永喜在廉租住房建设过程中，涉嫌收受贿赂。2009年6月，审计署将此案件线索移送给监察部查处。2011年9月，北京市第一中级人民法院以贪污罪、受贿罪和挪用公款罪判处闫永喜无期徒刑。

**四、河北省农业开发项目评审中心原主任孙绍乾等人挪用公款、私分国有资产案**

审计署在农业综合开发资金审计中发现，河北省农业开发项目评审中心原主任兼河北省农业投资公司原总经理孙绍乾等人转移、侵吞财政支农资金3000多万元，并通过违规串通招投标获取监理业务收入3000多万元。2010年4月，审计署将此案件线索移送给河北省人民政府查处。2011年5月至9月，河北省石家庄市桥东区人民法院、衡水市冀州区人民法院分别以挪用公款罪、私分国有资产罪、非法倒卖土地使用权罪和串通投标罪判处孙绍乾有期徒刑11年，并处罚金88万元；以倒卖土地使用权罪判处同案另2名人员各有期徒刑3年、缓刑3年，并处罚金50万元；以串通投标罪判处河北惠农监理工程监理有限公司原法定代表人靳拴印、农业开发项目评审中心监理科原科长张学武各有期徒刑1年、缓刑1年，并处罚金5万元，依法追缴河北惠农监理工程监理有限公司违法所得2309.90万元。

**五、江苏南通万年青物资有限公司等10家企业非法经营票据业务案**

审计署在中国人民银行审计中发现，2007年至2009年，江苏南通万年青物资有限公司等10家企业通过在浙江温州等地收购银行承兑汇票，再到河南洛阳等地金融机构违法办理贴现等手段，从事非法票据交易。2010年3月，审计署将此案件线索移送给公安部和银监会等部门查处。2011年3月至9月，浙江省温州市鹿城区人民法院、永嘉县人民法院以及温州市中级人民法院，分别以非法经营罪、骗取票据承兑罪判处上述企业主徐顺有期徒刑4年，并处罚金45万元；以非法经营罪判处上述企业主颜丽红等5人有期徒刑2年至3年、缓刑2年至3年不等，并处罚金2万元至30万元不等；以骗取票据承兑罪判处上述企业主鲁学海有期徒刑1年、缓刑1年，并处罚金10万元；以违规出具金融票证罪、非国家工作人员受贿罪等分别判处有关银行工作人员谷晓杰、池正麟有期徒刑3年和1年、缓刑4年和2年。

**六、辽宁红运实业（集团）有限公司骗取贷款案**

审计署在中国农业发展银行审计中发现，2007年，辽宁红运实业（集团）有限公司以玉米购销名义，利用虚假经济合同、财务资料等方式从该行辽宁省大洼县支行骗取粮食流转贷款2.7亿元。2009年6月，审计署将此案件线索移送给公安部查处。2011年4月，辽宁省铁岭市中级人民法院以对单位行贿罪判处辽宁红运实业（集团）有限公司罚金164万元；以对单位行贿罪判处该公司职员陈海岩有期徒刑1年1个月，董晓玲有期徒刑1年、缓刑1年；判处该公司董事长邢仁伟犯对单位行贿罪，免予刑事处罚；以单位受贿罪判处参与此案的6家粮库罚金共计164万元；判决3名银行工作人员犯违法发放贷款罪，免予刑事处罚。

## 七、湖南长沙巴黎诗纺织服装有限公司原法定代表人黎映平等人骗取贷款案

审计署在中国农业发展银行审计中发现，2005年至2009年，湖南长沙巴黎诗纺织服装有限公司原法定代表人黎映平等人以采购棉花加工生产棉纱的名义，从该行湖南省分行长沙市建湘支行先后骗取7笔贷款共计1亿多元。2009年6月，审计署将此案件线索移送给湖南省人民政府查处。2010年7月，湖南省长沙市芙蓉区人民法院以骗取贷款罪，判处黎映平有期徒刑3年、缓刑3年，并处罚金10万元；判处同案的该公司职员郑维真有期徒刑1年、缓刑1年；以受贿罪判处中国农业发展银行湖南省分行信贷管理处原处长谭永生有期徒刑3年、缓刑3年；判处长沙市建湘支行原行长李杰峰有期徒刑5年。

## 八、南京巨欧贸易有限公司控制人王璟等人骗取银行贴现资金案

审计署在中国农业银行审计中发现，2007年至2009年，民营企业主王璟等人利用其控制的南京巨欧贸易有限公司，通过虚构贸易背景伪造增值税发票等方式，骗取13家银行贴现资金61亿元，从中非法获利500多万元。2009年7月，审计署将此案件线索移送给公安部查处。2011年1月，江苏省无锡市南长区人民法院以非法经营罪判处王璟有期徒刑1年5个月，并处罚金25万元，没收非法所得。

## 九、北京东方协和医药生物技术有限公司控制人毛旭骗取贷款案

审计署在中国农业银行审计中发现，2006年，北京东方协和医药生物技术有限公司实际控制人毛旭，以采购原材料等名义骗取该行北京丰台支行贷款7000万元。2009年3月，审计署将此案件线索移送给公安部查处。2010年12月，北京市丰台区人民

法院以骗取贷款罪、挪用资金罪，并处毛旭有期徒刑3年、缓刑3年，并处罚金2万元。

**十、中国农业银行湖北省分行房贷处原处长袁邦奎受贿案**

审计署在中国农业银行审计中发现，2005年，该行湖北省分行房贷处原处长袁邦奎，故意隐瞒贷款企业及关联单位不良信用记录，违规为房地产开发项目发放贷款1亿元，涉嫌从中收受商业贿赂。2009年5月，审计署将此案件线索移送给湖北省人民检察院查处。2010年5月，湖北省黄石市黄石港区人民法院以受贿罪判处袁邦奎有期徒刑5年，没收个人财产1万元。

**十一、北京纳尔特集团有限公司控制人余长福等人骗取贷款案**

审计署在中国农业银行审计中发现，2006年至2008年，余长福等人利用其控制的纳尔特集团有限公司及所属关联企业，使用虚假财务报表、购销合同及抵押等手段，骗取该行北京市分行贷款4亿多元。2009年5月，审计署将此案件线索移送给公安部查处。2010年10月，北京市东城区人民法院以骗取贷款罪，判处余长福有期徒刑1年，并处罚金3万元；判处该公司员工郑斌有期徒刑10个月，并处罚金1万元；判处该公司罚金100万元。

**十二、宁夏西野农林牧有限公司控制人刘万义骗取贷款案**

审计署在中国人民银行审计中发现，2009年至2010年，刘万义等人通过其控制的宁夏西野农林牧有限公司等多家关联企业，以生态治沙名义，采取虚假注资、抵押以及伪造财务资料等手段，从宁夏黄河农村商业银行等多家金融机构骗取贷款1亿多元。2010年5月，审计署将此案件线索移送给公安部查处。2011年8月，宁夏银川市中级人民法院以骗取贷款罪、虚报注册资本罪，判处刘万义有期徒刑3年、缓刑4年，并处罚金16万元；对其余2名涉案人员分别判处有期徒刑1年、缓刑1年和判处罚金

5000元；判处有关企业罚金共计300万元。

**十三、广东省佛山市禅城区人大工委原主任林国善等人渎职、受贿案**

审计署在中国信达资产管理公司审计调查中发现，2004年，时任广东省佛山市禅城区区委常委、区人大工委主任林国善等人伙同民营企业主冯建华，违规低价处置佛山市佛斯弟摩托车有限公司土地等财产，导致1亿多元国有资产流失。2008年5月，审计署将此案件线索移送给最高人民检察院查处。2011年9月，广东省佛山市高明区人民法院以滥用职权罪、受贿罪，判处林国善及同案另2人有期徒刑4年至6年不等；以行贿罪判处冯建华有期徒刑5年。

**十四、河北省唐山市国土资源局原副局长王金成等人受贿案**

审计署在土地资源专项资金审计调查中发现，2007年至2008年，河北省唐山市国土资源局原副局长王金成、土地收储中心原主任关抗齐失职渎职，低价售地造成损失160多万元，并将2500万元财政资金无偿提供给房地产开发企业使用。2009年7月，审计署将此案件线索移送给唐山市监察局查处。2011年5月，唐山市路南区人民法院以受贿罪，判处关抗齐有期徒刑3年10个月；唐山市委市政府给予王金成撤销党内职务和行政降级处分。

**十五、湖北省荆州市农信社原副主任温生武挪用资金案**

审计署在中国人寿保险（集团）公司审计中发现，2008年，湖北省荆州市农信社时任副主任温生武，伙同该单位资金交易部原经理李燕等人，利用职务便利向民营企业低价卖出金融债券非法输送利益1400多万，其中1000多万元汇入温生武等人的个人账户。2010年12月，审计署将此案件线索移送给公安部查处。2011年9月，湖北省荆州市沙市区人民法院以挪用资金罪分别判处温生武有期徒刑4年，李燕有期徒刑3年6个月。

**十六、中信文化传媒集团有限公司原法定代表人李博伦虚假出资案**

审计署在中信集团公司审计中发现，2002 年至 2005 年，该集团所属子公司中信文化传媒集团有限公司法人代表李博伦，采取伪造其他股东企业印章、抽逃入股资金等手段虚假注资，侵害中信集团等其他股东利益。2008 年 9 月，审计署将此案件线索移送给监察部查处。2010 年 12 月，北京市朝阳区人民法院以虚假出资罪，判处李博伦有期徒刑 1 年 4 个月，并处罚金 227 万元。

**十七、河南汇通集团肉食品股份有限公司原董事长郭号召骗取信贷资金案**

审计署在中国银行审计调查中发现，2006 年至 2007 年，河南汇通集团肉食品股份有限公司在时任董事长郭号召操纵下，利用虚假的财务资料以及虚报注册资本等方式，从该行河南漯河分行等金融机构骗取贷款、承兑汇票等信贷资金 2 亿多元。2008 年 10 月，审计署将此案件线索移送给公安部查处。2010 年 11 月，河南省开封市中级人民法院以骗取贷款及金融票据罪、虚报注册资本罪、逃税罪，判处郭号召有期徒刑 9 年，并处罚金 12 万元；判处该公司管理人员王心刚、贾春亭等 6 人有期徒刑 1 年 4 个月至 1 年 6 个月不等，判处该公司及参与骗贷的其他 4 家关联企业罚金共计 850 万元。

**十八、上海浦东伊维燃油喷射有限公司原财务总监范勇等人挪用资金案**

审计署在中央扩大内需有关政策措施落实情况审计调查中发现，2007 年至 2009 年，上海浦东伊维燃油喷射有限公司原财务总监范勇伙同财务主管韩正超等人，挪用公司资金 8000 多万元炒股牟利。2009 年 12 月，审计署将此案件线索移送给上海市人民检察院查处。2010 年 9 月，上海市浦东新区人民法院以挪用公款罪和挪用资金罪一审判处范勇、韩正超有期徒刑10年和6年，并追缴违法所得。后经检察机关抗诉，上海市第一中级人民法院二审判处范勇有期徒刑12年。

**十九、福建省南靖县山城镇新农合医疗工作领导小组办公室工作人员张信号等人诈骗医疗资金案**

审计署在新型农村合作医疗基金审计调查中发现，2009年，福建省南靖县山城镇新农合医疗工作领导小组办公室工作人员张信号等人存在以虚假发票报销住院费用等问题。2010年8月，审计署将此案件线索移送给南靖县公安局查处。2011年9月，南靖县人民法院以诈骗罪判处张信号有期徒刑3年、缓刑5年，并处罚金15万元；判处同案的另一工作人员郑爱玲有期徒刑2年、缓刑2年6个月，并处罚金3万元。

**二十、吉林省伊通县民政局原副局长石振海等人玩忽职守案**

审计署在城市最低生活保障资金审计中发现，2008年至2009年，吉林省伊通县民政局原副局长石振海和低保办公室原主任王进明未严格履行职责，致使不符合城市低保条件的800多人领取低保资金150多万元。2010年5月，审计署将此案件线索移送给吉林省人民检察院查处。2010年10月，吉林省双辽市人民法院判决石振海犯玩忽职守罪，免予刑事处罚；以玩忽职守罪，判处王进明有期徒刑6个月、缓刑1年。

**二十一、上海中货公司箱管部原经理赵骏等人受贿案**

审计署在中国远洋运输集团审计中发现，2007年至2009年，上海中货公司箱管部原经理赵骏、技术科原科长辛业、业务员钱金龙等人在集装箱修理审批过程中，收受集装箱修理商贿赂，使公司集装箱修理费1436万元被骗。2010年11月，审计署将此案件线索移送给上海市人民检察院查处。2010年12月，上海市虹口区人民法院以受贿罪、非国家工作人员受贿罪判处赵骏、辛业有期徒刑各2年6个月、缓刑2年6个月；判处钱金龙有期徒刑2年、缓刑2年。

**二十二、宁波中化国际储运公司原总经理杨菲受贿案**

审计署在中国中化集团公司审计中发现，2008年，宁波中化国际储运公司原总经理杨菲违规越权对外签署储运协议，导致价值2亿多元的钢材被骗，涉嫌受贿。2011年3月，审计署将此案件线索移送给公安部查处。2011年7月，宁波市北仑区人民法院以非国家工作人员受贿罪判处杨菲有期徒刑8个月。

**二十三、四川省汶川县经济商务局原局长向世茂滥用职权和受贿案**

审计署在汶川地震灾后恢复重建跟踪审计中发现，2008年，四川省汶川县政协原副主席兼经济商务局原局长向世茂违规将5000万元中央灾后恢复重建资金，借给汶川县商旅正诚建材贸易有限公司等单位，涉嫌从中收受贿赂。2010年10月，审计署将此案件线索移送给汶川县人民政府查处。2011年7月，四川省阿坝州中级人民法院以滥用职权罪和受贿罪，判处向世茂有期徒刑6年，受贿赃款15万元予以没收；以挪用资金罪判处商旅正诚建材贸易有限公司负责人向志勇有期徒刑3年、缓刑4年。

**二十四、上海闵行城市建设投资开发有限公司员工蒋国琪等人受贿案**

审计署在京沪高铁跟踪审计中发现，2009年，上海闵行城市建设投资开发有限公司工作人员蒋国琪审核不严，使上海中拓企业发展有限公司得以骗取拆迁补偿款近3000万元。2009年12月，审计署将此案件线索移送给上海市人民政府查处。2010年12月，上海第一中级人民法院以受贿罪，判处蒋国琪有期徒刑10年，没收非法所得5万元；以非国家工作人员受贿罪、合同诈骗罪，判处同案1人有期徒刑11年，另2人均被判处有期徒刑3

年、缓刑4年，并对相关单位和个人判处罚金共计70万元。

## 二十五、山西李存智等人骗取保险赔付金案

审计署在中国人寿保险（集团）公司审计中发现，2009年，山西省晋城市李存智、王会芳等人与该集团公司所属山西晋城分公司职工杨志强、保险营销员王月香等人串通，利用虚假资料骗取保险赔付金。2009年7月，审计署将此案件线索移送给山西省公安厅查处。2011年11月，山西省晋城市中级人民法院二审以保险诈骗罪判处王会芳有期徒刑4年，判处李存智有期徒刑3年、缓刑5年，判处杨志强、王月香等2人有期徒刑各3年6个月，并追缴违法所得。

## 二十六、湖南省3家保险机构骗取农业保险财政补贴资金问题

审计署在中国人民保险集团股份有限公司审计中发现，2007年至2009年，该公司所属人保财险湖南祁阳、汨罗支公司以及中华联合财产保险公司汨罗支公司3家保险机构，与当地政府相关部门联手，骗取农业保险财政补贴资金共计3700多万元，编造假赔案套取理赔款3600多万元。2010年7月，审计署将此事项移送给监察部查处。2011年6月，湖南省纪委对负有责任的两地6名领导干部分别给予诫勉谈话、行政警告、开除党籍和公职等处分；开除人保财险祁阳支公司原经理周恩祥党籍，并免除职务，移送司法机关处理；对另外10名责任人分别给予撤职、党内严重警告、行政记大过及通报批评等处分。湖南省纪委责成祁阳和汨罗县政府就此问题作书面检查，对有关保险机构违法违规问题在全省保险系统进行通报；追缴有关单位非法所得1000多万元。

## 二十七、山东4家保险机构骗取农业保险财政补贴资金问题

审计署在中国人民保险集团股份有限公司审计中发现，2008

年至2009年，该公司所属人保财险山东邹平、临邑、阳信和莘县支公司与当地政府有关部门联手，套取农业保险财政补贴资金3600多万元；编造假赔案件251起，骗取理赔资金1500多万元。2010年9月，审计署将此事项移送给山东省人民政府查处。2011年1月，山东省人民政府及有关金融监管部门对负有责任的7名政府工作人员和5名保险公司管理人员分别给予党内严重警告、撤职等处分，将涉嫌经济犯罪的邹平县农业局原局长王克铭移送司法机关追究刑事责任；追缴、清退涉案款项1800多万元。

**二十八、中国人民保险集团股份有限公司广州越秀支公司套取粮食保险保费资金问题**

审计署在中国人民保险集团股份有限公司审计中发现，2006年至2008年，该公司所属人保财险广州越秀支公司采取伪造中央储备粮管理总公司印章、编造批退资料以及删减保险责任条款等手段虚构退保，套取保费资金共计2900多万元。2010年6月，审计署将此事项移交给监察部查处。2010年12月，中国人民保险集团股份有限公司对人保财险广东省分公司原总经理兼党委书记余正、广州市分公司原总经理兼党委书记段安洪给予免职处理；对广州市分公司原副总经理路士敏给予开除党籍和行政开除处理，并责令退缴违规报销费用306万元；对其他3名涉案人员给予警告、撤职等处分。

**二十九、辽宁省电力经济开发公司转移及违规分配国有资产收益问题**

审计署在电力建设情况审计调查中发现，2001年至2006年，辽宁省电力经济开发公司违规经营退役机组资产，并通过下属多经企业获取收益。2008年6月，审计署将此事项移送给监察部查处。2009年11月，辽宁省电力有限公司对辽宁电力经济开发公司原总经理肖文给予党内严重警告处分、撤销肖文及辽宁电力经济开发公司财务部原副经理穆鑫的职务；清退各级管理人员有关股权，追回违规分红及奖金福利等600多万元；对辽宁电力经济开发公司所属54家单位进行了全面清理整顿，收缴辽宁省电力有限公司所属职工持股会不当得利5亿多元。

**三十、安徽省科学技术咨询中心和安徽科技开发公司协助有关单位私设“小金库”问题**

审计署在节能减排资金审计调查中发现，2007年至2009年，安徽省科学技术协会所属安徽省科学技术咨询中心和安徽科技开发公司以开展咨询服务为名，协助环保、国土、城建等部门的94家单位设立“小金库”6亿多元。2010年8月，审计署将此事项移送给安徽省人民政府查处。2011年5月，安徽省监察厅分别给予安徽省科学技术咨询中心副主任耿春桥和安徽科技开发公司总经理朱向前记大过和警告处分；给予安徽省土地勘测规划院等9家违规设立“小金库”事业单位主要负责人记过、警告处分；对“小金库”资金予以追回。

# 第五部分　审计署移送至 2012 年 6 月已办结 27 起案件和事项处理情况

中华人民共和国审计署审计结果公告

2012 年第 27 号（总第 134 号）

（二〇一二年六月八日公告）

## 一、国土资源部地籍管理司监测与统计处原处长沙志刚受贿案

审计署 2009 年在国土资源部专项资金审计调查中发现，2008 年，沙志刚在组织实施第二次全国土地调查过程中，利用职务便利协助北京淘源科技有限公司获得专项任务，并与特定关系人收受该公司法定代表人贾汛支付的 321.1 万元。2010 年 1 月，审计署将此案件线索移送给北京市人民检察院查处。2011 年 9 月，北京市第一中级人民法院以受贿罪判处沙志刚无期徒刑，以单位行贿罪判处贾汛有期徒刑 3 年 6 个月。

## 二、国家测绘局测绘成果管理司原司长李永雄贪污公款案

审计署 2010 年在中央部门预算执行审计中发现，2009 年，李永雄在负责组织筹办全国地理信息产业峰会和全国地理信息应用成果及地图展览会过程中，利用职务便利，收受会议承办单位北京天翼鼎立会展有限公司实际控制人提供的购房款 425.5 万元。2010 年 5 月，审计署将此案件线索移送给最高人民检察院查处。2011 年 12 月，北京市第一中级人民法院以贪污罪判处李永雄有期徒刑 15 年。

**三、商务部培训中心原工作人员私分国有资产案**

审计署2010年在中央部门预算执行审计中发现，2009年5月至2010年10月，商务部培训中心在组织援外培训项目国内考察过程中，指定通过北京文广伟业航空服务有限公司购买国内航班机票，其工作人员郑金波、周晓琴、张环辉私自收取该公司机票回扣款37万元。2011年2月，审计署将此案件线索移送给监察部驻商务部监察局查处。2011年10月，北京市昌平区人民法院以贪污罪、私分国有资产罪判处郑金波有期徒刑11年，并处罚金1万元；以私分国有资产罪分别判处周晓琴、张环辉有期徒刑1年、11个月，并各处罚金1万元。

**四、吉林白城出入境检验检疫局原局长王锐挪用公款案**

审计署2009年在中央部门预算执行审计中发现，2005年11月至2007年12月，王锐将应上缴的检验检疫费、虚列福利费套取的账外资金及账外租金收入共37.8万元，以借款等形式挪用，截至2009年3月尚有7.7万元未归还。2009年3月，审计署将此案件线索移送给吉林省人民检察院查处。2010年9月，白城市中级人民法院以挪用公款罪、贪污罪判处王锐有期徒刑12年。

**五、辽宁省沈阳市于洪区园林绿化管理处原劳资员李爱华贪污公款案**

审计署2011年在财政就业补助资金审计中发现，2009年至2010年，李爱华超标准申请、发放公益性岗位补贴资金22.63万元，部分资金去向不明，涉嫌个人贪污。2011年2月，审计署将此案件线索移送给于洪区纪委查处。2011年10月，于洪区人民法院以贪污罪判处李爱华有期徒刑8年，并没收赃款53998.15元。

**六、黑龙江省龙江县建设局原副局长张景春受贿案**

审计署2011年在中央转移支付资金审计中发现，2009年6

月，张景春收受龙江县巨龙建筑工程有限责任公司宏远市政分公司现金10万元，并为其承包工程提供便利。2011年1月，审计署将此案件线索移送给齐齐哈尔市纪委查处。2011年9月，齐齐哈尔市铁锋区人民法院以受贿罪判处张景春有期徒刑2年（缓刑3年）。

**七、中国人民财产保险股份有限公司西安市莲湖支公司北大街营业部原经理陈军贪污公款案**

审计署2010年在中国人民保险集团股份有限公司审计中发现，2007年至2009年，陈军利用职务之便，与外单位联手编造虚假赔案套取保险资金1169.79万元，其中79万元被其个人侵占。2010年12月，审计署将此案件线索移送给公安部查处。2012年3月，西安市中级人民法院以贪污罪判处陈军有期徒刑10年，并处没收财产5万元。

**八、中国人民财产保险股份有限公司西安市高新区支公司原总经理安民敏贪污公款案**

审计署2010年在中国人民保险集团股份有限公司审计中发现，2005年10月至2010年3月，安民敏等人采取截留保费收入、虚列费用支出等手段套取资金1.14亿元，其中35万元被安民敏个人侵占。2010年9月，审计署将此案件线索移送给公安部查处。2011年12月，西安市中级人民法院以贪污罪判处安民敏有期徒刑5年，并处没收财产20万元。

**九、中国人民财产保险股份有限公司齐齐哈尔市分公司营业部原负责人梁力、马刚等违规担保案**

审计署2010年在中国人民保险集团股份有限公司审计中发现，2005年5月至2006年10月，梁力、马刚等人在未经集体决策和上级授权的情况下，擅自以公司名义为其他金融机构汽车消费贷款出具担保合同1041笔，担保金额2.38亿元，最终给公司造成3000多万元的赔偿责任风险。2010年9月，审计署将此案件线索移送给公安部查处。2011年9月，齐齐哈尔市建华区人民法院以违规出具金融票证罪判处梁力有期徒刑3年（缓刑4年）；判决马刚犯违规出具金融票证罪，免予刑事处罚。

**十、中国人寿保险股份有限公司南京分公司保险业务代理人陈胜利侵占保险资金案**

审计署2010年在中国人寿保险集团有限公司审计中发现，2008年至2009年，陈胜利借为保险客户代办投保、退保手续的职务便利，采用伪造投保单位收据等手段，侵占保险资金167万元，用于炒股、购买理财产品等。2010年8月，审计署将此案件线索移送给江苏省公安厅查处。2011年4月，南京市鼓楼区人民法院以职务侵占罪判处陈胜利有期徒刑4年6个月，追缴侵占款项并处没收个人财产24万元。

**十一、中国人寿保险股份有限公司南京城南支公司原业务员孙雍逸侵占保险资金案**

审计署2010年在中国人寿保险集团有限公司审计中发现，2007年3月至2008年5月，孙雍逸采取虚构退保人员名单、盗用投保单位公章等方式，骗取退保资金90.52万元，主要用于个人消费。2010年6月，审计署将此案件线索移送给江苏省公安厅查处。2011年10月，南京市鼓楼区人民法院以职务侵占罪判处孙雍逸有期徒刑3年（缓刑5年）。

**十二、中国人寿保险股份有限公司南京城南支公司原总经理王波挪用公款案**

审计署2010年在中国人寿保险集团有限公司审计中发现，2008年至2010年，王波利用职务便利，将部分保费收入存入其个人账户，并将其中40万元挪用于证券投资等。2010年11月，审计署将此案件线索移送给江苏省公安厅查处。2011年9月，南京市鼓楼区人民法院以挪用公款罪判处王波有期徒刑3年（缓刑4年）。

**十三、湖南省株洲市房产局产权处原处长尹春燕、副处长刘鸿刚等人受贿案**

审计署2010年在商业银行审计调查中发现，2007年5月至7月，尹春燕、刘鸿刚等人在明知保利（株洲）实业发展有限公司部分商铺已办理销售备案登记的情况下，违规为该公司办理这些商铺的抵押他项权证，使该公司得以从商业银行贷款8590万元，并最终造成贷款银行抵押权悬空，尹春燕、刘鸿刚等人涉嫌从中收受贿赂。2011年1月，审计署将此案件线索移送给湖南省人民政府查处。2012年2月，株洲市中级人民法院以受贿罪判处尹春燕有期徒刑8年、刘鸿刚有期徒刑4年。

**十四、黑龙江省建筑工程施工质量验收系列规范培训工作委员会原常务副主任王桂林挪用公款案**

审计署2008年在商业银行审计调查中发现，2004年，王桂林伙同交通银行哈尔滨新兴支行副行长王光霁（王桂林之子），将该委员会存放在交通银行的286万元资金通过其他公司转入王桂林的个人账户。2008年11月，审计署将此案件线索移送给黑龙江省人民检察院查处。2009年7月，哈尔滨市香坊区人民法院以挪用公款罪判处王桂林有期徒刑2年（缓刑2年）；判决王光霁及同案另一责任人卢庆滨犯挪用公款罪，免予刑事处罚。

**十五、民营企业青岛文华房地产开发有限公司原董事长杨永清骗取贷款案**

审计署2010年在中国人民银行财务收支情况审计中发现，2007年11月至2008年6月，杨永清虚假出资注册成立28家空壳公司，利用虚假会计报表和无效抵押，以购买建材为名骗取青岛华丰农村合作银行流动资金贷款2.74亿元并挪作他用。2010

年2月，审计署将此案件线索移送给公安部查处。2011年12月，青岛市崂山区人民法院以骗取贷款罪一审判处杨永清有期徒刑1年（缓刑1年）；以非国家工作人员受贿罪和违法发放贷款罪判处青岛华丰农村合作银行原董事长王其明有期徒刑7年。

**十六、民营企业北京泰和瑞利商贸有限公司实际控制人王燕等人骗取贷款案**

审计署2010年在中国人民银行财务收支情况审计中发现，2009年1月至7月，王燕伙同该公司股东彭明亮等人，利用伪造的贸易合同和虚假财务报表，以购买钢材为名从北京农村商业银行骗取贷款及银行承兑汇票，造成2.28亿元银行资金面临损失；银行相关工作人员存在审核把关不严、违规操作等问题。2010年4月，审计署将此案件线索移送给公安部查处。2011年12月，北京市朝阳区人民法院以骗取贷款、票据承兑罪判处王燕有期徒刑5年6个月，并处罚金30万元；同案的彭明亮等其他4名责任人分别被判处有期徒刑1年9个月至2年，并分别被处罚金10至15万元。

**十七、民营企业兰州新盛电力投资有限公司实际控制人赵德荣等人骗取贷款案**

审计署2009年在金融政策落实情况审计调查中发现，2005年12月至2007年3月，赵德荣等人通过其控制的兰州新盛电力投资有限公司，采用伪造、变造项目批复文件及虚假担保等手段，以建设水电站为名从中国建设银行兰州城关支行骗取固定资产贷款3.2亿元，大部分挪用于股票投资等营利活动。2009年11月，审计署将此案件线索移送给公安部查处。2011年11月，兰州铁路运输中级法院以骗取贷款罪、对单位行贿罪判处兰州新盛电力投资有限公司罚金1.4亿元，判处赵德荣有期徒刑3年6个月，并处罚金20万元。

**十八、甘肃长风电子电器公司综合计划部原职工任强贪污公款案**

审计署2010年在中国联合网络通信有限公司财务收支审计中发现，2009年，任强违规将公司场地出租收入6.59万元转入他人账户，部分资金去向不明。2010年11月，审计署将此案件线索移送给甘肃省人民检察院查处。2011年8月，兰州市七里河区人民法院以贪污罪判处任强有期徒刑3年（缓刑4年）。

**十九、中国农业发展银行乌兰浩特市支行原行长刘永林等人违法发放贷款案**

审计署2009年在中国农业发展银行审计中发现，2006年4月至2007年6月，刘永林以及中国农业发展银行乌兰浩特市支行业务科原负责人周迎春、信贷员王彦革等人违反相关管理规定，向当地粮食收储企业发放粮食收购贷款2.85亿元，其中8000多万元无法收回。2009年10月，审计署将此案件线索移送给公安部查处。2011年3月，内蒙古自治区兴安盟中级人民法院判决刘永林等3人犯违法发放贷款罪，免予刑事处罚。

**二十、吉林延边出入境检验检疫局原出纳邵卉私存公款问题**

审计署2009年在中央部门预算执行审计中发现，2006年8月至2008年12月，邵卉将检验检疫费、卫生处理费等公款736.58万元存入其个人储蓄账户，并将其中46万元用于购买基金及理财产品。2009年12月，审计署将此问题移送给吉林出入境检验检疫局查处。2009年12月，吉林出入境检验检疫局给予邵卉开除公职处分，被私存挪用的公款及购买理财产品的收益已经全部追回。

**二十一、保定市就业服务局套取就业、再就业补助资金的问题**

审计署2008年在社会保障资金专项审计调查中发现，2005

至2008年，保定市劳动和社会保障局所属保定市就业服务局采用编造花名册等方式，套取就业、再就业资金共1301.88万元，用于新建办公楼和单位经费支出。2009年4月，审计署将此问题移送给河北省监察厅查处。2009年12月，河北省监察厅分别给予保定市就业服务局局长孙福君、副局长王力良等7人行政记过、警告处分或进行诫勉谈话，挪用的资金已全部归还。

**二十二、黑龙江省依兰县水务局倭肯河灌区管理站站长于长海违规承包工程问题**

审计署2011年在中央农业基础设施建设资金管理使用情况审计中发现，于长海利用职务之便，以个人名义违规承包其负责的倭肯河续建和节水改造项目工程，涉及项目建设资金863.26万元。2011年1月，审计署将此问题移送给依兰县纪委查处。2011年2月，依兰县纪委给予于长海党内严重警告处分，违规承包的工程现已清退。

**二十三、沈阳农业大学附属实验场原场长徐福春违规出借资金问题**

审计署2011年在全国地方政府性债务审计中发现，2005年至2009年，徐福春利用职务便利违规向其个人控制的公司出借资金累计7200万元，之后陆续收回。2011年5月，审计署将此问题移送给辽宁省纪委查处。2012年2月，辽宁省纪委给予徐福春开除党籍处分，并追收资金出借期间的利息。

**二十四、山东邹城市香城镇政府成立企业不当牟利的问题**

审计署2009年在京沪高铁建设项目跟踪审计中发现，2008年4月至2009年4月，香城镇政府挪用镇财政资金20万元设立圣香商贸公司“管理”当地材料供应商，通过向京沪高速铁路施工单位供应材料赚取差价262万元。2009年9月，审计署将此问题移送给邹城市监察局查处。2009年10月，邹城市监察局责成香城镇政府变更圣香商贸公司法人代表、撤出公用资金，依法追缴262万元经营获利并作出书面检查。

**二十五、中铁十八局京沪高铁指挥部副指挥长赵广愿私借公款问题**

审计署2010年在京沪高铁建设项目审计中发现，2008年11月，赵广愿以项目部资金周转紧张为名，从中铁十八局第五工程有限公司借款20万元，实际用于个人购置房产，之后于同年12月归还；2008年11月，赵广愿未经批准以指挥部名义从第五工程有限公司借款10万元存入个人工资卡，之后于2010年9月归还。2010年9月，审计署将此问题移送给中铁十八局查处。2010年9月，赵广愿受到党内严重警告处分。

**二十六、中国农业发展银行康平县支行原行长邵鹏、客户主管张国忠等人违规核销贷款问题**

审计署2009年在中国农业发展银行审计中发现，2007年7月，邵鹏、张国忠等人借核销不良贷款之机，与粮食部门串通编造虚假资料违规核销贷款本金1.41亿元。2009年8月，审计署将此问题移送给银监会查处。2010年2月，中国农业发展银行辽宁省分行对邵鹏、张国忠给予免职处分，对其他责任人给予经济处罚。

**二十七、山西省山阴县国家税务局虚开增值税发票问题**

审计署2011年在国家税务局税收征管情况审计中发现，2009年11月至12月，山阴县国家税务局为企业虚开增值税专用发票1.28亿元。2011年4月，审计署将此问题移送给山西省国家税务局查处。2011年9月，山西省朔州市国家税务局免去了山阴县国家税务局党组书记、局长巩晋阳党内职务和行政职务。

# 第六部分　审计署移送至2012年底已办结38起违法违纪案件和事项处理情况

中华人民共和国审计署审计结果公告

2012年第35号（总第142号）

（2012年12月28日公告）

## 一、财政部国库支付中心原副主任张锐受贿案

审计署2010年在财政审计中发现，2007年至2010年，张锐利用职务便利，帮助他人在国债承销业务中获取不当利益，并从中收受巨额贿赂。2010年12月，审计署将此案件线索移送财政部查处。2012年6月，北京市第一中级人民法院以受贿罪判处张锐死刑，缓期2年执行，剥夺政治权利终身，并处没收个人全部财产。

## 二、呼和浩特市委原副秘书长张志新贪污受贿案

审计署2010年在中央预算执行审计中发现，2005年，张志新利用职务便利，通过制造国有企业呼和浩特市永兴房地产开发有限责任公司资不抵债的假象，将该公司国有股权无偿出让，造成国有资产损失6000多万元。2010年6月，审计署将此案件线索移送中央纪委查处。2012年7月，呼伦贝尔市中级人民法院以贪污罪、受贿罪、玩忽职守罪判处张志新无期徒刑，剥夺政治权利终身，并处没收个人全部财产。

## 三、中国农业发展银行丹东市分行原行长李树桓等人违法放贷案

审计署2009年在中国农业发展银行审计中发现，2007年至

2008年，李树桓及时任丹东市分行营业部经理赵树有等人，伙同民营企业沈阳圣佰伦生物工程有限公司以虚假资料骗取粮食收购贷款3.28亿元。2010年11月，审计署将此案件线索移送公安部查处。2012年8月，辽宁省盘山县人民法院以违法发放贷款罪、受贿罪判处李树桓有期徒刑14年，并处没收财产40万元；以违法发放贷款罪判处赵树有有期徒刑1年6个月（缓刑2年），并处罚金10万元；判处其他涉案人员及企业有期徒刑或罚金。

**四、中国农业发展银行辽宁省宽甸满族自治县支行原行长洪希成等人违法放贷案**

审计署2009年在中国农业发展银行审计中发现，2007年，洪希成协助民营企业辽宁开原市天禹粮食有限公司编造虚假贷款申请材料，并违规审批向其发放粮食收购贷款1.12亿元。2011年5月，审计署将此案件线索移送公安部查处。2012年8月，辽宁省盘山县人民法院以违法发放贷款罪、挪用公款罪判处洪希成有期徒刑16年，并处罚金10万元；判处其他涉案人员及企业有期徒刑或罚金。

**五、河南南阳鸿德房地产开发有限公司原法定代表人董金德等人骗贷案**

审计署2010年在新增贷款投向结构跟踪审计调查中发现，2009年至2010年，董金德等人通过伪造土地房屋权属证书、虚假经济合同和会计资料等手段，骗取中国银行、中国建设银行、中国工商银行当地分支机构和南阳市商业银行贷款共计3.3亿元，其中1亿元用于个人投资牟利。2010年6月，审计署将此案件线索移送公安部查处。2011年11月，河南省焦作市中级人民法院以骗取贷款罪、故意伤害罪判处董金德有期徒刑12年；判处其他涉案人员及企业有期徒刑或罚金。目前被骗贷款已全部追回。

**六、南京大学原副校长徐世良等人受贿案**

审计署2010年在经济责任审计中发现，2000年至2001年，徐世良等人在南京大学购买港龙园地块时弄虚作假，使一家房地产开发企业从中获利1119万元。2011年2月，审计署将此案件线索移送公安部查处。2012年7月，镇江市中级人民法院以受贿罪判处徐世良有期徒刑8年，判处同案另一受贿人有期徒刑5年。

**七、大连市土地整理中心原主任于立新、辽宁省朝阳市国土局原副局长王胜受贿案**

审计署2009年在财政收支审计调查中发现，2005年至2009年，于立新、王胜在大连市与朝阳市易地补充占用耕地过程中，通过内外勾结、暗箱操作，使民营企业大连祥生农业有限公司从中不当获利5000多万元。2009年9月，审计署将此案件线索移送中央纪委查处。2010年6月，鞍山市铁西区人民法院以受贿罪判处王胜有期徒刑10年；2012年4月，辽宁省高级人民法院以受贿罪判处于立新死刑，缓期2年执行，并处没收个人全部财产。

**八、中国外文局外文印刷厂原厂长张军（海淀区原人大代表）等人故意销毁会计凭证案**

审计署2010年在群众举报来信情况核查中发现，2002年至2010年5月，外文印刷厂将废旧物资销售收入共计457.52万元存放账外，已支出405.51万元，相关凭证大部分已销毁。审计署于2011年7月将该案件线索移送公安部查处。2012年4月，北京市海淀区人民法院以故意销毁会计凭证罪、受贿罪分别判处厂长张军和副厂长白宝山有期徒刑5年、2年6个月，并各处罚金2万元；以故意销毁会计凭证罪判处副厂长齐力罚金2万元。

**九、中国人民财产保险股份有限公司昆明盘龙支公司原副经理刘玉海挪用资金案**

审计署2010年在中国人民保险集团公司审计中发现，2002

年至2009年，刘玉海在经办企业财产保险业务过程中，通过办理虚假退保、截留理赔资金等手段转移挪用公司资金256.7万元。2010年5月，审计署将此案件线索移送云南省公安厅查处。2012年5月，昆明市盘龙区人民法院以挪用资金罪判处刘玉海有期徒刑3年（缓刑4年）。

**十、重庆市陈惠专、连庆武等人非法经营案**

审计署2010年在新增贷款投向结构跟踪审计调查中发现，2010年以来，陈惠专、连庆武等人通过虚构贸易等手段，将广东等地众多企事业单位的450亿元资金汇入其控制的19家空壳企业账户后，再转入近万个个人银行账户，涉嫌洗钱、套现等。2011年2月，审计署将此案件线索移送公安部查处。2012年7月，重庆市九龙坡区人民法院以非法经营罪一审判处陈惠专、连庆武等18人6年至1年有期徒刑（其中10人获缓刑），并分别处500万元至5万元罚金。

**十一、甘肃省武威市凉州区高坝镇五里村村委会原书记陈元林贪污案**

审计署2010年在农业基础设施建设资金审计中发现，2008年至2009年，陈元林等人将该村23座翻新日光温室谎报为新建温室，套取农业补助资金19.29万元；以亲属名义重复申报养殖暖棚，套取农业补助资金5.68万元。2011年3月，审计署将此案件线索移送武威市凉州区人民检察院查处。2012年1月，武威市凉州区人民法院以贪污罪判处陈元林有期徒刑3年（缓刑5年）。其套取的资金已没收并上缴财政。

**十二、江西省丰城市油茶产业办公室原主任黄新华挪用公款案**

审计署2011年在现代农业生产发展资金审计中发现，2011年，黄新华利用职务便利，将212万元财政专项资金私自存放，并将其中110.99万元挪作他用。2011年12月，审计署将此案件线索移送江西省人民检察院查处。2012年6月，丰城市人民法院以挪用公款罪判处黄新华有期徒刑2年（缓刑3年）。挪用资金已追回并上缴。

**十三、浙江省杭州市儿童福利院原出纳人员牛亚贪污社会捐助款案**

审计署2012年在全国社会保障资金审计中发现，2008年1月至2012年3月间，牛亚利用职务之便采取隐匿截留或开具“大头小尾”票据方式，侵吞收取的社会捐助款等共123.6万元。审计署于2012年4月将该案件线索移送杭州市西湖区检察院查处。2012年6月杭州市西湖区人民法院以贪污罪判处牛亚有期徒刑10年6个月，没收个人财产2万元。

**十四、广西百色市田东县房改办主任廖善毅受贿案**

审计署2011年在保障性住房审计中发现，2011年1月至9月，广西百色市田东县住房制度改革委员会办公室违规同意向田东县航运公司发放廉租住房租赁补贴资金59.65万元，被该公司用于房屋修缮或转移隐匿至账外等，有关人员涉嫌受贿。审计署于2012年3月将该案件线索移送百色市人民检察院查处。2012年9月百色市田东县人民法院以受贿罪判处廖善毅有期徒刑5年，没收违法所得。

**十五、甘肃省兰州市国家税务局车辆购置税征收管理分局工作人员韩权智徇私舞弊案**

审计署2010年在税收征管情况审计中发现，2009年至2010年，韩权智利用工作便利通过虚假的过户变更和转入换证流程套取5辆轿车的完税证明，帮车主偷逃车辆购置税15.61万元。2011年3月，审计署将此案件线索移送甘肃省人民检察院查处。2011年10月，兰州市城关区人民法院判处韩权智犯徇私舞弊不征、少征税款罪，鉴于其主动投案并补缴了税款，免予刑事处罚。

**十六、南昌市世界贸易中心有限公司法定代表人刘兴海合同诈骗案**

审计署2009年在国土资源审计调查中发现，2002年至2009年，南昌市世界贸易中心有限公司在土地开发过程中，涉嫌倒卖土地、合同诈骗和抽逃注册资本金等。2009年，审计署将此案件线索移送江西省政府查处。2012年9月，江西省高级人民法院以合同诈骗罪、虚报注册资本罪、非法转让土地使用权罪、隐匿会计凭证罪等判处该公司法定代表人刘兴海无期徒刑，并处没收个人全部财产；以虚报注册资本罪判处该公司罚金3000万元。

**十七、中国工商银行河北唐山分行、廊坊分行及辽宁省朝阳分行的部分员工参与非法支付结算问题**

审计署2011年在中国工商银行审计中发现，2008年以来，中国工商银行河北唐山分行、廊坊分行及辽宁省朝阳分行的部分员工，为专门从事非法支付结算业务的团伙办理票据贴现业务，并利用个人账户为其提供支付便利。2012年2月，审计署将此问题移送银监会查处。2012年7月，中国工商银行对234名相关责任人分别作出开除、解除劳动合同等处理。

**十八、北京大荣厨房设备有限责任公司偷逃税款问题**

审计署2011年在经济责任审计中发现，2010年，北京大荣厨房设备有限责任公司向客户开具伪造的或经非正规渠道获得的发票，金额共计505万元。2011年9月，审计署将此问题移送北京市国家税务局查处。2012年9月，北京市国家税务局对该公司追缴增值税73.38万元、滞纳金18.35万元，并处罚款76.38万元。

**十九、广东省清远市清新县违法占地问题**

审计署2009年在中央扩大内需审计调查中发现，清新县在云龙、云来产业基地建设中，违法征占及出让土地3万多亩，毁损基本农田1000多亩。审计署于2010年1月将该问题移送广东省人民政府查处。2010年5月，广东省清远市纪委、监察局对清新县县委书记欧国伟、清远市市长助理贝冰（原清新县县委书记）等11人分别给予党内严重警告和行政降级、记大过等处分。

**二十、北京兴旅广告有限公司参与政府采购投标不规范问题**

审计署2008年在对国家旅游局旅游宣传品制作专项调查中发现，当年5月，国家旅游局所属北京兴旅广告有限公司在参加该局旅游宣传品采购公开招标中，伪造企业资质材料投标并中标总价2099.45万元的供应合同。审计署当年将该问题移送财政部查处。2008年12月，财政部对该公司作出没收中标所获得200万元利润、罚款21万元的处理。

**二十一、四川测绘局第一测绘工程院所属分院、第三测绘工程院所属分院部分人员挪用公款等问题**

审计署2010年在中央预算执行审计中发现，2007年至2009年，四川测绘局第一测绘工程院所属分院和第三测绘工程院所属分院将财政资金以备用金名义转入个人银行账户，之后利用虚假票据报销冲抵，或将承接市场经营项目的收入据为己有，涉及金额共计2160.57万元。审计署于2010年5月将此问题移送国家测绘局查处。2010年10月，四川测绘局第一、第三测绘工程院分别对第一测绘工程院所属分院原院长赵果、第三测绘工程院所属分院原院长周松等9名责任人给予开除党籍、撤销职务等党纪政纪处分，并处以相应罚款。

**二十二、北京金御诚物业管理有限责任公司原董事长赵新民挪用公款问题**

审计署2010年在中央预算执行审计中发现，2008年至2010年，水利部综合事业局所属北京金御诚物业管理有限责任公司原董事长赵新民隐匿对外投资和投资收益320万元，私自出借公司资金140万元。审计署于2011年3月将该问题移送中央纪委驻水利部纪检组查处。2011年7月，中央纪委驻水利部纪检组给予赵新民党内警告处分，水利部综合事业局免去了赵新民公司董事长的职务。

**二十三、四川铁科建设监理有限公司私设"小金库"问题**

审计署2012年在铁路建设项目审计中发现，2009年至2010年，四川铁科建设监理有限公司通过虚列外聘人员奖金支出等手段套取资金1277万元存放账外，用于发放奖金等。2012年7月，审计署将此问题移送其上级公司中国中铁股份有限公司查处。2012年9月，中国中铁股份有限公司对该公司董事长周波、总经理刘战利及另6名责任人给予免职处理，并追回部分已发放的奖金。

**二十四、中国市政工程中南设计研究总院私设"小金库"问题**

审计署2011年在中信集团公司审计中发现，2006年至2011年，该公司所属中国市政工程中南设计研究总院通过虚列支出、截留收入等方式套取资金1.5亿元，用于发放职工奖金福利及客户营销等支出。2011年7月，审计署将此问题移送中央纪委查处。2012年7月，中信集团公司对该设计院院长杨远东给予行政降职和党内严重警告处分，并收缴结余资金；对另5名责任人分别给予撤职、行政记过等处分。

**二十五、贵州省盘县水利局挪用救灾资金的问题**

审计署2012年在县级政府性资金专项审计调查中发现，2011年，贵州省盘县水利局将雪凝灾害救灾资金9.99万元挪用于发放补贴和补充工作经费。2012年3月，审计署将此问题移送盘县纪委查处。2012年10月，盘县纪检监察机关对水利局局长毛光能作出免职、记过等处分，对另3名责任人作诫勉谈话，并追回了被挪用的资金。

**二十六、四川省蓬溪县蓬南小学套取困难寄宿生生活补助问题**

审计署2012年在农村中小学布局调整专项审计调查中发现，蓬南小学存在虚报困难寄宿生人数骗取补助、截留食堂承包应上缴利润、违规收费并将部分所得发放给辅导老师等问题。审计署于2012年7月将该问题移送蓬溪县监察局查处。2012年8月至9月，蓬溪县纪委、监察局给予该校校长兼党支部书记刘彬开除党籍、行政撤职处分，给予校会计梁敦礼与出纳吴来洪留党察看1年处分，给予校总务主任侯建设党内严重警告处分，追回被套取的资金16.05万元。

**二十七、安徽省肥东县残疾人联合会原理事长罗德坤等人套取挪用残疾人就业保障金问题**

审计署2012年在全国社会保障资金审计中发现，2010年以来，安徽省肥东县残疾人联合会以会务费、招待费、考察费及购置残疾人康复器材等名义，虚列支出套取残疾人就业保障金、彩票公益金共163.61万元；经理事长罗德坤同意，以残疾人慰问、扶贫等名义从县财政国库支付中心借出256.08万元存入个人账户，部分资金去向不明。审计署于2012年5月将该问题移送肥东县纪委查处。肥东县纪委对罗德坤给予留党察看、降低职级和免去其农业与农村工委副主任职务的处分，另3名责任人分别受到党内严重警告处分、行政记大过处分。

**二十八、沈阳市个体劳动者协会工作人员孙连弟将“劳务费”收入账外存放问题**

审计署2011年在财政就业补助资金审计中发现，2009年至2010年，沈阳市个体劳动者协会工作人员孙连弟利用负责创业培训工作的便利，将57.76万元“劳务费”收入转至区县个体劳动者协会账外存放，最终去向不明。审计署于2011年3月将该问题移送沈阳市纪委驻沈阳市工商行政管理局纪检组查处。2011年5月，沈阳市工商行政管理局给予孙连弟行政警告处分，账外资金由沈阳市工商行政管理局收回。

**二十九、沈阳煤业（集团）有限责任公司社保科科长魏广启履行基本养老保险待遇审核职责不到位问题**

审计署2012年在全国社会保障资金审计中发现，2008年以来，辽宁省沈阳煤业（集团）有限责任公司社会保险科科长魏广启在审核本单位基本养老保险待遇中履行职责不到位，导致对已故职工继续发放基本养老保险待遇14.17万元。审计署于2012年5月将该问题移送沈阳煤业（集团）有限责任公司纪委查处。2012年7月，沈阳煤业（集团）有限责任公司给予魏广启撤职处分，冒领养老金（含利息）全部收回。

**三十、沈阳铁路局工作人员朱鹏印等3人履行基本养老保险待遇审核职责不到位问题**

审计署2012年在全国社会保障资金审计中发现，2007年以来，沈阳铁路局朱鹏印、牟磊、孙天祥等3人在审核本单位基本养老保险待遇中履行职责不到位，导致对所在单位已故职工继续发放基本养老保险待遇共18.24万元。审计署于2012年5月将该问题移送沈阳铁路局纪委查处。2012年5月，沈阳铁路局纪委对朱鹏印等3人作诫勉谈话，在全局通报批评，并责成相关人员全额退回冒领养老金。

**三十一、江西省南昌市进贤县梅庄镇敬老院原院长胡友强骗取财政资金问题**

审计署2012年在全国社会保障资金审计中发现，南昌市进贤县梅庄镇敬老院原院长胡友强采取虚列农村五保人员发放名单和伪造领取人签章的方式，骗取财政资金3.22万元。2012年5月，审计署将该问题移送南昌市监察局查处。2012年5月，南昌市纪检监察机关给予胡友强行政免职和留党察看1年处分。

**三十二、中国平安人寿保险股份有限公司安徽分公司和平安养老保险股份有限公司安徽分公司违规返还保险费问题**

审计署2012年在全国社会保障资金审计中发现，2007年至2011年，这两家公司通过修改保单隐匿收入，返还给安徽省医疗保险基金管理中心235.8万元。2012年6月，审计署将上述问题移送安徽保监局查处。2012年10月，安徽保监局对保险公司处以罚款20万元，责令予以纠正和杜绝此类违法行为。

**三十三、辽宁省新民市三道岗子镇卫生院套取农村合作医疗基金问题**

审计署2012年在全国社会保障资金审计中发现，2010年至2011年，该卫生院通过编制虚假的住院病历和处方，套取新型农村合作医疗基金5.53万元。审计署于2012年4月将该问题移送新民市纪委查处。2012年6月，三道岗子镇党委对卫生院原院长全权和主治医师李广顺给予党内警告处分，纪检部门收缴了全部违规资金。

**三十四、河南省固始县新农合管理中心原主任王平等人套取新型农村合作医疗专项资金问题**

审计署2010年在新型农村合作医疗专项资金审计中发现，2008年至2010年，王平违规批准该县李店乡卫生院通过超范围报销医疗费用从专项资金中多报销42.96万元。审计署于2010年6月将该问题移送固始县人民政府查处。2010年6月，固始县人民政府责成追回全部违规资金，给予王平及其继任董双品记过处分，给予李店乡卫生院院长谷祥龙、职工杨章强撤销职务处分。

**三十五、江西省南昌市高新技术开发区昌东镇民政办公室刘明华等人套取农村医疗救助资金问题**

审计署2012年在全国社会保障资金审计中发现，江西南昌市高新技术开发区昌东镇民政办公室工作人员刘明华、黄水春编造低保户名单套取农村医疗救助资金74.45万元。审计署于2012年4月将该问题移送南昌市纪委查处。2012年7月，南昌市纪委给予刘明华、黄水春行政警告处分。

**三十六、贵州省石阡县原房产事业局局长梁有禄在廉租住房建设质量管理中履职不到位问题**

审计署2011年在保障性住房审计中发现，梁有禄在组织实施2008年廉租住房项目建设中履行监督管理职责不到位，导致出现擅自变更设计、违法分包工程、偷工减料、使用“三无产品”等诸多问题，项目建成后因质量问题无法通过验收。审计署于2012年6月将该问题移送贵州省铜仁市纪委查处。2012年9月，石阡县纪委给予梁有禄党内警告处分；石阡县监察局给予另一责任人员行政警告处分。

**三十七、天津市河北区物价局工作人员陈元兴等人骗购经济适用房问题**

审计署2009年在政府投资保障性住房专项审计调查中发现，天津市河北区物价局人事监察科科长陈元兴、东丽区国家税务局第七税务所副所长王文平通过瞒报收入、住房等方式，各骗购经济适用房1套。审计署于2009年7月将此问题移送天津市监察局查处。2010年3月，天津市河北区纪委给予陈元兴党内警告处分，天津市国税局纪检组对王文平作了批评，市国土房管局对陈元兴所购住房补收了差价。

## 三十八、天津市南开区政府信访办原副调研员赵金迎等人骗购廉租房问题

审计署2009年在政府投资保障性住房专项审计调查中发现，赵金迎（现已退休）及天津市北辰区国税局第三税务所副所长贺汪洋、北辰区地方税务局稽查科科员杨文荣、天津市经济委员会行业办主任安旭光、南开区人民政府学府街道办事处干部李家琪，通过瞒报收入、住房的方式，骗购廉租房共6套。审计署于2009年7月将此问题移送天津市监察局查处。2010年3月，天津市南开区纪委给予赵金迎党内严重警告处分，天津市国税局纪委、天津市地税局分别对贺汪洋、杨文荣进行批评教育，天津市经济和信息化委员会党组给予安旭光党内严重警告处分和行政免职处分，南开区纪委给予李家琪党内警告处分；天津市国土房管局对骗购的住房补收了差价。

# 后　记

加大对重大违法违规、经济犯罪和腐败问题的查处力度是国家审计机关贯彻落实党的十八大精神的重要工作之一。为使各级国家审计人员及时了解近年来我国刑法、刑事诉讼法及相关司法解释的最新修改情况，防范审计风险，提高移送犯罪案件的质量，本书编写组编著了《审计人员最新刑事法律实用读本》一书。该书也可作为内审机构、纪检、监察、法院等机关及法律、审计高校师生的参考用书。

全书共分三篇，上篇为刑法修正案（八）及刑事诉讼法修正案重要内容导读，中篇为刑法、刑事诉讼法及相关司法解释，下篇为2008年至2012年底审计署移送且已结案的198起典型案件。为使读者使用方便，根据审计工作需要，编写组使用了2011年最新公布的《中华人民共和国刑法》全文和《中华人民共和国刑事诉讼法》修改前后对照表,所选用的司法解释截止时间为2012年底。

参加本书编写的有审计署王世成及全国人大法工委、最高人民法院、司法部和中国政法大学的屈新、张媛、李袁婕等专家学者。由于时间和水平有限，不当之处请读者批评指正。

2013年3月于北京